인도네시아 사람들 이야기

인도네시아 사람들 이야기

초판 1쇄 발행 2015년 7월 31일
초판 2쇄 발행 2016년 1월 12일

편 저 자 신영덕
사   진 김성월
펴 낸 이 최종숙

책임편집 문선희
편   집 이태곤 박지인 권분옥 오정대 이소정
디 자 인 안혜진 이홍주
마 케 팅 박태훈 안현진

펴 낸 곳 글누림출판사 / 서울시 서초구 동광로46길(반포4동 577-25) 문창빌딩 2층(우 06589)
전   화 02-3409-2055 FAX 02-3409-2059
이 메 일 nurim3888@hanmail.net
홈페이지 http://www.geulnurim.co.kr
등   록 2005년 10월 5일 제303-2005-000038호

I S B N 978-89-6327-311-2 03910

정가 18,000원

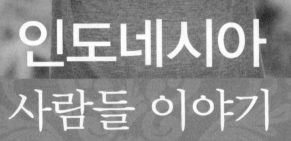

인도네시아
사람들 이야기

신영덕 편저 · 김성월 사진

글누림

　최근 인도네시아에 대한 한국인의 관심이 증가하고 있다. 한국과 인
도네시아 양국 간의 교류가 더욱 활발해지고 있는 가운데 한국의 기업
들도 인도네시아에 많이 진출하고 있다. 인도네시아에 거주하고 있는 한
국인은 5만 명이 훨씬 넘을 것으로 추정되는데, 이 또한 인도네시아에
대한 한국인의 관심을 잘 보여 준다고 할 것이다. 그리고 인도네시아 역
시 한국에 많은 관심을 가지고 있다. 세계적인 한류의 영향은 인도네시
아에도 큰 영향을 미치고 있는 것이다. 한국 드라마, 한국 가요 등에 의
해 촉발된 한국에 대한 관심은 이제 한국어, 한국 상품, 한국 문화, 한국
의 정치·경제, 한국학 등에 대한 것으로 그 깊이와 폭을 넓혀 가고 있
다. 한국과 인도네시아가 동반자적 입장에서 양국의 발전을 모색하고 있
는 요즈음 이러한 현상은 매우 고무적이라고 할 것이다.

　그러나 한국과 인도네시아 국민들이 서로를 이해하기에는 축적된 정
보가 그리 많지 않아 보인다. 양 국민의 서로에 대한 지식과 정보는 아
직 초보적 단계에 머물고 있는 것이다. 이는 한국어로 발표된 인도네시
아 관련 저서만 보아도 대략 짐작할 수 있다. 인도네시아에 대한 한국인

의 관심에 비해 올바른 정보를 제공해주는 한국어 저서는 별로 많지 않다. 오히려 왜곡된 정보로 인해 인도네시아를 오해하는 한국인들이 적지 않다. 그래서 이 책에서는 가능한 한 객관적인 자료를 토대로 하여 인도네시아의 다양한 종족에 대해 이야기하고자 하였다. 그리고 일반인이 이해하기 쉽도록 하기 위해 지나치게 전문적인 내용은 피하고 각 종족의 생활상을 보여 주는 사진을 첨부하였다. 또한 기존의 연구 자료를 최대로 활용하면서도 가급적 최근의 연구 성과를 반영하고자 하였다. 아무쪼록 이 책이 인도네시아에 관심이 있는 사람들에게 많은 도움이 되기를 바랄 뿐이다.

최근의 통계 자료에 따르면, 인도네시아에는 17,504개의 섬에 약 2억 5천만 명이 살고 있다. 그리고 이들 섬에는 1,128 종족이 거주하며 546종의 언어를 사용하고 있다. 인도네시아의 큰 섬은 자와 섬, 수마트라 섬, 깔리만딴 섬, 술라웨시 섬, 빠뿌아 섬 등이다. 이 책에서는 다섯 개의 큰 섬 외에 발리 섬, 롬복 섬, 암본 섬에 살고 있는 종족에 대해서 설명하고자 하였다. 1장에서는 자와 섬에 살고 있는 자와족, 순다족, 브따위족, 2장에서는 수마트라 섬에 살고 있는 미낭까바우족, 바딱족, 아체족, 니아스족, 먼따와이족, 3장에서는 깔리만딴 섬에 살고 있는 다약족, 이반족, 4장에서는 술라웨시 섬에 살고 있는 부기스족, 마까사르족, 미나하사족, 또라자족, 5장에서는 발리, 롬복, 암본, 빠뿌아 섬 등에 살고 있는 종족들에 대해 설명하였다. 여러 가지 사정으로 인해 많은 종족들이 논의에서 제외되었는데, 이들에 대해서는 앞으로 다른 책을 통해 논의하게 될 것이다.

이 책이 나오기까지 많은 분들이 도움을 주셨다. 먼저 어려운 여건에도 불구하고 종족별 원고를 써 주신 로스띠뉴(Rostinue, 인도네시아 대학교 한국학과 교수), 파딜라 하스비(Fadhila Hasby, 인도네시아 대학교 한국학과 교수), 술라스뜨리 의이스(Sulastri Euis, 인도네시아 대학교 한국학과 강사), 뿌뚜 쁘라마니아(Putu Pramania, 인도네시아 대학교 한국학과 강사), 아데 뜨리아나 롤리따사리(Ade Triana Lolitasari, 번역가), 까라미나 뿌뜨리(Karamina Putri A, 번역가), 가닉 쁘라띠위(Ganik Pratiwi R, 번역가), 누를리따 뿌스삐따사리(Nurlita Puspitasari, 번역가), 베타니아 붕아 아르다니(Bethania Bunga Ardani, 번역가), 허석구(선교사), 김주명(시인), 김길녀(시인), 이은혜(번역가) 등 모든 분께 감사드린다. 그리고 오지를 다니며 찍은 귀한 사진을 제공해 주신 김성월 작가님께도 감사의 마음을 표하고자 한다. 또한 이 책이 나올 수 있도록 후원해 주신 이기선 님, 이윤주 님 부부께 감사의 말씀을 드린다. 끝으로 이 글을 흔쾌히 책으로 내주신 글누림출판사 최종숙 사장님과 편집을 맡아 주신 편집부원 여러분께 감사한 마음을 전하고자 한다.

2015년 7월 인도네시아에서

신영덕

제1부

자와 섬의 주요 종족과 문화

브따위(Betawi)족*

1. 연원과 거주 지역

브따위족은 주로 인도네시아의 수도인 자카르타(Jakarta)와 그 주변에 살고 있다. 자카르타는 인도네시아의 정치, 경제의 중심지이다. 인도네시아 산업 시설의 75% 정도가 이 도시에 몰려 있다. 360년 전에 인도네시아의 수도가 된 자카르타에서는 대부분의 인도네시아 종족을 만날 수 있다. 그런데 그 중에서 예전부터 자카르타에 살았던 원주민은 브따위족이다. 브따위족의 연원은 자카르타의 옛 지명인 바따비아(Batavia)의 역사와 밀접한 관련이 있다. 즉 브따위족은 인도네시아 군도에 온 포르투갈 및 네덜란드의 350년간의 식민 통치와 관련이 있다.

포르투갈이 15세기 초반부터 아시아 향료의 무역망을 손에 넣을 목적으로 서구 열강 중 가장 먼저 인도네시아 군도를 차지했다. 포르투갈은 아시아 지역에서 무역을 독점하기 위해 1511년 무력으로 인도네시아의

* 로스띠뉴(Rostinue) / 인도네시아 대학교 한국학과 교수

말라까를 정복하였다. 그러나, 말라까는 향료의 원산지가 아니라 집산지였기 때문에 포르투갈은 인도네시아 군도 내에서 향료가 가장 풍부한 원산지 말루꾸(Maluku)를 정복했다. 그리고 지속적으로 그들의 문화적 영향력을 강화했다. 그래서 말루꾸를 중심으로 인도네시아에 기독교 문화가 정착하게 되었다. 이후 포르투갈은 17세기부터 활발하게 아시아 무역 활동을 하였던 말루꾸 군도 중남부의 암본(Ambon)을 개척하였다. 그리고 향료의 집산지였던 바따비아 지역까지 발을 들여 놓았다.

그런데 17세기부터는 다른 서구 열강인 네덜란드가 인도네시아의 바따비아에 들어 왔다. 네덜란드는 포르투갈보다 성공적으로 향료 무역을 독점하였다. 이후 네덜란드는 인도네시아 군도의 심장부인 자바 섬에 '바따비아'를 건설하는 데 성공함으로써 인도네시아 전 지역에 대한 식민통치의 토대를 확고히 하였다. 그 일환으로 네덜란드는 오늘날의 자카르타 지역의 이름을 '바따비아'로 바꾸었다. 그래서 네덜란드 식민통치 기간 동안 자카르타는 바따비아로 알려지게 되었다. 그런데 네덜란드에 의한 350년간의 식민통치 시대는 태평양 전쟁을 통해 인도네시아를 지배하게 된 일본에 의해 종식되었다. 그리고 바따비아라는 이름은 1942년 3월 일본에 의해 원래의 명칭인 자야카르타(Jayakarta)로 변경되었다. 그런데 1956년 6월 22일에 자카르타 시장이었던 수디로(Sudiro)는 본회의에서 공식적으로 자야카르타를 자카르타로 이름을 변경함으로써 이후 6월 22일은 자카르타의 기념일이 되었다.

바따비아를 거쳐 자카르타에 이르는 지난 400년 동안 인도네시아 군도의 심장부 역할을 해 온 이 지역은 '물의 도시'로 불릴 만큼 우기에는 자주 물에 잠겼다. 바따비아는 1872년에 가장 큰 홍수 피해를 입었고,

1932년에도 대홍수의 피해를 당했다. 2002년에는 대홍수가 발생하여 공항에서 자카르타 시내로 들어오는 것이 불가능할 정도였다. 2014년에도 자카르타 곳곳이 홍수를 겪었는데, 다행히도 2002년의 대홍수 때보다는 피해가 덜하였다.

자카르타와 주변 지역에 거주하는 브따위족은 17세기부터 바따비아에 온 여러 나라 사람들의 영향을 많이 받았다. 네덜란드는 17세기 초에 중국인 장인들을 대거 바따비아로 동원하여 유럽 향료무역 본부로서의 동인도회사(VOC)를 설치하였다. 그런데 동인도회사는 인도네시아 정부에 바따비아 방어를 위한 군대와 전쟁 예산을 요구하였다. 그러나 나폴레옹 전쟁으로 인해 동인도회사는 1800년에 공식적으로 해산되었다. 이후 네덜란드가 영국에 망명 정부를 세우게 되자 영국은 인도네시아에 진출하기 시작하였다. 그래서 인도네시아는 1811년부터 1816년까지 영국 동인도회사의 지배하에 들어가게 되었다. 그러나 나폴레옹 전쟁이 종결되자 인도네시아는 다시 네덜란드의 식민지가 되었다. 이처럼 자카르타와 주변 지역은 오래 전부터 유럽 열강들의 지배를 받아 왔던 것이다.

바다 주변에 위치한 자카르타는 네덜란드 식민통치 시대부터 긴 과정을 통해 무역 중심지로서뿐만 아니라 정치, 경제, 교육, 문화의 중심 도시가 되었다. 그리고 이곳에서 인도네시아 내 여러 종족들의 교제가 이루어졌다. 이런 상황이었으므로 브따위족은 인도네시아의 믈라유(Melayu), 자와(Jawa), 부기스(Bugis), 발리(Bali), 수마트라(Sumatera)뿐만 아니라, 중국, 아라비아, 포르투갈, 네덜란드, 인도, 영국, 독일 등의 영향도 받았다. 이처럼 다양한 문화와의 동화를 통해 브따위의 문화가 이루어졌다.

2. 언어, 인구, 직업, 교육

인도네시아의 수도인 자카르타에 가면 다양한 종족들의 모습을 볼 수 있다. 인도네시아 사람들의 피부는 대부분 짙은 갈색이다. 눈은 크고, 쌍꺼풀이 있고, 눈썹이 진하다. 그런데, 브따위족은 여러 나라 사람들과 결혼을 해서 외형도 포르투갈이나 네덜란드, 그리고 중국 사람처럼 눈이 별로 크지 않고, 피부도 동부 자바나 이리안 자야(Irian Jaya) 사람들처럼 검지 않다. 그리고 브따위족의 얼굴은 다소 긴 편이다. 일반적으로 브따위족은 사교적이기는 하지만 직설적이며, 교육보다는 땅의 소유를 더 중요하게 생각하는 것으로 알려져 있다. 실제로 브따위족은 자바, 특히 서부와 중부 자바족에 비해 감정을 잘 드러내는 편이다. 그래서 브따위족은 자신의 생각을 숨기지 않고 쉽게 화를 내서 거칠다는 인상을 주지만, 실제 속마음은 따뜻하다고 한다.

브따위족은 말레이 방언을 사용하지만 종족어로 브따위어가 있다. 순수 혈통을 이어받은 브따위족은 주로 자카르타의 외곽에 살고 있는데, 이들은 브따위 사람(Orang Betawi), 또는 자카르타 사람(자카르타 방언으로 오랑 자카르떼-Orang Jakarte)으로 불린다. 물론 브따위족은 남쪽의 빠사르 밍구(Pasar Minggu), 동쪽의 브까시(Bekasi) 등에서도 볼 수 있다.

브따위족은 살고 있는 지역에 의해 중앙 브따위(Betawi Tengah)와 주변 브따위(Betawi Pinggiran)로 구분된다. 중앙 브따위족은 딴중 쁘리옥(Tanjung Priok) 주변에 살고 있으며, 말레이와 이슬람 문화의 영향을 많이 받았다. 주변 브따위족은 다시 두 부류로 나뉜다. 북쪽의 브따위족은 자카르타의 북쪽과 서쪽, 그리고 땅그랑(Tangerang)에 사는 여러 종족들과 교제하고 있으며, 대부분이 벼, 과일, 야채 농사를 하는 농부들이다. 그들의 문화는 중국의 영향을 받았다. 이것은 감방 *끄로몽*(Gambang Kromong), 쪼껙 춤(Tari Cokek), 레농 연극(Teater Lenong) 등에서 알 수 있다. 남쪽의 브따위 족은 자카르타의 동쪽, 남쪽, 보고르(Bogor), 브까시에 살면서 자와와 순다(Sunda) 문화의 영향을 받았다.

이처럼 브따위족은 네덜란드 식민통치 이전부터 이미 존재하였다. 네덜란드 식민통치 시대부터 백 년간 그들은 일상생활을 하면서 살고 있는 지명을 바탕으로 자신의 정체성을 인식하였다. 그들은 자신을 *끄마요란* 사람(Orang Kemayoran) 혹은 스넨 사람(Orang Senen)이라고 하였다. 이런 점에서 네덜란드 식민통치 시대의 브따위족들은 자신이 브따위 원주민이라는 사실을 잊지 않고 있음을 보여 주고 있다. 네덜란드 식민통치 시대인 1923년 브따위의 지도자인 모함마드 후스니 땀린(Mohammad Husni Tamrin)이 브따위족 협회(쁠꿈뿔란 까움 브따위-Perkoempoelan Kaoem Betawi)를 결성한 이후 브따위족들은 자기들이 사회적, 정치적으로 브따위 종족인 것을 공식화하기 시작하였다. 이때부터 브따위족은 네덜란드 식민통치 정부가 실시한 인구 통계조사에 기록되었다.

예전부터 바따비아에 살았던 원주민들이라는 의미를 가진 브따위족의 인구는 1930년의 인구통계 보고에 의하면 778,953명이었다. 이는 바따비아의 전체 인구의 대다수를 차지하는 셈이었다. 그러나, 1945년 독립 후 인도네시아의 다른 지역에 살던 많은 사람들이 자카르타로 이주하여 옴으로써 브따위족들은 소수 종족이 되었다. 1961년 통계조사에 의하면 브따위족은 2,900만 명의 자카르타 인구의 22.9%를 차지하였다. 브따위 족의 인구 통계에 대한 자세한 내용은 다음의 표와 같다.

자카르타의 종족 분포 통계			
종족	1930년도	1961년도	2000년도
자와(Jawa)	11.01%	25.4% *	35.16%
브따위(Betawi)	36.19%	22.9%	27.65%
순다(Sunda)	25.37%	32.85%	15.27%
화교(Tionghoa)	14.67%	10.1%	5.53%
바딱(Batak)	0.23%	1.0%	3.61%
미낭까바우(Minangkabau)	0.60%	2.1%	3.18%
말레이(Melayu)	1.13%	2.8%	1.62%
부기스(Bugis)	--	0.6%	0.59%
마두라(Madura)	0.05%	--	0.57
반뜬(Banten)	--	--	0.25
반자르(Banjar)	--	0.20	0.10

인도네시아 정부 사이트 : www.kependudukancapil.go.id (2014년 3월 13일)

위의 통계에 의하면, 브따위족의 백분율은 1930년에서 1961년까지는 14% 감소하였고, 2000년에 이르러서는 5% 정도 증가하였다. 그리고 2011년 자카르타 인구 통계청(Dinas Kependudukan dan Catatan Sipil DKI Jakarta)이 조사한 결과에 의하면, 자카르타의 인구는 10,187,595명인데, 이 중에서 브따위족은 30%가 안 된다. 다음의 표는 브따위족이 자카르타의 어느 지역에 살고 있는지 잘 보여 준다.

자카르타 인구통계 결과(2011년도 11월)

지역	인도네시아 국민		
	여	남	총계
중앙 자카르타 - Jakarta Pusat	575,220	547,754	1,122,974
북쪽 자카르타 - Jakarta Utara	887,059	828,479	1,715,538
서쪽 자카르타 - Jakarta Barat	1,165,463	1,094,143	2,259,606

남쪽 자카르타 - Jakarta Selatan	1,099,752	1,035,078	2,134,830
동쪽 자카르타 - Jakarta Timur	1,510,461	1,415,161	2,925,622
TOTAL	5,237,955	4,920,615	10,158,570

인도네시아 정부 사이트 : www.kependudukancapil.go.id

브따위족의 직업은 지리적으로 구분할 수 있다. 예를 들면, 중앙 자카르타(Jakarta Tengah)에 사는 브따위족은 대개 회사원이나 관청의 직원이다. 삥기란 자카르타(Pinggiran Jakarta)의 브따위족은 대부분 농부나 어부이다. 그런데 최근 자카르타 주변은 산업 개발로 인해 농업 지역이 줄어들었기 때문에 많은 농민들이 노동자나 상인이 되었다.

브따위족은 일반적으로 그들의 아이들에게 종교적 교육을 많이 시킨다. 브따위족 아이들은 대부분 일찍 이슬람 코란 읽기 방법을 배워서 이슬람에 대한 지식을 많이 가지고 있다. 아이들이 이슬람 코란을 잘 읽을 수 있도록 부모들은 좋은 선생님을 찾고 좋은 학원도 알아본다. 그래서 브따위족 아이들은 매일 오후 네 시쯤이나 다섯 시에 코란을 배우러 사원에 간다.

브따위족의 교육에 대한 생각은 1990년대 브따위 사회를 잘 보여준 인도네시아 드라마 '남학생 도엘(Si Doel Anak Sekolahan)'에서도 볼 수 있다. 이 드라마는 인도네시아의 한 유명한 텔레비전에서 인기리에 방송되었는데, 브따위족의 가정생활을 상세하고 명확하게 보여준 것으로 평가된다. 왜냐하면 이 드라마는 브따위 가정의 일상생활 이야기를 통해 브따위족의 관습과 그들의 성격뿐만 아니라 교육 등에 대한 브따위족의 관심을 잘 보여 주었기 때문이다.

브따위족은 일반적으로 교육과 지식을 중요하게 여기지 않는 것으로 알려져 있다. 브따위족들은 그들의 아이들이 좋은 학교에 다니는 것보다 넓은 땅을 갖고 잘 살 수 있는 것을 더 좋아하는 것으로 여겨졌기 때문이다. 그러나 최근에 들어서는 브따위족의 교육에 대한 관심이 점차 변화하고 있다. 특히 브따위 꾸닝안(Betawi Kuningan)과 브따위 뜨나방(Betawi Tenabang) 사람들은 교육을 매우 중요하게 생각하여 이집트나 다른 나라에 자기의 아이들을 유학 보내고 있다. 이들은 대부분 이슬람에 관심이 많아서 그들의 아이들을 다른 나라에 유학 보내고 있다는 것이다.

3. 가족, 관습, 문화

브따위의 가족 형태는 양계적이다. 결혼 후 신랑과 신부는 그들 부모의 집에서 새로운 가족생활을 한다. 보통 신랑 신부의 부모들은 신랑 신부가 결혼 후에 살 집에 대해 서로 이야기하고 결정한다. 결혼 후 시가(媤家)에서 남편의 가족과 함께 살게 되면 이것을 빠뜨리로깔(Patrilokal)이라고 한다. 그리고 결혼 후 처가에서 아내의 가족과 함께 살게 되면 이것을 마뜨리로깔(Matrilokal)이라고 한다. 이와 같이 결혼 후의 거주 방식은 두 가지인데, 대부분의 브따위 부모들은 자기 딸에게 부모님을 잘 모셔야 한다는 조언을 더 많이 한다. 왜냐하면 부모들은 며느리에 비해 딸이 부모에게 더 잘한다고 생각하기 때문이다. 그래서 부모들은 노년에 그들의 딸에게 의존해서 사는 경향이 많다.

동부 자카르타나 동남 자카르타 지역에 사는 브따위족은 가정이나 사회에서 지켜야 할 관습이 있다. 특히 남자와 여자가 만날 때 지켜야 할 관습은 두 가지 있다. 을란쫑(Ngelancong/Melancong)과 으브룩(Ngebruk)이 그 것이다. 브따위 남자는 좋아하는 여자를 만나려고 할 때 보통 여자 집에 가서 같이 이야기한다. 옛날에는 남자들이 친구와 같이 여자 집 밖에서 여자와 이야기했다. 남자가 오면 여자는 밖에 같이 있지 않고 방의 창문을 통해 남자를 보면서 이야기하였다. 이러한 관습을 을란쫑이라고 한다.

그리고 브따위족은 '여자는 집 출입구에 서 있거나 앉아 있지 말라'는 말을 잘 지킨다. 그들은 여자가 집의 출입구에 서 있거나 앉아 있으면 남자 친구를 못 만나거나 결혼이 오래 걸릴 수 있다고 믿는다. 그뿐만 아니라 브따위족은 만약에 어느 남자가 여자가 사는 집 출입구에 들어가게 되면 그 여자와 결혼해야 한다고 생각한다. 그런데 만일 그 남자가 그 여자와 결혼하지 않으면 여자의 가족은 사회에서 좋지 않은 평판을 받게 된다.

브따위 사회는 이슬람 문화를 근거로 하고 있다. 그래서 젊은 사람들은 노인들을 존중한다. 일상생활에서 젊은 사람은 아는 노인일 경우 노인과 악수한 후 부드럽게 키스한다. 그리고 브따위 사회에서는 정직과 개방성을 높이 평가한다. 이것은 브따위족의 일상생활에서 볼 수 있다. 브따위족은 의사 전달 과정에서 검다고 생각하면 검다고 말하고, 희다고 생각하면 희다고 말한다. 그들의 솔직한 성격과 개방성으로 인해 브따위족은 외국의 문화를 쉽게 받아들였던 것으로 보인다. 그리고 일상생활에서 유머의 사용은 싸움이 생길 가능성을 피할 수 있게 한다.

브따위 문화는 자카르타의 문화와 포르투갈, 아라비아, 중국, 네덜란드 문화와의 혼합을 통해 17세기 경 이루어졌다. 그리고 19세기부터는 브따위 특유의 로갓 믈라유 브따위(Logat Melayu Betawi - 말레이어 방언), 전통 연극 또삥 브따위(Topeng Betawi - 브따위 가면), 와양 꿀릿 브따위(Wayang Kulit Betawi - 브따위 꼭두각시 놀음), 전통 음악 감방 끄로몽(Gambang Kromong), 딴지도르(Tanjidor), 르바나(Rebana), 전통 옷, 결혼식, 주거 건축 등이 나타났다. 따라서 브따위 문화는 19세기부터 보다 풍부해졌다고 할 수 있다.

브따위 문화는 크게 세 가지이다. 1) 브따위 인도(Betawi Indo - 서양적 브따위), 2) 브따위 뜽아(Betawi Tengah/Kota - 중앙 브따위/수도), 3) 브따위 쁘시실(Betawi Pesisir - 연안 지역의 브따위), 삥길(Pinggir - 가장자리 지역의 브따위), 우딕(Udik - 순다 접경지역의 브따위) 등이다.

브따위 문화는 기본적으로 언어, 예술, 음식, 전통 옷 등 네 가지의 분야로 나눌 수 있다. 그런데 앞에서 설명했듯이 브따위 문화는 여러 문화와의 혼합을 통해 형성되었다. 그 중 포르투갈의 문화가 특히 브따위 문화에 가장 많은 영향을 주었다. 포르투갈 문화의 영향은 브따위의 전통 음악이나 춤에서도 볼 수 있다. 그리고 종교적으로 생산된 브따위 문화도 있다. 특히 이슬람 문화는 언어와 사회 풍습에 많은 영향을 주었다. 그리고 아라비아와 중국 문화의 영향은 언어, 예술 등에서도 나타난다.

브따위의 방언은 네 가지가 있다. 1) 브따위 쁘시실(Betawi Pesisir, 브따위 뿔로(Betawi Pulo) 포함) 2) 브따위 뜽아(Betawi Tengah/Kota) 3) 브따위 삥길(Betawi Pinggir) 4) 브따위 우딕(Betawi Udik) 등이다.

4. 전통 춤

브따위족의 전통 춤은 여러 가지 있다. 여기에서는 또삥 브따위(Topeng

Betawi - 가면 춤), 야뽕(Yapong), 쁜짝 실랏 춤(Tari Pencak Silat) 등 세 가지 전통 춤에 대해서 설명하고자 한다.

1) 또뼁 브따위(TOPENG BETAWI)

또뼁 브따위는 기본적으로 연극과 같다. 또뼁 브따위는 또뼁 블란떽(Topeng Blantek)과 또뼁 잔뚝(Topeng Jantuk)으로 구성되어 있다. 또뼁 춤은 일반적으로 사회를 비판하거나 조롱하고 풍자한다. 그런데 비판이나 조롱, 풍자 등은 미묘하고 재미있는 농담을 통해 이루어진다. 또뼁 브따위는 20세기에 나타났다. 뼁길 자카르타에서 발전하기 시작했는데, 순다(Sunda) 문화의 영향도 많이 받았다.

옛날에는 또뼁 브따위 공연이 석유램프로 장식된 무대에서 이루어졌다. 하지만, 1970년부터는 또뼁 브따위 공연이 한 개의 책상과 두 개의 의자가 갖추어진 무대에서 이루어졌다. 또뼁 브따위의 공연은 르밥(Rebab - 바이올린처럼 생긴 악기), *끄*로몽 띠가(Kromong Tiga), 근당 브사르(Gendang Besar - 큰 드럼), 꿀란뜨르(Kulanter), 끔뿔(Kempul), 께츠렉(Kecrek), 공 부융(Gong Buyung) 등의 악기와 순다 노래로 이루어진다.

또뼁 브따위 공연의 특별한 점은 몇 명의 배우들로 공연된다는 사실이다. 공연에서 배우들은 역할에 따라 특별한 옷을 입거나 일반 옷을 입는다. 남자 배우들은 보통 흰색이나 검은 셔츠, 티셔츠, 바지, 장갑, 모자 또는 모자류, 마스크 등을 사용하는데, 여자 배우들은 일반적으로 까인 빤장(Kain Panjang - 긴 천)이나 까인 바띡(Kain Batik - 바띡 천), *끄*바야(Kebaya - 인도네시아 여자의 전통 의류), 슬렌당(Selendang), 끔방 또뼁(Kembang Topeng), 화려한 관 등을 사용한다.

또뻥 브따위에서 가장 중요한 역할을 하는 배우는 프리마돈나이다. 그녀는 암빡암빡(Ampak - ampak), 안둥(Andung), 따까따까(Taka - taka), 슬렌당(Selendang) 등 여러 가지 천으로 만든 옷을 입는다. 그런데 이 옷은 알로에 모양의 무늬로 장식되어 있다. 또뻥 끔방(Topeng Kembang) 또는 롱겡 또벵(Ronggeng Topeng) 공연에서도 프리마돈나는 이런 천의 옷을 입는다.

세 명의 배우 중 한 명은 여자 배우, 두 명은 남자 배우이다. 여자 배우가 공연의 프리마돈나가 되므로 두 명의 배우들보다 더 화려한 옷을 입는데, 그 옷은 알로에 모양의 무늬로 장식되어 있다. 어떤 경우에는 프리마돈나가 따로 없으므로 모든 배우들이 머리에 화려한 관을 쓰고 모두 같은 옷을 입는다. 그리고 모든 배우가 남자인 경우, 네 명은 악기를 연주하고 한 명은 주연 배우로서의 역할을 맡는다.

2) 야뽕 춤(TARI YAPONG)

야뽕 춤(Tari Yapong)은 1977년에 자카르타 450주년 기념행사에서 처음으로 공연되었다. 그런데, 시간이 지나면서 전통적 공연에서뿐만 아니라 일반 행사에서도 공연되고 있다. 야뽕 춤은 동적이고 에로틱한 춤으로 잘 알려져 있다. 이 춤은 '야~야~야~'라는 소리와 '뽕~뽕~뽕'이라는 소리 때문에 '야-뽕' 춤으로 불린다. 의상과 악기를 살펴보면 야뽕 춤이 여러 나라의 문화에서 영향 받은 것임을 알 수 있다. 중국 문화의 영향은 의상이 빨간색의 용 그림으로 화려하게 꾸며져 있다는 사실에서 확인할 수 있다. 그리고 악기는 중부 자바족과 서부 자바족이 많이 사용하는 악기 르바나(Rebana)를 사용하고 있어 그 영향을 짐작할 수 있다.

3) 쁜짝 실랏 춤(PENCAK SILAT)

쁜짝 실랏(Pencak Silat)은 인도네시아의 전통 무술이다. 인도네시아에서는 '실랏'으로 불리지만, 공식적으로는 '쁜짝 실랏'이라고 한다. 쁜짝 실랏은 '호신술과 예술성'을 의미한다. '쁜짝 실랏'이라는 용어는 1948년 인도네시아 쁜짝 실랏 협회(IPSI)가 설립되면서 사용되기 시작하였다.

쁜짝 실랏은 단 한 번의 공격으로 상대방의 목숨을 빼앗는 무시무시한 살상 무술로 알려져 있다. 쁜짝 실랏은 부드럽고, 고상한 무예라고도 하지만, 호랑이, 독수리, 뱀, 악어, 전갈, 원숭이 등의 움직임을 무술 기법으로 응용하고 있다. 쁜짝 실랏은 이후 다양한 형태로 발전하였다. 그리고 이것은 브따위족이 사는 지역뿐만 아니라 인도네시아 전 지역으로 펴져 나갔다.

쁜짝 실랏에는 타 문화의 영향이 다양한 형태로 가미되었다. 예를 들면 발차기와 주먹 기법은 중국의 소림권 혹은 태극권과 비슷하다. 쁜짝 실랏은 체력뿐만 아니라 정신력도 강조하기 때문에 싸움의 기술뿐만 아니라 요가와 명상도 중요하게 여긴다. 쁜짝 실랏에는 춤과 음악도 필요하다. 쁜짝 실랏에서 춤이 중요한 이유는 싸움에 돌입하기 전에 춤을 통해서 상대방을 설득하고자 하기 때문이다. 그래서 쁜짝 실랏에는 '무술'과 '예술'이 절묘하게 섞여 있다.

브따위족이 사는 지역에서는 쁜짝 실랏을 쁜짝 실랏 춤(Tari Pencak Sillat)이라고도 한다. 그런데 어떤 브따위족은 쁜짝 실랏의 예술성보다 호신술을 더 중요하게 생각한다. 브따위족이 개발한 쁜짝 실랏의 호신술은 크게 다섯 가지로 나뉜다. 그것은 린따우(Lintau), 치만데(Cimande), 치깔롱(Cikalong), 치오마스(Ciomas), 샤흐반달 (Sahbandar) 등이다.

5. 전통 결혼식

전통 결혼식에서는 신랑 신부가 가운데 있고, 부모들은 그 양쪽에 있어야 한다. 이때에는 모두 전통 의상을 입는다. 옛날 결혼식은 보통 신부 집에서 하였다. 그런데 요즘은 호텔에서 하는 경우가 많고, 대학교나 사원에서도 한다. 식장 안에서는 모든 하객들이 신랑 신부와 악수하며 일일이 인사한다. 많은 사람들과 일일이 악수하고 인사하느라 시간이 많이 소요된다. 하객들은 신랑 신부에게 축하의 말을 건네고, 신랑 신부와 함께 음식을 먹기도 한다. 식장 입구에는 접수대가 마련되어 있고, 가족들이 그곳을 지킨다. 하객들은 방명록에 이름을 쓰고, 앙파오(Angpaw)라고 불리는 축의금이나 선물을 전달한다.

브따위족은 대부분 종교가 이슬람이기 때문에 결혼식은 이슬람 율법에 따라 한다. 주례자는 '뻥훌루(Penghulu)'로서 이슬람 사회에서 경조사나 상업적 거래 때 법적 대리인 역할을 한다. 뻥훌루는 먼저 코란(Qur'an)을 읽으며 신랑 신부의 결혼을 하나님(Allah)이 허락하도록 기도한다. 신랑 신부는 뻥훌루의 지도에 따라 평생 하나 됨을 서약하고 결혼증서에 서명한다. 이후 신랑이 반지를 꺼내 신부의 손에 끼워 주면 모두 박수를 치며 환호한다. 하객들은 신랑과 신부에게 축하의 말을 한 다음에 식사를 한다.

브따위족의 전통적인 결혼 의상을 살펴보면 이슬람의 영향을 받았음을 알 수 있다. 신랑은 긴 옷을 입고 머리에는 하지(Haji)의 코삐아(Kopiah)를 쓴다. 결혼식의 가장 큰 상징은 결혼식장의 입구에 설치된 자누르 꾸닝(Janur kuning)이다. 이것은 나뭇잎의 겉껍질을 벗겨낸 하얀 속껍질이다.

속껍질은 가장 고귀하고 순수한 결혼을 상징한다. 결혼식 음식은 일반적으로 뷔페 형식으로 준비한다. 결혼음식은 보통 소고기, 염소고기, 닭고기, 그리고 생선과 야채 등으로 만든다. 대부분이 무슬림이므로 돼지고기로 만든 음식은 없다. 후식으로는 과일, 케이크, 과자, 푸딩, 아이스크림 등을 준비한다. 브따위족은 결혼식에 동네 가수라 할 수 있는 당둣 가수를 불러 노래를 하게 한다. 이러한 흥겨운 결혼 잔치는 보통 1~2일 동안 이루어진다.

6. 맺음말

브따위족은 말레이와 이슬람 문화, 중국의 영향을 많이 받았다. 이것은 브따위의 전통 춤, 음악, 연극, 결혼식, 예식 복장 등에서 알 수 있다. 브따위족은 네덜란드 식민통치 이전부터 이미 존재하였고, 백 년간 일상생활을 하면서 자신의 정체성을 인식하기 위해 그들 자신을 끄마요란 사람(Orang Kemayoran) 혹은 스넨 사람(Orang Senen)이라고 하였다. 브따위족은 자신이 자카르타 원주민이라는 사실을 잊지 않고 있음을 보여 준다. 또한 네덜란드 식민통치 시대인 1923년에 설립된 브따위 민족의 사회조직(뻘꿈뿔란 까움 브따위 - Perkoempoelan Kaoem Betawi)을 통해서도 브따위족은 자기들이 사회적 정치적인 정체성을 보여 주었다. 브따위족은 정직성과 개방성으로 인해 외국의 서양 문화를 쉽게 받아들였던 것으로 보인다. 그리고 그들은 아이들에게 종교적 교육을 위해 많은 노력을 하고 있다. 과거에는 브따위족이 교육과 지식을 크게 중요시하지 않는 것으로 알려져 있지만, 지금은 세계화 추세에 따라 교육을 중요시하고 있다.

참고
문헌

Chaer, Abdul, *Foklor Betawi Kebudayaan & Kehidupan Orang Betawi*, Jakarta: Komunitas Bambu, 2012.

Harapan, Anwarudin, *Sejarah, Sastra & Budaya Betawi*, Jakarta: Asosiasi Pelatih Pengembang Masyarakat, 2006.

Saidi, Ridwan, *Profil Orang Betawi: asal muasal, kebudayaan, dan adat istiadatnya*, Jakarta: Gunara Kata, 1997.

Saidi, Ridwan, *Peta Seni Budaya Betawi*, Jakarta: Dinas Kebudayaan DKI Jakarta, 2006.

자와(Jawa)족*

1. 거주 지역과 언어

자와 문화의 지역은 넓다. 이는 중부 자와와 동부 자와를 포함하기 때문이다. 지금처럼 행정 구역의 변화가 있기 전에 종종 *끄자웬*(Kejawen)이라고 불린 지역들은 반유마스(Banyumas), 꺼두(Kedu), 족자카르타 수라카르타(Yogyakarta Surakarta), 마디운(Madiun), 말랑(Malang), 꺼디리(Kediri) 등이다. 이외의 지역은 뻐시시르(Pesisir)와 우중 띠무르(Ujung Timur)라고 하였다.

1755년 이후 마타람 왕국이 두 지역(족자카르타와 수라카르타)으로 나뉘면서 이 지역의 문화는 자와 문화의 핵심이 되었다. 많은 지역들로 이루어진 자와는 지역별로 서로 다른 문화와 기술, 언어 등의 다양성을 가지고 있다. 그러나 자세히 살펴보면 이들의 다양성 속에서도 자와 문화라는 하나의 체계가 있음을 발견할 수 있다. 이를테면 남쪽 족자카르타에 거주하고 있는 *끄자웬* 지역 사람들 또한 전통적인 자와 문화를 따르고

---

* 이은혜 / 번역가

있다. 이들은 보통 농촌마을(Kelurahan/Desa)을 중심으로 하나가 되어 살아간다.

일상에서 남들과 소통할 때 이들은 자와어를 쓴다. 자와어를 쓸 때에는 상대방의 나이와 사회적 위치를 고려하여 사용한다. 기본적으로 자와어는 두 가지 표현 방법 오꼬(Ngoko)와 끄라마(Krama)로 구분된다. 오꼬는 오꼬 루구(Ngoko Lugu)와 오꼬 안답(Ngoko Andap)으로 분류된다. 오꼬는 이미 친분이 있는 사람, 나이가 어린 사람 또는 사회적으로 더 낮은 위치에 있는 사람에게 사용된다. 반면에 끄라마는 아직 친분이 없는 사람, 연장자 또는 사회적으로 위치가 같거나 더 높은 사람에게 사용된다. 이 두 가지 표현 방법은 상황에 따라 상대방의 나이나 위치 등을 고려하여 사용된다.

예를 들면, 끄라마 잉길(Krama Inggil)이라는 언어는 몸의 명칭, 활동, 소유 물건, 성격, 감정을 나타내는 300개의 단어로 구성되어 있다. 이 언어는 높은 사회적 지위에 있는 사람들 또는 연장자들 사이에서 사용된다. 그리고 끄라똔(Keraton)어 또는 바공안(Bagongan)어는 특별히 왕궁에서 사용되었고, 자와 끄라마 데사(Jawa Krama Desa)어는 시골 마을(Desa)에서 사용되었다. 마지막으로 자와 까사르(jawa kasar)어는 화가 났거나 다른 사람을 욕할 때 사용되었다.

2. 인구와 종교

현재 자와 섬의 인구는 더욱 증가하여 1억 3,800만 명으로 인구밀도가 1,000명/㎢ 정도이다. 이는 방글라데시와 함께 지구상에서 인구밀도가 가장 높은 곳 중의 하나이다. 2004년 족자카르타 특별시의 인구는 1,588,622명이었고, 2010년에는 3,452,390명으로 계속 증가하고 있다. 종교는 이슬람 91.4%, 가톨릭 5.4%, 프로테스탄트 2.9%, 그 외 0.3%이다.

자와 사회에서의 이슬람의 융성은 이슬람 사원 건물에서도 나타난다. 그런데 모든 무슬림들이 같은 방법으로 예배하는 것은 아니다. 이슬람은 산뜨리(Santri)와 끄자웬(Kejawen)으로 나뉜다. 산뜨리는 모든 이슬람 규칙과 가르침에 순종하는 사람들이다. 그러나 끄자웬은 이슬람을 믿지만 금식이나 성지순례인 나익 하지(Naik Haji)를 하지 않는다. 그들은 하나님을 구스띠 알라(Gusti Allah)라 부르고, 나비 무하마드(Nabi Muhammad)를 깡정 나비(Kangjeng Nabi)라고 부른다. 그러나 끄자웬도 구제의 의무를 지니고 있다.

동부 자와 사람들이 독립 전후의 시기를 추억하며, 말랑 끔발리(1942-1947) 행사

대부분의 자와 사람들은 인생은 이미 결정되어 있다고 믿고, 그것을 운명으로 받아들인다. 이들은 자신과 자신의 삶, 그리고 자신의 생각까지도 이 우주 속에 이미 통합적으로 속해 있다고 생각한다. 이런 이유로 인간의 삶은 전 우주로부터 떨어져 존재할 수 없다. 그래서 우주의 다른 요소들이 어려움을 당하면, 인간도 고통을 당한다고 믿는다.

그리고 자와 사람들은 이 모든 우주에 작용하는 힘이 있다고 믿는다. 이를 까삭뗀(Kasakten)이라고 한다. 조상의 영이나 귀신들은 막룩 막룩 할루스(Makluk-makluk Halus)라 부른다. 예를 들면, 메메디, 를름붓, 뚜율, 데밋, 진(Memedi, Lelembut, Tuyul, Demit, Jin) 등은 자신들의 주거지 근처에 있다고 믿는다. 그들은 이 귀신들이 자신들에게 성공, 행복, 평화, 구원을 준다고 믿는다. 반대로 정신이상, 질병, 심지어 죽음도 가져올 수 있다고 믿는다. 그래서 행복한 인생을 원하는 사람은 이 우주에 영향을 미칠 수 있는 일을 해야 한다. 예를 들면, 고행, 금식, 정해진 음식을 먹는 일 등에 도전하기, 의식 행하기(슬라맛딴 : Selamatan), 음식 바치기(스사젠 : Sesajen) 등을 한다. 이 슬라맛딴과 스사젠은 자와 사회의 일상생활 속에서 흔히 행하여진다.

슬라맛딴(Selamatan) 행사는 먼저 기도하고 음식을 먹는 의식이다. 슬라맛딴은 위에서 언급했던 전 우주 속의 자신이라는 믿음에 기초하여 마술이나 귀신의 능력을 믿는 것과 결부되어 있다. 아무런 사고도 일어나지 않고 어떤 일이 잘 되기를 바라는 목적을 가지고 슬라맛딴 행사를 하기 때문이다. 이것은 행사의 이름인 슬라맛(Selamat : 안녕, 구원)에서도 잘 나타난다. 이 의식은 일반적으로 모딘(Modin)이 인도하는데, 이 사람은 이슬람교 사원의 직원으로서 아잔(Ajan : 코란을 소리 내어 읽음)을 하는 의무를 가진다. 이는 모딘(Modin)이 코란 속의 글들을 읽는 데 정통하다고 보기 때문이다.

슬라맛딴 행사는 인간의 삶 속에 일어나는 사건에 따라 네 종류로 분류된다.

(1) 인간의 일생과 관련된 슬라맛딴으로서, 임신 7개월, 출생, 첫 번째 머리카락 자르기, 첫 번째 땅을 만지기, 귀 청소하기, 할례, 장례, 그리고 사망 후의 여러 행사 등이다.
(2) 마을 청소, 농지 갈기, 추수 후에 이루어지는 슬라맛딴이다.
(3) 이슬람교의 달과 날에 관련된 슬라맛딴이다.
(4) 어떤 사건이 있을 때 행해지는 슬라맛딴으로서, 멀리 떠날 때, 이사할 때, 위험을 피할 때 하는 응루왓(Ngruwat), 질병 치유 후 약속할 때 하는 까울(Kaul) 등이 있다.

위의 4가지 슬라맛딴 중에서 신분의 구별 없이 거의 모든 자와 사람들이 깊은 관심을 가지고 자주 행하는 것은 장례식과 장례식 후에 이루어지는 슬라맛딴이다. 그 이유는 자와 사람들이 조상들의 혼을 매우 존중하기 때문이다. 그런데 가족일 경우에는 더욱 존중하여 의식을 행한다. 죽음 이후의 세상에서 조상의 혼이 구원을 얻도록 하기 위해서 여러 가지 슬라맛딴을 하는데, 사망 후부터 1,000일까지 한다. 이는 다음과 같이 구분된다.

(1) 사망했을 때의 슬라맛딴으로 스드까 수르따나(Sedekah Surtanah) 또는 거블락(Geblak)이라 한다.
(2) 사망한 지 3일 후 이루어지는 슬라맛딴으로 스드까 늘룽 디나

(Sedekah Nelung Dina)라고 한다.

(3) 사망 후 7일 후에 행하는 슬라맛딴으로 스드까 미뚱 디나(Sedekah Mitung Dina)라고 한다.

(4) 사망 후 40일 후에 행하는 슬라맛딴으로 스드까 마땅 뿔루 디나 (Sedekah Matang Puluh Dina)라고 한다.

(5) 사망 후 100일 후에 행하는 슬라맛딴으로 스드까 냐뚜스(Sedekah Nyatus)라고 한다.

(6) 사망 후 1년 그리고 2년에 행하는 슬라맛딴으로 스드까 멘닥 스 삐산 단 멘닥 삔도(Sedekah Mendak Sepisan dan Mendak Pindo)라 고 한다.

(7) 사망 후 정확히 1,000일에 행하는 슬라맛딴으로 스드까 네우 (Sedekah Nyewu)라고 하며, 종종 스뜨까 우위스-우위시(Sedekah Nguwis-nguwisi)라고도 하는데, 이것은 '마지막 회'라는 의미를 가지고 있다.

슬라맛딴 외에 흔히 행해지는 것으로 음식 바치기, 일명 스사젠(Sesajen) 이 있다. 이는 귀신들을 믿기 때문에 때에 따라 음식을 바치는 것이다. 주로 주택의 기둥 밑, 길 옆, 다리 밑, 큰 나무 아래, 강가, 신성하다고 여겨지는 지역, 그리고 위험한 힘을 가졌다고 믿는 곳인 앙케르(Angker) 등에 음식을 놓는다.

스사젠을 할 때 세 종류의 꽃, 향, 동전과 아뻼(Apem) 과자 등을 작은 바구니나 바나나 껍질로 싼다. 끌리온 화요일과 끌리온 금요일(Kliwon-자 와와 발리에서 쓰는 용어로 한 달에 5주가 있을 경우 한 주의 화요일과 금요일을 신성 하다고 생각함) 밤에 바치는 스사젠이 있다. 이는 아주 평범한 것으로 물을 반 정도 넣은 잔에 세 종류의 꽃을 넣고, 그와 함께 상 옆에 촛불을 놓 아둔다. 목적은 귀신들이 온 가족의 안전을 위협하지 않도록 하기 위함이다. 이런 귀신들에 대한 믿음과 연관된 의식으로 스사지 빠냐드란 아궁(Sesaji Panyadran Agung)이 있다. 이는 매년 족자 왕궁에서 하는 의식으로 정확히 마울룻 나비 또는 거르백 물룻(Maulud Nabi 또는 Gerebeg Mulud) 날에 행해진다.

전해 내려오는 전통 물건, 전통 칼, 악기(가물란: Gamulan) 등에도 마술적인 힘이 있다고 믿는다. 심지어 몇 종류의 새, 왕궁의 수레, 그리고 거인 바따라 깔라(Batara Kala)도 이런 힘을 지니고 있다고 믿는다. 특별히 왕궁의 수레는 수라(Sura: 자와 달력의 첫째 달) 끌리온 금요일에 물로 씻기 의식을 한다. 전통적으로 내려오는 이 의식은 왕궁의 한 장소에서 공개적으로 이루어진다. 자와 사람들 특히 시골에서 온 사람들에게 이때 사용되었던 물은 축복이 된다고 생각한다.

위에서 언급한 거인 바따라 깔라(Batara Kala)는 마술적인 힘을 가지고 물건들과 인간에게 해를 준다고 믿는다. 예를 들면, 집안의 독자를 이 거인이 죽이려고 한다고 생각한다. 그래서 이러한 위험을 피하기 위해서 부모는 루와딴(Ruwatan)이라는 의식을 한다. 이는 병을 잘 고치고, 악한 영을 내쫓는 무당이 주관하게 된다. 이 루와딴 의식은 일반적으로 거인 바따라 깔라의 이야기로 와양 꿀릿(Wayang Kulit: 그림자 연극) 공연과 함께 이루어진다. 그리고 모든 것을 깊이 생각하는 자와 사람들의 습성 때문에 많은 종교들이 생겼는데, 이를 정리하면 다음과 같다.

(1) 꺼우아니야한교(알리란 꺼우아니야한: Aliran Keuaniyahan) – 이 종교에서는 정령들, 귀신들이 있다고 믿는다.
(2) 꺼이슬람 – 이슬라만교(알리란 꺼이슬람 – 이슬라만: Aliran Keislam –islaman) – 이슬람에서 많은 가르침과 요소들을 가져왔는데 예를

들면, 하나님과 그의 사도에 대한 것들이다. 그러나 이슬람의 법과는 내용면에서 분명히 다르다. 또 힌두 - 자와(Hindu-Jawa)적인 요소도 있는데, 이는 자주 이슬람의 가르침과 반대되는 면을 가지고 있다.

(3) 꺼힌두 - 자와안교(알리란 꺼힌두-자와안 : Aliran Kehindu-Jawaan) - 이 종교는 힌두의 신들을 믿고, 그 신들의 이름을 사용하는 종교이다.

(4) 미스틱교(알리란 미스틱 : Aliran Mistik) - 신비주의로서 하나님과 하나가 되고자 노력하는 종교이다.

족자카르타 남쪽지역에서 번성했던 종교로는, 아자리(Agama Jawa Asli Republik Indonesia), 히둡 버뚤(Hidup Betul), 헨드라 뿌사라(Hendra Pusara), 히둡 버뚤 이만 아가마 학(Hidup Betul Iman Agama Hak), 그리고 빠르다 뿌사라 빠니띠산 로하니(Parda Pusara Panitisan Rohani)가 있다. 이 모든 종교들은 인생의 완전함을 추구하였다.

3. 농촌 마을과 집의 형태

농촌 마을(데사 : Desa)은 시골 자와 사람들의 거주지이다. 그리고 법적으로 가장 작은 행정구역은 두꾸(Dukuh)이다. 따라서 두꾸의 대표(꺼빨라 두꾸 : Kepala Dukuh)는 우리나라의 이장에 해당한다. 이곳의 집들과 마당은 대나무 울타리와 나무로 구분한다. 그리고 집 마당이나 집 가까운 곳에 곡식 창고, 가축의 우리, 그리고 우물 등을 만들고 있다.

마을들은 대부분 2m가 안 되는 시골길로 연결되어 있다. 이러한 집들

외에 몇 개의 집들이 모여 있거나, 시골길에 늘어선 건물들을 볼 수 있다. 이는 마을회관, 면사무소, 또는 35일에 한 번씩 열리는 회의를 위한 장소이다. 종교 교육과 사회, 경제 활동을 위한 곳으로는 학교와 랑가르(Langgar : 모이는 장소) 또는 이슬람교 사원 등이 있다. 그 외에도 장날이 되면 많은 사람들이 모이는 시장이 생긴다. 마을에는 무덤도 있고, 주위에는 밭과 논들이 펼쳐져 있다.

자와 사람들이 추수하는 풍경

가옥은 재료와 모양에 따라 몇 가지로 구분된다. 대나무, 야자나무 줄기, 또는 티크나무(자띠 : Jati)로 골조를 세운다. 그 후에 벽은 대나무로 역은 게덱(Gedek)이나, 나무판 또는 벽돌로 쌓고, 지붕은 야자나무 잎으로 엮은 블라락(Blarak)이나, 기와를 사용한다. 그들만의 방법으로 집을 세워서 사각형 모양의 집을 형성하게 된다. 집안은 이동 칸막이(대나무로 엮은)를 사용하여 여러 개의 작은 공간으로 나눈다. 문은 여닫이 문이고, 창문은 없다. 햇볕은 지붕의 뚫린 부분이나 벽 사이로 들어온다.

집의 이름은 지붕의 모양에 따라 리마산 집(루마 리마산 : rumah limasan), 세로통 집(루마 세로통 : rumah serotong), 조글로 집(루마 조글로 : rumah joglo), 빵강에뻬 집(루마 빵강에뻬 : rumah panggangepe), 다라게빡 집(루마 다라게빡 : rumah daragepak), 마짠 제룸 집(루마 마짠 제룸 : rumah macan njerum), 끌라방 냔데르 집(루마 끌라방 냔데르 : rumah klabang nyander), 따죽 집(루마 따죽 : rumah tajuk), 꾸뚝 감방 집(루마 꾸뚝 감방 : rumah kutuk ngambang), 그리고 시놈 집(루마 시놈 : rumah sinom) 등으로 불린다. 이 중 리마산 집은 첫 정착민들의 후손들이 사용하는 집으로서 세로통 집과 함께 가장 흔하게 발견된다. 그리고 조글로 집은 귀족들의 가옥 형태를 보여주고 있다. 이처럼 지붕의 모양과 크기는 흔히 개인의 사회적 위치와 자부심을 나타낸다. 그런데 지금은 많은 사람들이 도시의 집과 같은 재료를 사용하여 집을 짓고 있다.

4. 주요 생계 활동

자와 농촌 마을(데사 : desa)에 살고 있는 많은 수의 사람들이 생계를 유지하는 수단은 농업이다. 그렇지만, 이외에 공무원, 근로자, 상인 등도 있다. 농지에는 화전과 논이 있다. 화전(떼갈란 : tegalan)은 주로 산지에 사는 사람들이 개간하여 일군 마른 밭이다. 반면에 논(sawah)은 주로 낮은 지역에서 발견된다. 수확물에는 벼 외에 보조 작물들이 있다. 예를 들면, 꺼뗄라 뽀혼(Ketela pohon : 고구마 종류), 옥수수, 꺼뗄라 람붓(ketela rambut : 고구마 종류), 대두, 땅콩, 까짱 뚱각(kacang tunggak : 콩종류), 구데(gude) 등이 있다. 이것들은 주로 화전 지역에서 재배되지만 건기에 물이 부족할 때에는 논에서도 재배된다.

논에 뭔가를 심기 위해서는 많은 준비가 필요하다. 처음에는 땅을 쟁기(루꾸 : luku)로 갈아엎는다. 이처럼 땅을 뒤집는 이유는 나중에 괭이로 흙을 쉽게 부술 수 있기 때문이다. 이 과정이 끝나면 1주일 동안 두었다가 갈고리 작업을 한다. 이는 땅을 더욱 부드럽게 하기 위해서이다. 이러한 모든 과정에는 물이 필요하다. 갈고리 작업을 마친 후에는 거름을 주는데, 거름에는 나뭇잎으로 만든 푸른 거름과 가축의 우리에서 나온 거름이 있다. 가축우리의 거름은 소, 물소, 말 또는 염소에게서 나온 배설물을 말한다. 거름을 준 이후에는 또 1주일 동안 물에 잠긴 상태로 둔다. 그 후 쟁기질을 한 번 더 하는데, 이는 물과 거름이 고루 잘 섞이도록 하기 위함이다. 마지막으로 갈고리로 긁는 작업을 마치면, 마침내 논은 모내기를 할 수 있는 상태가 된다.

논에서 벼를 키우기 전에 싹틔운 볍씨를 먼저 모판(빠위니한 : pawinihan)에서 키워야 한다. 이를 위해 볍씨를 먼저 골라낸다. 선택된 볍씨는 아직 줄기에 달려 있는 상태이다. 이 볍씨를 선택하는 일을 응링고리(nglinggori)라 하고 시골 주민들에 의해 이루어진다. 그 후 볍씨가 달린 줄기들을 자르는데, 이때에 볍씨가 너무 어리지도 않고 너무 오래된 것도 아닌 적당한 것을 자르도록 주의해야 한다.

이 잘라진 줄기들을 몇 개의 다발(운띵안 : untingan)로 묶는다. 이 다발들을 하루 동안 햇볕에 말리고 그 후 볍씨 껍질을 벗겨서 뗑곡(tenggok)이라는 큰 소쿠리에 넣는다. 그리고 이 소쿠리를 물속에 담가 놓은 후, 2~3일 동안 바나나 잎으로 덮어 놓는다. 다음에 뿌리가 나오면 싹틔운 볍씨가 되어 모판에 뿌릴 수 있다. 모판에서 싹틔운 볍씨를 논에 옮겨심기(모내기) 할 수 있을 때까지 소용되는 기간은 15~30일 정도이다. 어린모를 논에 옮겨 심는 이 작업을 응우리띠(nguriti) 또는 은다웃(ndaut)이라고 한다.

벼가 자라는 동안에는 다른 잡초가 자라지 않도록 잘 관리해 주어야 한다. 이를 위해 고스록(gosrok)이라는 도구로 머마뚠(mematun)이라는 작업을 한다. 마침내 벼가 다 익으면 아니-아니(ani-ani)라는 도구로 추수를 하여 창고에 보관하고, 그 후 40일이 지나면 찧어도(뚬북 : tumbuk) 된다.

벼농사 외에 보조 작물 재배의 가장 주된 것은 대두와 브롤 콩(까짱 브롤 : kacang brol)이다. 이 두 가지 보조 작물은 건기가 시작되기 직전에 심는다. 그 이유는 이 두 작물이 처음을 제외하고는 물이 많이 필요치 않기 때문이다. 그래서 농부는 제방이나 둑 근처에 구멍을 내어 물이 논에서 빠져 나갈 수 있도록 한다. 위에서 언급했듯이 이 두 작물은 처음에는 많은 물이 필요하다. 싹이 트기 전 일주일 정도는 흙이 물에 잠겨 있어야 한다. 이를 응얼레비(ngelebi)라고 한다. 대두와 브롤 콩을 가라앉히는 도구로 빤자(panja)라는 것이 있다. 한 개의 긴 막대기(디깅 스틱 : digging stick)로서 양 끝은 뾰족하고 길이는 거의 2m 된다. 그리고 가뚤(gatul)이라는 도구로 줄기가 나온 땅을 흙으로 북돋워 준다. 이를 디당이르(didangir)라고 한다. 대략 15일 정도 후면 열매를 얻을 수 있다.

생산량은 그 논의 크기와 질에 따라서 달라진다. 크기는 1로방(lobang), 1삐뚝(patok), 또는 1루(ru)로 나눈다. 논 1루는 길이 14m, 넓이 1m와 같다. 보통 논의 등급은 1등급, 2등급, 3등급으로 나눈다. 이 등급은 논의 위치 즉 물 근원에서 가까워 물을 계속적으로 잘 받을 수 있는 곳인지 또는 논 자체의 질이 어떤지에 따라 정해진다. 좋지 않은 땅도 비료 사용과 관개 개선으로 수확량이 늘어나면 등급이 높아질 수 있다.

개인이 소유한 논은 상간 논(sawah sanggan)과 야산 논(sawah yasan)이다. 논은 타인에게 팔거나 세를 줄 수 있다. 논을 1년간 타인에게 세 주는 것을 아돌 따훈안(adol tahunan)이라고 하고, 완전히 타인에게 파는 것을 아돌 체쁠릭(adol ceplik)이라고 한다.

이 지역에는 충분한 농지를 갖고 있지 못한 사람뿐 아니라, 전혀 농지가 없는 사람도 많다. 어쩔 수 없이 이런 사람들은 소작인이 되어 농지를 빌리고 소득의 일부를 지주에게 바쳐야 한다. 소작인은 괭이질, 쟁기질, 써레질, 그리고 추수를 하게 되는데 임금은 일한 시간에 비례한다. 하루에 3번, 4시간씩 일하는데, 첫 번째는 오전 6시~10시, 두 번째는 오전 10시~오후 2시, 세 번째는 오후 2시~오후 6시이다.

땅을 빌려서 농사짓는 사람은 일정한 정도의 수확물을 지주에게 주어야 한다. 첫 번째의 수확량을 줄 때, 이를 아돌 오요단(adol oyodan)이라고 한다. 땅이 없는 사람이 소작인으로서 수확의 절반을 얻는 것을 마로(Maro)라고 한다. 만약 소작인이 1/3만 받는다면 그것은 머르뗄루(mertelu)라고 한다. 이런 것은 당연히 그 땅의 비옥한 정도에 따라 결정된다. 특히 브롤 콩과 같은 보조 작물은 지주가 1/5을 받는다.

마지막으로, 어떤 사람이 논을 저당 잡아 임시로 소유하는 경우를 아돌 센데(adol sende)라고 한다. 이는 돈을 빌려주고 그의 땅을 저당 잡아 농사를 짓는 경우이다. 후에 돈을 빌려간 사람이 갚게 되면, 그 농지는 다시 주인에게로 돌아간다. 그러나 논을 저당 잡았던 사람은 적어도 한 번은 수확물을 이자로 가지게 된다. 이러한 거래 관계는 쌍방 간에 이루어지며 이때 시골의 공무원 1명이 증인이 된다.

주된 농사 일 외에 몇몇 다른 보조 생계 수단이 있다. 예를 들면 뗌뻬 까라 벵욱(tempe kara benguk) 만들기, 벽돌 찍어내기, 야자로 식용유 만들기(음보똑: mbotok), 바띡 제조, 돗자리 짜기, 목수, 석수, 자전거 수리 등의 일들이 있다.

5. 가족 형태

자와 사람들의 가족 시스템은 양쪽 부모에 근거한다. 반면에 가족 명칭은 세대별로 구분된다. 부모의 모든 형들과 누나들 그리고 그의 배우자들은 모두 시와(siwa) 또는 우와(uwa)라고 불린다. 부모의 동생들은 성별에 따라 남자는 빠만(paman), 여자는 비비(bibi)라고 한다.

사회적으로 친형제끼리는 결혼을 할 수 없다. 사촌인 경우에도 결혼할 수 없고, 신랑이 신부보다 어릴 경우에도 할 수 없다. 사촌까지의 친척 관계가 아닐 경우에는 결혼이 가능하다. 그 외에도 허용되는 결혼이 있다. 이는 응아랑 울루(ngarang wulu)와 와유(wayuh)이다. 응아랑 울루는 부인을 잃은 남자가 부인의 여동생과 결혼하는 것이다. 이를 소로랏(sororat) 결혼이라고 한다. 와유는 한 남자가 여러 여자와 결혼하는 것이다(폴리가미 : poligami). 정식 결혼식을 하기 전에는 여러 의식들이 있다. 나 꼬까께(nakokake)라는 의식이 있는데, 이는 남자가 결혼하고자 하는 여자의 부모에게 찾아가서 여자에게 이미 약혼한 사람이 있는지 없는지 물어보는 절차이다. 부모가 없으면, 여자의 오빠나 큰아버지와 같은 가족의 대표에게 물어본다. 이때 남자는 부모 또는 부모 대리인과 함께 간다.

아직도 농촌에는 부모의 뜻에 따르는 중매결혼이 있다. 이 중매결혼의 경우, 결혼식 전에 하는 논또니(nontoni)라는 절차가 있다. 이는 남자가 결혼할 여자와 만나보는 것이다. 여자가 아직 약혼 상대가 없고 남자와의 결혼을 받아들이면, 뻐닝세딴(peningsetan)의식을 언제 가질지 결정한다. 이것은 신랑이 될 남자가 여자의 부모나 대리부모에게 선물을 드리는 의식이다. 보통 이 선물은 여자의 부모나 대리 부모에게 줄 여성 의상 한 벌이다. 삭뻥아덱(sakpengadek)이라 하며, 하나의 천과 꺼바야(kebaya : 전통의상)로 이루어져 있다. 여기에다 가끔은 한 개의 결혼반지를 더하여 주기도 한다. 이 의식이 끝나면 여자는 남편의 집안사람이 되므로 반드시 결혼식(위스 디빠짱아께 : wis dipacangake)을 해야 한다.

위에서 언급한 뻐닝세딴 의식을 하기 전에, 먼저 결혼식 날짜를 잡기 위한 모임을 한다. 이 모임에는 웨똔(weton)이라는 매우 중요한 절차가 있는데, 일종의 궁합을 보는 것이다. 이것은 신랑, 신부의 이름과 출생일 그리고 자와 달력(스빠사란 : sepasaran, 또는 밍구안 오랑 자와 : mingguan orang jawa)을 바탕으로 한다.

결혼식 2~3일 전에는 아속-뚜꼰(asok-tukon)이라는 의식을 갖는다. 이는 신랑의 부를 신부 측에 상징적으로 주는 의식이다. 돈, 음식, 살림 도구, 소, 물소, 말 등의 가축을 신부의 부모나 대리 부모에게 주는데, 이

때 가족들이 함께 참여한다. 아속-뚜꼰은 스라까(srakah) 또는 사스라한(sasrahan)이라고도 불리는데, 이는 결혼 예물을 의미한다.

위의 결혼 방법 외에 다른 방식도 있다. 자와 사람들 사이에는 마강(magang), 또는 엥에르(ngenger)라는 것이 있다. 이는 신랑이 신부 측 가족에게 온전히 봉사하는 경우이다. 뜨리만(triman)이라는 결혼도 있다. 이는 왕족이나 귀족을 섬기던 남자에게 가문의 딸을 선물로 주는 경우이다. 눙가-눙가히(Ngunggah-ngunggahi)라는 방식은 신부 측이 신랑 측에게 결혼을 신청하는 것이다. 뻭산(Peksan)이라는 방식은 양가의 부모에 의해 이루어지는 결혼이기에 중매결혼이라 할 수 있다. 이 방식은 옛 시대에 어린 자녀들을 결혼시킬 때 보통 사용되었다.

결혼식 하루 전, 신부 측의 몇몇 가족들은 축복을 받으러 조상들의 무덤에 간다. 그날 오후에는 슬라맛딴 버르까한(selamatan berkahan)이라는 의식이 있다. 이때에는 신부의 가족, 친한 이웃과 친구들이 모여 밤늦게까지 혹은 새벽까지 신부 집에서 지낸다. 이 결혼 전날 밤을 말람 띠라까딴(malam tirakatan) 또는 말람 미다다레니(malam midadareni)라 한다. 사람들은 이 밤에 요정들이 하늘에서 내려와 결혼을 축복해 준다고 믿는다.

결혼식 날이 되면, 신랑은 부모 또는 대리 부모, 친구들, 같은 시골의 이웃들이 모두 함께 동네의 결혼, 이혼 등 조정을 담당하는 공무원(까움 : kaum)에게 가서 결혼 신고를 한다. 그 후엔 그 읍면의 종교 사무소에 가서 결혼을 담당하는 면장(뼁훌루 : penghulu)의 주재로 이잡 까불(ijab kabul) 또는 아깟 니까(akad nikah)라고 하는 종교 결혼식을 행한다. 이 의식은 신랑 신부 양측 대표의 참석 하에 이루어진다. 이 의식에서 신랑과 신부의 대표가 결혼서약서에 서명을 하고, 그 후에 신랑은 이슬람법에 기초한 결혼 예물로서 돈을 주게 된다. 이잡 까불 의식은 면장(penghulu)을 불러 신부의 집에서 행할 수도 있다.

이 의식이 끝난 후 결혼식이 시작된다(떼몬 : temon). 마침내 신랑 신부는 좌석에 나란히 앉게 된다. 신랑이 신부를 데려가려면 결혼 이후 5일이 지난 후 가능하다. 신부를 데려간 후, 신랑의 집에서 다시 결혼 축제를 한다. 이를 웅운두 떼만뗀(ngunduh temanten)이라고 한다.

때로는 신랑 신부가 서로 행복하지 못할 때 이혼하게 된다. 이혼은 양측이 모두 찬성할 때, 부인이 임신 상태가 아닐 때, 면장(penghulu) 앞에서 할 수 있다. 남편은 아내에게 딸락(talak : 이슬람 이혼서)을 주고서 이혼할 수 있다. 아내도 남편에게 딱릭(taklik : 이슬람 이혼서)을 줌으로써 이혼할 수 있다.

그러나 때로는 아내가 남편에게 실망하여 이혼을 요구해도 남편이 이혼을 해 주지 않는 경우도 있다. 이런 경우 아내는 종교사무소 면장(penghulu)을 통해 이혼 소송을 할 수 있다. 그러면 군수(부파띠 : bupati)가 결론을 내리게 된다. 아내가 정식으로 종교기관에 이혼 소송을 내고 마무리되는 여러 과정을 라빡(rapak)이라고 한다.

이러한 이혼 소송에도 불구하고 이 문제가 잘 해결되지 않을 때가 있다. 어떤 때에는 남편과 아내가 서로 사랑하고 있기 때문에 서로 희망을 가지고 화해하는 경우도 많다. 이혼 문제가 거론된 지 100일 이내에 화해하면 이를 루죽(rujuk : 조정)이라 하고, 그 기간이 지난 후 화해하면 발렌(balen)이라고 한다. 이혼 소송(talak)은 세 번까지 가능하고, 그 후에는 반드시 이혼해야 한다. 이혼 후, 100일 또는 세 번의 생리 기간을 지나야만 여자는 다른 남자와 사귈 수 있다. 이유는 그만한 기간이 지나야

임신 상태가 아닌 것이 증명되기 때문이다. 3개월 이전에 임신된 아기는 전 남편이 책임지도록 되어 있다.

결혼으로 인해서 가족(껄루아르가 바띠 : keluarga batih, 또는 껄라와르가 : kula-warga)이 생겨난다. 자와 사회에서 가족은 독립적인 사회 공동체이고, 그들의 자녀를 사회 구성원으로 키우는 역할을 한다. 가장은 꺼빨라 소마(kepala somah)라 불린다. 남편이 사망하면 부인이 가장이 된다. 부인도 사망할 경우, 모든 형제의 찬성으로 형제 중 한 명이 가장이 된다. 보통 장남이 이를 계승한다. 남편, 아내, 아이들로 구성된 가족이 완전한 가족이 되고, 이 중 한 가지가 부족한 가족은 불완전한 가족이 된다.

위에서 말한 가족 외에 대가족이 있다. 한 집에 두세 가족이나 그 이상이 함께 공동체를 이루며 생활하는 것을 대가족이라 한다. 그러나 각 가족은 한 집에 살지만, 생활비 지출은 따로 하는 독립적인 사회 공동체이다. 대가족 중에는 부엌을 같이 쓰는 경우도 있다. 주목해야 할 것은 이 대가족도 한 명의 꺼빨라 소마(가장)를 가진다는 점이며, 이는 여러 가장 중 가장 높은 가장이 맡게 된다. 대가족은 보통 자녀가 결혼하여 부모와 함께 살면서 생겨난다. 대가족의 꺼빨라 소마가 사망할 경우, 가장 높은 가족의 일원이 꺼빨라 소마가 된다. 그도 사망할 경우, 두 번째로 높은 가족의 꺼빨라 소마가 다른 가족들의 찬성으로 꺼빨라 소마가 된다. 대가족의 꺼빨라 소마의 역할은 대가족의 일에 국한된다. 가족 사이의 일, 아이들의 교육, 생활비 관리, 생활비를 버는 일 등은 각각의 가정에 맡긴다. 일반 가족과 마찬가지로 대가족에도 완전한 가족과 불완전한 가족이 있다.

다른 가족 공동체로는 사낙-사둘루르(sanak-sadulur)가 있다. 이 공동체는 한 조상으로부터 3대까지 이르는 가까운 친척으로 이루어진다. 보통 이들은 친척들 사이에 중요한 일들이 있을 때 서로 돕는다. 예를 들면, 생일잔치, 장례식 그리고 사망 후 7일, 100일, 1,000일 행사 등이다. 예외적으로 그들은 르바란 때에 모이고, 이슬람 명절 수란(suran) 때에도 모인다.

킨드레드(kindred)는 자와 지역의 농촌에 사는 친척이다. 사촌, 삼촌, 숙모, 친가, 외가, 그리고 부인의 친척들이다. 이외에도 알루르와리스(alurwaris)라는 친척 공동체도 있다. 이는 7대까지의 자손으로 이루어진다. 이 알루르와리스의 가장 중요한 임무는 조상의 무덤을 관리하는 일이다. 보통은 조상의 무덤이 위치한 곳에 사는 사람이 여러 곳에 흩어져 사는 친척들에게 연락하여 무덤 관리에 필요한 지원금을 거둔다. 일반적으로 자와 사람들은 결혼한 이후에 어디든지 자유롭게 정착할 수 있다. 가족이나 양가 부모의 집으로부터 자유롭게 나가서 어디에서든 정착할 수 있다. 자와 사람들이 결혼 후 정착 장소를 자유롭게 결정할 수 있는 전통을 우트롤로칼(utrolokal)이라 한다. 결혼 후, 양가 부모에게서 독립하여 다른 곳에서 살게 될 때 이를 네올로칼(neolokal)이라 하고, 이를 자랑스럽고 행복하게 여긴다. 결혼 후 독립하지 못하고 어쩔 수 없이 아내의 친척들 주변에 살게 되는 경우도 있는데 이를 욱쏘릴로칼(uxorilokal)이라고 한다. 모든 가정의 부모는 그들의 권리와 의무 그리고 재산을 자신의 아이들에게 물려주고자 한다. 재산으로 물려주는 것들은 가옥, 가구, 가보, 가축, 가옥의 마당과 나무, 논, 밭 등이다.

부모의 재산을 상속하는 방법은 평화적 타협(뻐르다마이안 : perdamaian) 방법과 상속분(스삐꿀 스겐동 : sepikul segendong) 방법이다. 평화적 타협 방법은 자녀들 또는 가까운 친척과 같은 재산 상속자들이 모여 의논해서 누가 얼마를 받을지 결정한다. 이 방법은 특히 가옥, 가구, 가보 그리고 가축을 나눌 때 사용된다. 이는 모든 가족에게 만족과 평화를 주기 위해서이다. 보통 부모들은 자신이 거주하는 가옥을 자신과 함께 살며, 노후를 돌보아 주는 아들이나 딸에게 상속하는 경향이 있다. 그리고 집안의 가보는 장남에게 상속하고, 가축은 똑같이 나눈다.

상속분 방법(스뻬꿀 스젠동)은 마당과 심겨져 있는 나무들, 논과 밭을 나눌 때 사용한다. 모든 땅의 2/3는 아들에게, 1/3은 딸에게 나누어 준다. 상속된 재산에 대한 권리와 의무를 확실히 하기 위해서 상속자는 면장이나 다른 면의 공무원(빠몽 데사 라인 : pamong desa lain)을 증인으로 세울 수 있다. 특별히 마당이나 농지를 나눌 때는 그 면의 직원에게 그 땅의 총 면적이 얼마인지 반드시 보고를 해야만 한다. 이는 세금 산출에 필요하기 때문이다. 세금을 낸 영수증(꼬히르 : kohir, 또는 뻬뚝 : petuk)은 상속자 중 가장 나이가 많은 자가 보관한다. 이 영수증에는 상속된 모든 땅의 면적이 기록되어 있다. 각각의 상속자도 세금을 직접 낼 수 있도록, 자기 땅에 대한 영수증(꼬히르 : kohir)을 요구할 수 있다. 한 가지 알아야 할 사실은 자신이 소유한 농지인 사와 상간(sawah sanggan)만을 다른 사람에게 넘겨주거나 상속할 수 있다는 것이다. 여기에는 세 가지 종류가 있다.

첫째, 관리 농지(사와 간뚱안 : sawah gantungan)이다. 이는 상속 받은 농지 임자가 그 땅을 떠나 멀리 있을 경우에 그 농지를 관리하기 위해 형제 중 한 명에게 맡기는 경우이다. 그래서 임자가 다시 돌아오는 경우, 농지에 대한 모든 권리와 의무는 다시 임자 본인에게 돌아간다.

둘째, 상전 농지(사와 두눙안 : sawah dunungan)가 있다. 이 땅은 아직 상속

받은 것은 아니다. 다만 부모가 그 농지를 누구에게 줄 것인지 미리 말해 놓은 상태의 것이다. 일반적으로 서쪽에 위치한 농지는 큰 자녀가 받고, 더 어린 자녀는 동쪽에 위치한 농지를 받는다.

셋째, 농사 농지(사와 가라빤: sawah garapan)가 있다. 이 농지도 아직은 상속된 상태가 아니다. 부모가 아들이나 사위에게 이 땅을 갈 수 있도록 허락한 경우인데, 이는 늙은 부모를 책임지도록 하기 위함이다. 부모님들이 돌아가시게 되면, 이 농지는 농사를 지어 왔던 그들에게 상속된다.

결혼 전에 남편과 아내가 소유했던 물건이나 재산(반다 가완: banda gawan)은 결혼 후에 남편과 아내가 함께 얻은 재물(반다 가나 기니: banda gana gini)과 구분된다. 두 가지 모두 상속 가능하며, 이를 상속하는 데에는 위에서 언급한 평화적 타협 방법과 상속분 방법으로 한다. 상속은 아들이나 딸이나 똑같이 받게 된다. 만약 자녀가 없을 경우에는 결혼 전 재물인 반다 가완(banda gawan)은 남편과 아내의 각 집안이 상속한다. 그러나 부부가 결혼 후 얻은 재물인 반다 가나 기니(banda gana gini) 중 부부가 이혼할 때 남편에게 주어지는 것은 반다 가나(banda gana)라 하고, 아내에게 주어지는 것은 반다 기니(banda gini)라고 한다.

6. 사회생활

자와 인들은 행정공무원, 고학력자들로 이루어진 쁘리야이(priyayi), 왕족과 귀족들 근처에서 일하는 농부들, 수리공들, 거친 일들을 하는 옹쩔릭(wong cilik) 등으로 나누어진다. 이러한 사회계층 구조에 있어서 쁘리야이 또는 벤다라(bendara)는 상위 계층을, 옹 찔릭(wong cilik)은 하위 계층을 형성한다.

종교에 따라서, 자와 사람들은 산뜨리(santri)와 아가마 끄자웬(agama kejawen)으로 나누어진다. 이 둘 모두 이슬람교를 믿기는 하지만, 모든 면에서 일치하는 것은 아니다. 예를 들면, 일부는 기도(솔랏 : solat), 금식(뿌아사 : puasa), 메카로 가서 드리는 하지 예배(이바다 하지 : ibadah haji) 등을 하지 않는다. 자와 지역의 도시나 농촌의 몇몇 지역은 산뜨리가 대부분을 차지하지만, 어떤 지역에서는 아가마 끄자웬이 다수이다.

옹 찔릭계에 속한 시골의 농부들은 다시 세 계층으로 분류된다. 그 중 가장 높은 계층을 옹 바꾸(wong baku)라고 한다. 이는 시골에 처음으로 정착한 사람들의 후손으로 이루어져 있다. 그들은 농지와 집과 마당을 갖고 있다. 두 번째 계층은 꿀리 간독(kuli gandok) 또는 린둥(lindung)이라 한다. 이들은 이미 결혼한 남자들로서 자신의 주택을 갖지 못하고, 장인 집에서 같이 사는 사람을 말한다. 그러나 이들도 상속이나 매입 등으로 농지를 가질 수 있다. 세 번째 계층으로 조꼬(joko)가 있다. 이들은 아직 결혼하지 않은 남자로서 부모와 함께 살거나, 다른 집에서 살고 있는 사람들이다. 이들은 상속을 받거나 매입함으로써 농지와 주택과 마당을 소유할 수 있다.

행정적으로, 자와의 일반적인 농촌 마을은 껄루라한(kelurahan) 또는 데사(desa)라 하고, 그곳의 장을 루라(lurah)라고 한다. 15~25개의 농촌 마을(kelurahan)을 행정적으로 합쳐서 면(kecamatan)이라고 하고, 장은 행정공무원으로 차맛(camat)이라고 한다.

루라(lurah)는 껄루라한(kelurahan)의 직원인 빠몽 데사(pamong desa)와 함

게 마을의 안녕과 질서를 유지하는 일을 한다. 루라는 정해진 규칙에 따라 주민들에 의해 자체적으로 선출된다. 각 지방에는 공식적으로 적용되는 규칙들이 있다. 예를 들면, 족자카르타와 그 주변 지역에는 각각의 껠루라한(kelurahan) 안에 그 지역의 대표들로 모인 주민 대표 협의회가 있다. 이 지방 조직은 농촌 주민들을 지도하는 일을 하며, 루라는 일할 직원들을 뽑아야 할 의무가 있다. 직원들과 그 임무는 다음과 같다.

(1) 차릭(carik)은 마을의 서기 역할을 하며 일반인들을 돕는다.
(2) 쏘시알(Sosial)은 주민들의 영적, 육적 안녕을 돌본다.
(3) 꺼막무란(Kemakmuran : 풍요)은 농업 생산량 증대의 의무를 진다.
(4) 꺼아마난(Keamanan : 안전)은 농촌 마을 주민이 외적, 내적으로 안전한 생활을 하도록 책임을 진다.
(5) 까움(Kaum)은 결혼, 이혼, 조정, 종교 행사, 그리고 장례식을 관장한다.

앞에서 언급했듯이 농촌 마을(kelurahan 또는 desa)은 두꾸(dukuh)들로 이루어져 있다. 그래서 각각의 두꾸(dukuh)에는 꺼빨라 두꾸(kepala dukuh)가 장이 된다. 모든 지휘계층은 각각의 의무와 업무를 감당하기 위한 직원을 거느리고 있다. 마을을 유지하고 세우기 위해서 마을의 모든 공무원들(pamong desa)은 자주 주민들을 모아서 구구르 구눙(gugur gunung : 산 허물기)이라는 활동을 한다. 이는 마을의 길, 다리, 학교건물, 주민회관, 상하수도, 저수지와 수문, 무덤, 이슬람교 사원 등을 세우고, 고치고, 유지하며 마을 청소 등을 한다. 자와 지역의 농촌마을에서는 경제적 어려움을 극복하기 위해서 예부터 농업협동조합, 소비자 조합, 그리고 은행 등을 운영하여 왔다.

7. 발전의 문제

미래의 발전에 큰 방해가 되는 자와 사람들의 정서적 약점은 인생에 대해 너무 수동적이라는 것이다. 자와 사람들은 종교적이고, 운명을 잘 수용하고, 고난을 잘 견뎌내지만, 일을 함에 있어서는 매우 수동적이다. 이들은 옛날 자와 왕국시대에 왕들과 귀족들의 권세에 눌렸고, 그 후 제국주의가 성행하던 18세기 말 이후에는 식민지 통치에 의해 억눌림을 당하였다. 자와의 농민들은 이러한 영향으로 수동적인 습성을 갖게 되었던 것으로 보인다.

1세기 전부터, 실제적으로는 2차 세계대전 후부터, 빠르게 늘기 시작한 자와 농촌의 인구는 지역발전에 커다란 걸림돌이 되었다. 농지들을 작게 나눔으로써 적은 수확물을 다시 나누어야 하기 때문에 사람들은 이득을 남기기 어렵게 되고, 발전을 위한 자본투자도 생각할 수 없었다. 모든 수확물은 추수 또는 다른 협동 작업에 동참(시스뜸 바온 : sistem bawon)한 수십 명의 이웃에게 같은 양으로 나누어지기 때문에 한 순간에 사라진다. 그래서 자본을 투자하기 위해서는 자와의 농촌은 2배의 이익이 아니라, 3~4배 또는 그 이상의 이익이 필요하다. 이것이 가능하려면, 이전의 농사 방법을 버리고, 새롭고 좋은 씨나 묘목을 사용하여 집중적으로 재배해야 하며, 화학비료 사용, 질병이나 해충을 현대적 방법으로 박멸하는 등의 노력이 필요하다.

그러나 새로운 기술을 사용하는 것만으로는 부족하다. 지나치게 수동적인 자세를 바꾸어야 한다. 주민이 사회 발전을 위해 움직여야 한다. 이를 위해서는 좋은 지도자가 필요하다. 교육을 많이 받고, 지식이 뛰어날 뿐 아니라, 혁신할 수 있는 창의적이고 주도적이고 능동적인 지도자가 필요하다.

본래 자와의 농촌 사회 체계는 1세기 이상 진행된 제국주의 체제로 인해 이미 무너진 상태이다. 이로 인해서 자와 농촌 사회에는 사회 구성원을 묶어 주는 모임이 없고, 전통적으로 내려오는 기구도 없어 스스로의 창의적 활동이 없는 상태이다. 이는 발리에 있는 반자르(banjar), 또는 수북(subuk)과는 매우 다르다. 이곳은 제국주의의 영향을 20세기 초부터 받았지만, 아직은 본래 그 지역이 가지고 있던 기구들을 유지하고 있기 때문이다.

제국주의의 행정 기구에는 위에서 내리는 명령만 기다리고, 책임은 회피하는 자세를 가진 사람이 대부분이었으므로 발전을 기대할 수 없었다. 농촌사회에 창의적인 지도자가 필요하지만 없는 이유는, 대부분의 농촌 젊은이들이 교육을 받은 후 특별한 보장이 없으면, 농촌에 살기를 싫어하기 때문이다. 이러한 사실을 고려할 때, 자와의 농촌 사회에는 아직도 많은 문제가 있음이 명확해진다. 몇 가지 중요한 문제점을 들자면 다음과 같이 정리할 수 있다.

(1) 자와 사람들은 인생에 대해 지나치게 수동적이고, 자신의 처지를 운명으로만 받아들인다.
(2) 자와 농촌 지역에는 인구가 너무 많이 밀집되어 있어 대부분 너무 가난하다.

(3) 앞으로 현대화가 진행될 때 창조적 활동을 할 수 있는 전통적으로 유지해 온 기구가 없다.
(4) 현재의 수확량보다 3~4배 또는 그 이상의 수확을 할 수 있도록 도와주는 창조적인 농촌 지도자가 없다.

이 모든 문제들은 쉽게 이해할 수 있지만 짧은 시간 안에 이를 극복하기는 매우 어려워 보인다. 자와 농촌 사회가 발전하기 위해서는 상당히 많은 시간이 필요할 것이다.

Kodiran, "Kebudayaan Jawa", Koentjaraningrat, *Manusia dan Kebudayaan di Indonesia*. Jakarta: Djambatan, 2007.

순다(Sunda)족*

1. 거주 지역

순다족은 인도네시아 자와 섬 서부 지역에 살고 있다. 이들은 보통 서부 자와 사람(Orang Jawa Barat) 또는 순다 사람(Orang Sunda)으로 불리며, 주로 화산과 온천이 많은 시원한 고원지대에 살고 있다. 향료무역을 독점하고 350년 간 인도네시아를 지배하였던 네덜란드는 원래 조그만 항구 도시 순다 끌라빠(Sunda Kelapa) 인근 지역을 바타비아(Batavia)로 개발하였다. 이로 인해서 자와 섬의 주요 도시가 많이 발달하였다. 동부 자와 지역에 위치한 항구도시 수라바야(Surabaya), 중부 자와 주도이자 항구도시인 스마랑(Semarang)은 그 대표적인 예이다. 그런데 자카르타 인근에 위치한 반둥은 서부 자와의 주요도시가 됨으로써 서부 자와 지역은 최초로 하나의 도(道)로 건설되었다.

자와 섬의 찔로사리 강(Sungai Cilosari)과 치딴두이 강(Sungai Citanduy) 사

---

* 로스띠뉴(Rostinue) / 인도네시아 대학교 한국학과 교수

이에 위치한 서부 자와는 15세기에 따따르 순다(Tatar Soenda) 또는 따따르 삐순단(Tatar Pasoendan)이라는 지명으로 유명하였다. 서부 자와 지역은 고지대에 위치하여 날씨도 좋아서 예전 식민지 시절에는 '빠리스 반 자바(Parijs Van Java)'라고 불렀다. 이것은 '자와의 파리'라는 뜻이다. 그래서 지금은 관광지 혹은 별장이 많은 휴양지로 알려져 있다. 특히 반둥은 자카르타 사람들뿐만 아니라 많은 국내외 여행자들이 좋아하는 곳이다. 자카르타에서 고속도로를 이용하면 약 3시간이 소요된다. 유명한 관광지로는 땅꾸방 쁘라후 화산(Gunungan Tangkuban Perahu)과 치아뜨르 온천(Pemandian Air Panas Ciateur)이 대표적이다. 땅꾸방 쁘라후 화산은 반둥 북쪽에 위치하고, 치아뜨르 온천은 땅꾸방 쁘라후 화산 근처에 있다.

서부 자와는 인도네시아 및 세계 역사에 있어서도 중요한 의미를 지니고 있다. 1955년 4월 18일부터 24일까지 반둥에서 아시아, 아프리카 지역의 29개국 대표가 참석한 가운데 회의가 개최되었다. 이 회의는 '에이에이(AA)' 회의라고도 한다. 이 회의에 참여한 나라들(인도네시아, 스리랑카, 미얀마, 중국, 인도, 파키스탄 등)은 인권, 민족 자결, 경제와 문화 협력, 세계 평화 등의 목적을 위해 진지한 토론과 의논을 하였다.

인도네시아는 1945년 8월 17일에 독립하였는데, 독립 직후 반둥에서 도시 방화 사건이 일어났다. 인도네시아는 1945년 일본으로부터 독립한 후 1949년 완전 독립을 쟁취하기 전까지 연합군(주로 영국군과 네덜란드군)의 요충지였다. 그때 연합군은 일본군을 이용해서 반둥에 들어와 반둥을 확보하고 있었던 인도네시아 군(Tentara Republik Indonesia)과 충돌하게 되었다. 반둥의 철도길이 동서로 늘어져 있어서 철도 북쪽에 있었던 연합군이 반둥의 치안을 네덜란드에게 넘기고, 인도네시아 군에게 1946년 3

월 24일 자정까지 철도 남쪽 지역에서 물러나도록 최후통첩을 하였다. 이에 인도네시아군은 적군이 반둥 남쪽에 있는 주요 건물, 시설, 장소 등을 사용하지 못하도록 3월 24일 반둥 남부 지역을 불태우기로 결정하였다. 반둥 남부 지역에 대한 방화는 일명 '불바다 반둥(Bandung Lautan Api)'으로 불리며 인도네시아 독립운동을 상징하게 되었다. 두 명의 인도네시아 청년 모함마드 또하(Mohammad Toha)와 람단(Ramdan)은 '반둥 불바다' 사건으로 죽어서 '인도네시아 독립영웅'으로 추대되었다. 그리고 이스마일 마르주키(Ismail Marzuki) 작곡가는 인도네시아 사람들의 애국심을 기념하기 위해 창가를 만들어 발표하였다.

그 노래의 가사는 아래와 같다.

Hallo-hallo Bandung	할로 할로 반둥(안녕 반둥!)
Oleh Ismail Marzuki	작곡가: 이스마일 마르주키
Hallo-hallo Bandung	할로 할로 반둥 (안녕 반둥!)
Ibukota periangan	(반둥은) 쁘리앙안 (서부자와) 수도다
Hallo-hallo Bandung	할로 할로 반둥 (안녕 반둥)
Kota kenang-kenganan	(반둥은) 기념 도시다
Sudah lama beta	오래간만에
Tidak berjumpa dengan kau	반둥을 못 봤다
Sekarang telah menjadi lautan api	지금은 (반둥이) 불바다가 되었다
Mari Bung* rebut kembali	반둥을 싸워서 탈환하자!

순다족은 전통행사 시 검은색 옷을 입는다.

　서부 자와에는 17개 지방과 9개 도시가 있다. 중심도시로는 반둥, 데
뽁(Depok), 브까시(Bekasi), 보고르(Bogor), 치르본(Cirebon), 꾸닝안(Kuningan),
따식말라야(Tasikmalaya) 등이 있다. 이 지역에 살고 있는 사람들은 기본적
으로 순다어를 사용하지만, 순다어가 아닌 방언을 사용하기도 한다. 대
표적인 예를 들면, 브까시, 데뽁, 치르본 사람들은 순다어가 아닌 자와어
또는 다른 방언을 사용한다. 치르본 사람들은 일상생활에서는 자와어와
순다어가 섞인 치르본 방언을 사용하며, 브까시와 데뽁 사람들은 순다어
보다 브따위 방언 또는 인도네시아어를 많이 사용한다. 행정적으로 서부
자와에 속하지만 이들이 모두 종족어인 순다어를 사용하지 않는다는 것
을 알 수 있다. 이러한 상황이 발생하게 된 것은 역사적 측면에서 다음
과 같이 설명할 수 있다.

　서부 자와 지역은 5세기에 따루마나가라 왕국(Kerajaan Tarumanagara)의

영토에 속하였다. 그런데, 따루마나가
라 왕국이 멸망한 후 순다 왕국(Kerajaan
Sunda)이 그 뒤를 이었다. 수도는 옛날
에 빠꾸안 빠자자란(Pakuan Pajajaran)으
로 불린 지금의 보고르였다. 그러나 16
세기부터 드마크 왕국(Kerajaan Demak)과

전통놀이에서 승리하여 좋아서 껑충껑충.

순다 왕국이 정치적, 경제적으로 경쟁하게 됨으로써 치르본 항구 주변에
살고 있었던 사람들은 드마크의 영향을 많이 받았다. 이때부터 치르본
사람들은 순다어보다 자와어를 더 많이 사용하게 되었다. 이후 치르본은
순다왕국과 행정적으로 분리되고, 드마크 왕국 문화의 영향을 받게 되었
다. 이들이 순다어보다 자와어와 인도네시아어를 더 많이 사용한 이유
중 하나는 바로 15세기부터 드마크 왕국의 영향을 많이 받았다는 역사
적 사실과 밀접한 관련이 있다. 그런데 치르본 사람들과 달리 자카르타
인근에 위치한 브까시 지역 사람들은 순다어보다 브따위어와 인도네시
아어를 더 많이 사용한다. 이것 역시 지리적 환경과 관련이 있다. 그럼
에도 불구하고 치르본이나 다른 서부 자와 지역에서는 초등학교에 다니
는 학생들에게 순다어를 배우게 한다.

2. 문자와 이름

서부 자와 지역에 살고 있는 순다족은 기본적으로 순다어를 사용한다.
그러나 앞에서 말한 바와 같이 자카르타 인근에 위치한 데뽁과 브까시

사람들은 순다어보다 브따위어와 인도네시아어를 더 많이 사용하고, 치르본 사람들은 치르본 방언인 자와어와 순다어를 섞어서 사용한다.

순다어를 뜻하는 '바하사 순다'(Bahasa Sunda)는 이미 4세기부터 사람들이 사용하였다고 한다. 그러나 네덜란드 식민통치 초기에 순다어로 글을 쓰는 것이 금지되었다. 그래서 인도네시아 정부는 1996년 순다의 말과 글, 그리고 순다 문학을 보호하고 보존하기 위해 지방 정부 6호의 법령을 제정하였다. 2003년에는 1996년 6호의 법령을 2003년 5호 법령으로 바꾸었다. 이때부터 문화 행사나 스리바두가 박물관(Museum Sri Baduga), 반둥 정부의 관광기관 등에서는 많은 사람들에게 순다어를 보여 주고 있다. 따식말라야 지방 정부 역시 순다의 글을 지방 사람들에게 소개하기 위해 길 이름을 인도네시아어와 순다어로 만들고 있다.

그럼에도 불구하고 학교에서는 순다어가 필수과목이 아니다. 그래서 학생들은 순다어를 배울 때 순다어 문자 대신 인도네시아어의 알파벳을 쓰게 한다. 필자도 초등학교부터 중학교 때까지 순다어 과목을 배웠지만 순다 문자를 교과서에서 본 적이 없어서 순다 글을 어떻게 쓰고 읽어야 하는 지 잘 모른다. 참고로 하나차라까(Hanacaraka)라는 순다의 문자는 다음과 같다.

77 = ka	ㄴ = ga	ㄴ = nga
ひ = ca	ㄴ = ja	ㄴ = nya
ひ = ta	ㄷ = da	ㄹ = na
ㄷ = pa	ㄴ = ba	ㄱ = ma
ひ = ya	ㅋ = ra	ㅅ = la
ㄷ = wa	77 = sa	77 = ha

그리고 순다어는 지방마다 조금씩 차이가 있다. 예를 들면 서부 자와 북쪽에 위치한 지방(반튼, 끄라왕, 치르본)과 달리 치안주르, 보고르, 가룻, 따식말라야, 치아미스 등의 순다어는 공손하다. 이것은 각 지방의 문화 혹은 관습과 밀접한 관련이 있다. 각 지방마다 언어 예절이 다르다고 할 수 있다.

순다어는 세 가지로 나뉜다. 공손한 순다어(Bahasa Sunda sopan), 보통 순다어(Bahasa Sunda sedang/biasa), 무례한 순다어(Bahasa Sunda kasar) 등이다. 예를 들면 공손하게 순다어를 사용할 때에는 자신을 우랑(urang-나)이라 하지 않고 아브디(abdi-저)라고 해야 한다. 우랑(urang)이라는 말은 동갑 나이 혹은 오랫동안 서로 알고 있어서 친한 사이인 경우에 사용한다. 안즌(anjeun)과 마네흐(maneh)도 마찬가지이다. 두 단어는 '당신'과 '너'라는 뜻을 가지고 있다. 그래서 안즌은 윗사람 또는 모르는 사람에게 사용하고, 마네흐는 동갑 나이 혹은 아랫사람에게 사용한다. 잘 알고 있는 사이이거나 친구인 경우에는 그 상대방의 이름을 부르면 되는데, 윗사람의 경우에는 언니, 누나, 형 등과 같은 말을 앞에 붙여야 한다. 이러한 점은 한국어와 비슷하다고 하겠다.

앞에서 언급한 바와 같이 서부 자와의 북쪽에 위치한 지방(치르본과 반튼) 사람들은 순다어뿐만 아니라 자와어와 섞인 순다어를 사용한다. 그들은 자신을 순다 사람이라고 말하기보다는 치르본 또는 반튼 사람이라고 한다. 그러나 반둥, 따식말라야, 가룻, 치안주르, 치아미스 사람들은 순다어를 사용하며 자신을 순다 사람(Orang Sunda)이라고 한다. 결국 이러한 차이는 따루마나가라 왕국, 순다 왕국, 드마크 왕국을 포함한 고대 왕국의 역사와 밀접한 관련이 있다고 할 것이다.

순다어를 처음 들으면 인도네시아어와 다른 소리로 들리지만, 기본적으로 순다어 문법은 인도네시아어 문법과 같다. 그런데 순다어의 발음 중 모음 /eu/가 인도네시아어에는 없다는 점에서 두 언어는 차이를 보인다. 다음 표와 같이 순다어 /eu/는 한국어 /ㅡ/와 많이 비슷하다.

순다어 모음

알파벳 표시	대표적인 한국어 음소	단어	발음
a	/ㅏ/	Aya	/아야/
i	/ㅣ/	Bibi	/비비/
u	/ㅜ/	Untung	/운뚱/
e	/ㅡ/	Kedah	/끄다흐/
o	/ㅓ/	Ongkos	/엉꺼스/
eu	*[ㅡ]	Kadeudeuh	/까드드흐/
é	/ㅔ/	Enak	/에낙/

위의 표를 보면 모음 기호 a는 일반적으로 한국어 /ㅏ/와 비슷한 소리를 낸다는 것을 알 수 있다. 그리고 순다 모음 기호 i와 u는 한국어 /ㅣ/와/ㅜ/와 비슷한 소리를 내고, 순다 모음 기호 o는 한국어 /ㅗ/ 혹은 /ㅓ/와 비슷한 소리를 낸다. 그럼에도 불구하고 모음 기호 o가 포함된 어떤 순다 단어는 /ㅓ/ 또는 /ㅗ/ 로 발음될 수 있는데, 의미가 달라지는 것은 아니다. 순다의 모음과 관련해서는 각 지역마다 특정한 방언이 존재하지만, 거의 모든 지역에서 같은 모음과 음소를 사용한다. 그리고 모음 기호 o에 비하여 모음 기호 é 와 e는 구별하여 소리를 내야 된다. 모음 e는 /으/로 소리 내면 되지만, é는 소리 낼 때 입을 더 크게 열면서 소리를 내야 한다.

다음은 순다 자음표이다. 다음 표는 순다 자음이 한국어 음소로 어떻게 표현되는지 보여 준다.

순다어 자음

순다 자음	/b/	/c/	/d/	/g/	/h/	/j/	/k/	/l/
한국 음소	/ㅂ/	/ㅉ/	/ㄷ/	/ㄱ/	/ㅎ/	/ㅈ/	/ㄲ/	/ㄹ/

순다 자음	/m/	/n/	/p/	/r/	/s/	/t/	/w/	/y/
한국 음소	/ㅁ/	/ㄴ/	/ㅃ/	/ㄹ/	/ㅅ/	/ㄸ/	/ㅔ/	/ㅑ/

위의 표에서 알 수 있듯이 순다 자음은 기본적으로 인도네시아 자음과 비슷하지만, 몇 개의 자음(/f/ /q/ /v/)은 차이가 있음을 알 수 있다. 이 세 자음은 /f/ → /p/, /q/ → /k/, /v/ → /p/ 등과 같이 소리를 내야 한다. 그래서 순다 말에서는 /f//q//v/ 등의 자음을 사용하는 경우가 없다. 그럼에도 불구하고 순다족의 이름에는 /f/ /q/ /v/를 사용한 경우가 있다. /f/ /q/ /v/ 자음을 이름 맨 앞에 사용하는 경우는 옛날에는 거의 없었지만, 요즘은 영어의 영향을 받아서 /f/와 /v/ 자음이 포함된 이름이 많아지고 있다. 순다족의 이름과 그 특징은 다음과 같다.

여자 이름	남자 이름
Erni Suherni(에르니 수헬니)	Nanang(나낭)
Iceu(이츠)	Maman Suherman(마만 수헬만)
Asti Astuti(아스띠 아스뚜띠)	Yana Kartiman(야나 까르띠만)
Rukmi Rukmini(룩미 룩미니)	Oni Roniawan(오니 로니아완)
Lutfia Latif(룻비아 라띠브)	Endar Sunendar(엔달 수넨달)

앞의 표에서 알 수 있듯이 순다족의 이름은 첫 이름을 성의 첫 소리 또는 끝소리에서 반복하는 경향이 있다. 예를 들면 을니 수헬니(Erni Suherni)의 이름에서 을니(Erni)의 첫 이름이 수헬니(Suherni)에서 반복되고 있다. 오니 로니아완(Oni Roniawan)의 이름에서도 오니(Oni)의 발음이 성의 첫 소리 R 다음에 반복되고 있다. 그러나 요즘에는 같은 소리를 반복하는 이름이 많지 않다. 그리고 한 사람의 이름이 세 개나 되는 경우도 많아지고 있다.

한국 사람의 이름은 성과 이름으로 되어 있다. 그런데 순다족의 경우 성이 꼭 있어야 하는 것은 아니다. 그래서 뒤의 이름이 성이 아닌 경우도 많다. 예를 들면 어떤 사람이 두 개의 이름을 가지고 있을 경우, 첫 번째 이름은 그 사람의 이름이다. 그렇지만 두 번째 이름은 이름이기도 하고 성이기도 하다.

순다 사람의 이름은 일반적으로 두 개이지만, 한 개의 이름을 가진 사람도 있다. 요즘에는 세 개의 이름을 가지는 것이 유행하기도 한다. 세 개의 이름도 마찬가지이다. 앞의 두 개가 이름이고 세 번째가 성인 경우도 있지만, 세 번째도 이름인 경우가 있다. 예를 들면 유니 유리안다리 사리데위(Yuni Yuniandari Saridewi)의 경우 유니 안다리와 사리데위도 이름이다. 왜냐하면 사리데위라는 이름은 남자의 이름이 아니기 때문이다. 순다 사람의 성은 아버지의 성 또는 아버지의 이름으로 이루어져야 한다.

3. 성격

인도네시아에는 여러 종족이 있다. 그런데 지방마다 종족의 문화와 관습이 다르다. 같은 종족이지만 문화와 관습이 다르면 그들의 성격도 다르기 마련이다. 그래서 이 글에서는 이러한 사실을 염두에 두고 순다족의 일반적인 성격에 대해서 설명하고자 한다.

순다족은 활발하고 친절하고 부드럽다. 특히 남자들은 농담과 장난을 잘 하기 때문에 호감을 주기도 한다. 이것은 풍부한 자원을 가진 서부 자와의 상태와 까바얀(Kabayan)이라는 순다의 옛날이야기와 관련이 있다고 생각한다. 서부 자와 지역은 동부 자와 또는 인도네시아의 다른 지방과 달리 날씨가 좀 더 시원하고 자원도 풍부한 지역으로 알려져 있다. 서부 자와 지방에서는 땅이 비옥해서 모든 식물들이 잘 자랄 수 있어서 쌀의 수확도 일 년에 3번까지 할 수 있다. 그리고 다른 농작물의 경우에도 수확률이 좋은 편이다. 이러한 자연현상으로 인해 순다 사람들은 다른 종족보다 행복한 조건에 있다고 할 수 있다. 까바얀(Kabayan) 이야기에서도 순다 사람들은 모든 일에 대해 크게 신경을 쓰지 않고 부담도 별로 느끼지 않으며, 문제를 쉽게 처리하는 것으로 되어 있다.

까바얀 이야기에는 남자 까바얀과 여자 이뜽(Iteung)이 등장한다. 항상 낙천적인 까바야는 어느 날 시골에서 가장 예쁜 이뜽을 만나게 되고 두 사람은 서로 좋아하게 된다. 그렇지만 이뜽의 아버지는 똑똑하지도 않고 일자리도 없는 가바양을 좋아하지 않는다. 게다가 까바얀은 농담과 장난을 좋아하기 때문에 이뜽의 아버지는 자주 화를 내게 되어 읽는 이에게 웃음을 준다. 이러한 이야기에서도 알 수 있듯이 순다족은 까바얀처럼 대부분 성격이 활발하고 태평해서 낙천적이라고 말할 수 있다.

인간관계에 대한 속담 '서로 사랑하고, 서로 알려 주고, 서로 돌봐 준다(Silih asih, silih asah, silih asuh)'에서도 알 수 있듯이 순다 사람들은 평화롭게 사회생활을 하였다고 한다. 다음의 속담도 이를 잘 보여 준다.

- 설탕과 개미처럼 인간관계를 잘 할 수 있도록 가족 또는 주변 사람들과 서로 사랑을 주고받으며 작은 일로 싸우지 말아야 한다 (Kawas gula jeung peueut).
- 가족 또는 주변 사람들이 걱정하거나 고생하지 않게 하기 위해 나쁜 일을 하지 말아야 한다(Ulah ngaliarkeun taleus ateul).
- 누구나 실수를 한 경험이 있으므로 다른 사람 특히 가족의 실수나 무례함을 용서해야 한다(Buruk-buruk papan jati).

순다족들은 대부분 이슬람을 믿는다. 그래서 남자들은 일상생활에도 보통 꼬뻬아흐(kopeah)라고 하는 모자를 쓰고, 여자들은 히잡(hijab)을 쓴다. 이러한 순다족의 모습은 순다 지역 어디에서나 볼 수 있는데, 꼬뻬아흐를 쓰는 남자의 모습은 시내보다 시골에서 더 많이 볼 수 있다. 꼬뻬아흐는 원래 기도할 때나 정식 방문을 할 때 많이 쓰지만, 종교적 활동과 정식적 활동과 상관없이 꼬뻬아흐를 편하게 쓰는 남자들도 많이 볼 수 있다. 특히 40대나 50대의 남자들은 일상생활에서도 꼬뻬아흐를 쓰고 있다.

4. 외모

순다 사람들은 피부가 별로 검지 않고, 눈이 중부 자와나 동부 자와 사람보다 작다. 그리고 얼굴도 다소 작다. 그래서 순다 여자들은 대체로 예쁘다고 한다. 순다 여자에 대한 이야기는 순다 전통 노래에서도 찾아볼 수 있는데, 그 가사는 다음과 같다.

Panon Hideung　　　　　　　**빠논 히둥**

Panon hideung, pipi koneng　　빠논 히둥, 삐삐 꼬넹
Irung mancung Putri Bandung　이룽 만쭝 뿌뜨리 반둥
Putri saha di mana bumina　　뿌뜨리 사하하 디 마나 부미나
Abdi reseup ka anjeunna　　　압디 르씁 까 안즈나
Siang wengi kaimpi-impi　　　시앙 웅기 까임삐임삐
Hate abdi sararedih　　　　　하뗴 압디 사라르디흐
Teu emut dahar　　　　　　　뜨 에뭇 다할
Teu emut nginum　　　　　　뜨 에뭇 이눔
Emut kanu geulis　　　　　　에뭇 까누 글리스
Panon hideung　　　　　　　빠논 히둥

Arti Lagu Panon Hideung　　**빠논 히둥 노래의 뜻**

Mata hitam pipi kuning　　　　검은 눈 노란 뺨
Hidung mancung putrid Bandung　코가 높은 반둥 여자
Aku suka padanya　　　　　나는 그녀가 좋아
Siang malan terimpi-impi　　밤에 항상 꿈을 꾸네

Hatiku merasa sedih hingga	내 마음이 슬퍼서
Lupa makan	먹는 것도 잊고
Lupa minum	마시는 것도 잊네
Ingat pada si cantik	눈이 검은
Mata hitam	그 예쁜 여자를 생각하네

5. 생계 수단

서부 자와 지역에는 상대적으로 넓고 비옥한 토지와 풍부한 자원이 있다. 서부 자와의 관개용 수로는 총 9,488,623km이다. 2006년에는 비옥하고 넓은 논에서 9,418,882ton의 쌀을 생산하였다. 또한 서부 자와에는 넓은 농장, 풍부한 산림 등이 있어서 많은 수확물을 얻을 수 있다. 그리고 서부 자와 사람들은 농작물과 수산물 외에 대부분 차, 야채, 코코넛, 커피, 담배 등을 재배하고 있다.

도시 개발과 확장에 따라 논들이 줄어드는 상황인 요즘에는 서부 자와 사람들, 특히 시골 사람들은 대부분 농업, 임업, 수산업을 하면서 다른 일을 하기도 한다. 그들은 수확을 기다리는 동안 수공업 또는 장사를 한다. 이는 도시화 현상의 하나라고 생각한다. 사람들은 수확을 기다리는 동안 공장에서 일하거나 일반 상품을 매매하며 도시에서 살다가, 수확 기간이 되면 고향에 돌아가는 것이 일반화되었다.

서부 자와 사람들은 창조적인 사람으로 알려져 있다. 그래서 시내, 특히 관광지역 근처에는 수공예품 상점이 많다. 따식말라야(Tasikmalaya)에서 가장 유명한 수공예품 센터는 라자뽈라흐(Rajapolah)이다. 여기에서는 수공예품을 대부분 등나무(rotan)로 만든다. 나무로 만든 따식말라야의 특별한 수공예품으로 끌럼 글리스(Kelom Geulis-예쁜 나무 샌들)가 있다. 끌럼 글리스는 수리파나 샌들처럼 생겼고, 걸을 때 나무 소리가 난다.

6. 전통 예식

순다족의 전통 결혼식에서는 신랑 신부가 가운데 있고, 부모님들은 그 양쪽에 있어야 하는데, 이때에는 모두 전통 의상을 입어야 한다. 그런데 옛날과 달리 지금은 집뿐만 아니라 호텔이나 결혼식장에서 하는 신랑 신부가 많고 의상도 전통 의상만 아니라 서양식 결혼 의상을 입는 경우가 많다. 신랑은 보통 이슬람의 영향을 받아 목을 가리는 양복 자스 따끄와(Jas Takwa)를 입고, 신부는 인도네시아의 전통 옷 까바야(Kabaya)를 입는다.

스스라한(seserahan)이라는 선물(옷, 구두, 화장품, 가방, 향수, 이불, 맛있는 음식 등). 보통 약혼 때 주는데 약혼 없이 바로 결혼식을 할 때에는 이잡 까불 전에 준다.

결혼식에서는 신랑 신부가 한가지의 옷을 입지 않고 보통 두세 가지 옷을 입는다. 이잡 까불(Ijab Kabul) 때에는 신랑이 신부의 부모에게 결혼을 허락해 달라는 말을 해야 한다. 그래서 이잡 까불에서는 신랑 신부는 순결한 마음을 상징적으로 보여 주기 위해 흰색의 옷을 입는다. 이잡 까불 후에 신랑 신부는 흰색이 아닌 빨간색, 검은색, 남빛 등 신랑 신부가 좋아하는 색의 옷을 입는다.

이잡 까불 후에 신랑의 부모는 가족을 대표하여 신부에게 결혼 선물을 준다. 이것을 스스라한(Seserahan)이라고 한다. 선물은 보통 신부에게 필요한 옷, 구두, 화장품, 가방, 향수, 내복 등이다. 스스라한 후에는 모든 하객들이 신랑 신부와 악수하면서 인사한다. 하객들은 식장에서 신랑 신부와 악수할 뿐만 아니라 그들에게 축하의 말을 건네고 축하의 선물도 준다. 이처럼 많은 사람들과 악수하고 인사하는 데 보통 두 시간 정도 소요된다. 이때 식장 입구에서는 신부의 가족들이 접수대를 지킨다. 식장에 온 하객들은 식장 입구에서 방명록에 이름을 쓰고 축하금이나 선물을 전달한다. 이 축하금과 선물은 결혼식 후 신랑 신부가 가져가는 경우도 있지만, 결혼식에 많은 돈을 쓴 신부의 부모님이 가져가는 것이 보통이다.

순다족의 결혼식에서는 보통 순다 음식을 준비하지만, 여러 지방의 대표적 음식을 준비하는 경우도 많다. 이것은 신랑 신부의 가족 상태에 따라 다르다. 순다 결혼식 음식은 보통 소고기, 염소고기, 닭고기, 생선, 야채 등으로 만든다. 순다 사람들은 대부분 무슬림이어서 돼지고기 음식은 없다. 후식으로는 과일, 케이크, 과자, 푸딩, 아이스크림 등을 준비한다.

순다 사람들은 인도네시아 노래나 당듯보다 순다 전통 노래를 더 좋아하기 때문에 전통결혼식에서는 대부분 순다 전통 노래 전문가나 동네 가수를 불러 노래를 하게 한다. 그런데, 요즘에는 순다 전통 노래보다 인도네시아 노래, 당듯, 그리고 서양의 노래를 부르게 하는 경우도 많다.

옛날에는 결혼식을 신부의 집에서 많이 했다. 그런데 요즘에는 집에서 하는 결혼식은 순다 지역의 시골에서 많이 볼 수 있다. 시내나 큰 서부 자와 지역에서는 보통 호텔이나 공공건물을 빌려서 한다. 보통 돈이 많거나 결혼식 준비하기에 더 편하다는 이유 때문에 호텔이나 공공건물을 사용하지만 시골에서는 돈많은 가족이더라도 결혼식을 집에서 한다. 이외에도 결혼식을 아주 간소하게 하는 가족도 있다. 간소한 결혼식에서는 큰 결혼식에서보다 신랑 신부의 모습을 수수하게 한다. 신부는 흰색 옷을 입고, 신랑은 흰색 바지와 와이셔츠를 입는다.

7. 전통 춤

순다족의 전통 춤은 여러 가지 있다. 여기에서는 따리 끄뚝 띨루(Tari Ketuk Tilu)와 자이뽕안(Jaipongan)에 대해서만 설명하고자 한다.

1) 따리 끄뚝 띨루(Tari Ketuk Tilu)

따리 끄뚝 띨루는 '두드린다'의 의미를 가진 끄뚝과 '3'의 의미를 가진 띨루의 합성어이다. 끄뚝 띨루는 유쾌한 전통 춤이다. 보통 결혼식이나 다른 전통 예식에서 공연한다. 종교 의식과는 관련 없는 순수한 연예 춤이다. 끄뚝 띨루 춤에서는 아주 간단한 악기를 사용한다. 보낭(Bonang), 큰 끈당(Kendang badag), 작은 끈당(Kendang leutik), 공(Gong) 등인데, 네 가지 모두 타악기이다. 이 악기들 중에서 보낭을 가장 먼저 두드리는데, 이것은 끄뚝 띨루 춤의 시작을 알리는 의미가 있다. 다른 악기들은 보낭을 세 번 두드리고 난 후 연주를 시작한다.

2) 자이뽕안(Jaipongan)

자이뽕안은 전통 춤인 끄뚝 띨루를 변형 발전시킨 춤이다. 자이뽕안은 인도네시아 초대 대통령인 수까르노(Soekarno) 시대부터 발달하기 시작하였으며, 반둥 출신 무용 교사인 구굼 굼비라(Gugum Gumbira)가 1981년에 무용가들의 공연을 통해 창조적인 자이뽕안 춤을 선보였다. 이때부터 자이뽕안은 인도네시아 서부 자와의 전통 춤을 대표하게 되었다. 자이뽕안 음악은 기본적으로 빠른 리듬으로 이루어져 있어서 흥겨운 분위기를 만들어 준다. 또 다른 특징은 무용가들이 눈에 띄는 색깔의 의상을 입는 데서 찾을 수 있다. 그래서 자이뽕안은 전통 예식이나 많은 문화 행사에서 인기를 얻고 있다. 자이뽕안의 무용가는 남성들

인 경우도 있지만, 대부분은 여성들이다. 그리고 공연은 무용가 혼자서
할 수도 있고, 두 명 또는 그 이상이 같이 할 수도 있다.

자이뽕안 공연 장면

8. 음식

인도네시아에는 지방마다 다양한 종족의 음식이 있지만, 서부 자와의
음식은 가장 인기가 많은 음식 중의 하나이다. 서부 자와에서는 신선한
채소를 요리해서 먹지 않고 소스나 삼발(Sambal, 순다어로 Sambel이라고 함)과
함께 먹는다. 삼발 뜨라시(Sambel Terasi)와 사유르 아슴(Sayur Asem)은 순다
의 대표적 음식인데, 신선한 생야채로 만든 순다의 요리로는 까레독 른
차(Karedok Leunca)가 있다. 이것은 콩 같은 모양을 가진 야채인 른차
(Leunca), 차베 라윗(Cabe rawit, 작은 고추), 그리고 삼발로 만든다. 순다 음식
에는 일반적으로 야채가 들어 있으므로 수마트라의 빠당(Padang - Suma-
tera)이나 술라웨시의 마까살(Makassar - Sulawesi)의 음식과 달리 맛이 담백

하며, 약간의 단맛, 매운맛, 짠맛, 신맛을 가지고 있다. 그런데 서부 자와에는 무슬림이 많아서 대부분의 식당에서는 돼지고기로 만든 요리를 구경하기 어렵다.

그리고 순다 음식은 식용유를 많이 사용하지 않고 볶은 야채 요리나 찜 요리가 많아 건강에 좋은 음식으로 알려져 있다. 오셍 깡꿍(Oseng Kangkung - 깡꿍 볶음)과 오셍 또게(Oseng Toge - 또게 볶음)는 순다의 볶음요리 중에서 가장 잘 알려져 있다. 그리고 뻬뻬스 이깐(pepes ikan - 생선찜)과 뻬뻬스 아얌(Pepes ayam - 닭찜)은 순다의 찜 요리 중에서 가장 유명하다.

인도네시아의 대표적 전통 음식으로 잘 알려져 있는 뗌뻬(Tempe)는 인도네시아 어디에서나 쉽게 살 수 있다. 그러나 콩을 발효시켜 만든 온쫌(oncom)은 서부 자와 지방에서밖에 살 수 없다. 뗌뻬는 모든 인도네시아 사람들이 좋아하지만 온쫌은 서부 자와 사람들만 좋아한다. 순다 사람들은 온쫌으로 삼블 온쫌(Sambel Oncom), 뚜뚝 온쫌(Tutug oncom - 삼블 온쫌을 밥과 함께 섞는 요리), 온쫌 튀김, 볼로꼬똑 른차(Bolokotok Leunca - 온쫌을 야채 른차와 함께 만든 요리) 등의 요리를 만든다.

Any Heryani, SST., *Data Sosial Ekonomi Masyarakat Provinsi Jawa Barat Hasil Susenas Tahun 2011*, BPS Provinsi Jawa Barat, 2012.
http://jabar.bps.go.id/publikasi/data_sosial_ekonomi_masyarakat_jawa_barat
http://jabarprov.go.id/index.php/potensi_daerah/detail/20/3. indonesia Tanah Airku, 2007.

제 2 부

수마트라 섬의 주요 종족과 문화

미낭까바우(Minangkabau)족*

1. 거주 지역과 인구

미낭까바우라는 말을 들으면 사람들은 보통 자기 집 근처에 있는 미낭 음식을 파는 식당이 생각난다고 한다. 아니면 사업 감각이 뛰어난 사람들이 생각난다고 한다. 이것은 사람들이 미낭 사람들의 생활 모습을 보거나 오랫동안 미낭 사람과 지내면서 가지게 된 이미지이다. 그렇지만 좀 더 구체적으로 물어 보면 미낭 사회에 대해 제대로 알고 있는 사람은 많지 않은 것 같다.

미낭까바우 종족의 고향은 수마트라 섬 서부 지역이다. 여기에는 부킷 바리산(Bukit Barisan) 산맥이 있다. 서부 수마트라의 중심도시는 빠당(Padang)이다. 서부 수마트라의 북쪽에는 리아우(Riau)주, 남쪽에는 쿨루(Bengkulu)주가 있다. 서부 수마트라에 가면 아름다운 자연을 마음껏 구경할 수 있다. 쇼핑을 좋아하는 사람들은 서부 수마트라에서 전통적인 미

---

* 파딜라 하스비(Fadhila Hasby) / 인도네시아 대학교 한국학과 교수

술품을 살 수 있다. 도시에는 볼 것이 별로 없어서 사람들은 부낏띵기
(Bukittinggi)나 바다가 있는 곳으로 많이 간다.

2013년 통계(Badan Pusat Statistik)에 따르면, 대략 500만 명이 서부 수마
트라에 거주하고, 그 외 많은 사람들이 자카르타와 말레이시아의 느그리
슴빌란(Negeri Sembilan) 등에 살고 있다. 서부 수마트라에는 미낭 사람이
제일 많지만 자바, 바딱 사람도 있다. 미낭 사람은 그들끼리 미낭어를
사용한다. 그렇지만 학교에서 인도네시아어를 배우기 때문에 인도네시
아어로 말할 수 있다. 미낭어는 말레이어와 비슷해서 말레이시아 사람과
말이 잘 통한다.

미낭까바우 종족은 크게 내륙 지역(Darek, 서부 수마트라)에서 사는 사람
과 연안지역(pasisie 빠시시아, 서부 수마트라 밖)에서 사는 사람으로 나눌 수
있다. 연안 지역에서 사는 사람들을 흔히 우랑 란따우(urang rantau)라고
한다. 대부분의 미낭 사람들은 자신의 조상이 빠당 빤장(Padang Panjang)에
서 왔다고 생각한다. 옛날이야기에서는 미낭까바우의 조상이 므라삐 산
에서 살다가 산에서 나와 여러 곳에서 살게 되었다고 한다. 미낭 사람은
서부 수마트라에만 있는 것이 아니다. 아체의 서쪽과 느그리 슴빌란에도
미낭 사람이 살고 있다. 만약 미낭어를 하는 사람까지 포함하면 시볼가
와 방까홀루에서 사는 사람들도 미낭 사람이라고 할 수 있다.

미낭 사람들, 특히 남자들이 고향을 떠나는 이유는 두 가지이다. 첫째,
더 많은 돈을 벌기 위해 떠난다. 이것은 남자들이 유산을 받지 않기 때
문이다. 둘째 이유는 종족 간 충돌을 피하려는 것이다. 그런데 지금은
둘째 이유로 고향을 떠나는 경우는 별로 없다.

2. 종교

미낭 사람들은 대부분 무슬림이다. 그래서 미낭 사람이 되는 것은 무슬림이 되는 것과 마찬가지라는 말이 있다. 어떤 사람이 이슬람을 버린다면 가족 관계를 끊는다는 뜻으로 여겨진다. 미낭 사람들 중에는 기독교인, 불교인, 그리고 힌두인도 있지만 모두 2%밖에 되지 않는다. 사람마다 종교를 가지고 있지만 미신을 믿는 사람도 많다. 어떤 사람들은 불행을 가져 오는 귀신이 있다고 믿는다. 그리고 그 불행을 막기 위해 무당에게 가는 사람도 있다. 어떤 사람은 사람을 미워해서 무당에게 부탁하여 많이 아프게 하거나 죽게 만들려고 한다.

미낭까바우족의 왕이 살았던 빠가리용 궁전

3. 외모와 성격

미낭까바우 사람의 외모는 모두 같다고 할 수 없다. 눈이 큰 사람도 있고 눈이 작은 사람도 있다. 피부가 하얀 사람도 있고 피부가 검은 사람도 많다. 그런데 이슬람의 영향이 커서 히잡으로 머리를 덮은 여자들이 많다. 미낭 사람들은 몸이 드러나는 옷을 입는 여자를 무식하다고 생각한다. 사람들은 모두 교육이 중요하다고 생각한다. 그래서 생활이 힘들어도 아이는 반드시 학교에 보낸다. 어른들은 어린 아이들에게 많이 배워서 성공한 사람이 되면 사회를 위해서 좋은 일을 하라고 가르친다.

미낭 사람들의 연대감은 상당하다. 그래서 언제 어디에서든 미낭 사람을 만나게 되면 매우 반가워한다. 고향이 어디냐고 묻고 무슨 일을 하냐고 많이 물어본다. 오랫동안 친하게 지낸 사람의 경우 그 자식의 학비까지 내줄 정도이다. 그리고 미낭 사람들 중에는 사업을 하는 사람이 많다. 이들은 돈을 아껴 쓰고 모든 일의 장단점을 잘 생각하고 나서 결정한다.

4. 가족 형태

미낭까바우 사회는 모계 사회이다. 자식은 어머니의 성을 따르고 부모의 유산을 딸에게 준다. 사회가 여자아이를 우선적으로 생각하는 것이다. 그렇지만 남자아이를 싫어하지는 않는다. 남자아이든 여자아이든 다르게 생각하지 않는다. 그래서 예전부터 모든 아이들은 학교에 갈 수 있다. 그런데 남자와 여자는 각각 해야 할 일이 있다고 생각했기 때문에 그 일에 맞게 교육을 받는다.

미낭 사회는 모계 사회이지만 이슬람의 영향을 받아서 아버지는 사회에서 아주 중요한 역할을 맡는다. 사회는 아버지를 우랑 수만도(urang sumando)라고 부른다. '우랑'은 사람을 의미하고 '수만도'는 가족의 일을 아버지 어깨에 올려놓는다는 것을 의미한다. 우랑 수만도는 자신의 가족이나 여동생에게도 중요한 사람이 된다. 어머니의 남자 형제들이 가족의 일을 맡게 되기 때문이다. 어머니의 남자 형제들을 마막이라고 부른다. 마막이 하는 일은 바로 가족을 지키는 것이다. 그는 사회 모임에 가족의 대표로 참가하며, 가족에게 무슨 일이 생기면 가족회의를 통해 문제를 해결하는 지도자이다.

5. 전통적인 집의 모양

옛날 서부 수마트라에 한 왕국이 있었다. 백성들은 농장에서 일했다. 그들의 삶은 평화로웠다. 땅이 비옥하고 기후도 좋았다. 왕이 나라를 잘 지켜서 사람들이 편하게 살았다. 그러나 자바 섬에 마자파힛(Majapahit Kingdom) 왕국이 나타난 후 나라는 평온하지 못했다. 마자파힛 왕국이 공격해온다는 소식을 듣고 백성들은 무서워서 왕에게 갔다. 그러자 왕은 백성을 안심시켰다.

왕은 자신의 나라가 마자파힛과 전쟁을 하면 이길 수 없다는 사실을 알고 있었다. 그래서 물소 싸움을 해보자고 제안을 하였다. 백성들은 어떻게 이길 수 있을 지 왕에게 물었다. 왕은 그냥 굶은 아기 물소만 있으면 이길 수 있다고 하였다. 경기를 하는 날 왕은 며칠 동안 아무 것도 먹지 못한 아기 물소의 뿔에 칼을 두 개 붙였다. 마자파힛 왕국에서는 모든 사람이 놀랄만한 아주 큰 물소를 데려 왔다. 처음엔 마자파힛 사람들이 아기 물소를 보고 크게 웃었다. 그런데 경기가 시작되자 모두 놀랐다. 너무 배가 고파서 먹을 것만 찾던 아기 물소는 큰 물소의 품에 뛰어들었다. 아기 물소의 몸이 작아서 뿔에 붙어 있던 칼이 큰 물소의 배를 제대로 찔렀다. 큰 물소는 의식을 잃고 땅바닥에 쓰러져 죽었다. 왕은 전쟁에 이기자 나라 이름을 미낭까바우로 바꾸었다. 미낭은 승리, 까바우는 물소라는 뜻을 가지고 있다. 따라서 미낭까바우라는 말은 물소를 이겼다는 것을 의미한다. 그때부터 미낭까바우의 전통집 지붕을 물소 뿔 모양으로 만들었다.

미낭까바우의 전통집은 루마 가당이라고 한다. 이런 집은 서부 수마트라에서만 볼 수 있는데 요즘에는 점점 없어지고 있다. 루마 가당은 바닥이 땅에 붙어 있지 않고 땅에서 일정한 높이 위에 만든 나무로 된 정사각형 모양의 집이다. 방이 얼마나 필요한가에 따라 집을 짓기 때문에 집의 크기는 같지 않다. 루마 가당의 현관문은 보통 하나밖에 없는데 건물의 중간 부분에 있다.

루마 가당은 세 부분으로 이루어져 있다. 첫 번째 부분은 침실이고, 두 번째 부분은 손님을 만나거나 잔치를 하는 방이고, 세 번째 부분은 안중(anjung)이다. 안중은 다른 부분보다 더 높다. 루마 가당에는 다락방이 있다. 거기에는 보통 자주 사용하지 않는 물건을 넣어 둔다. 사람들은 루마 가당의 지붕만 보아도 미낭까바우의 전통집이라는 것을 알 수 있다. 왜냐하면 루마 가당의 지붕 모양은 아주 특별하기 때문이다. 지붕의 모양은 배와 같다. 루마 가당이 없어지는 이유는 결혼해서 대가족생활을 하는 사람이 적어지기 때문이다. 한 집에 아버지, 어머니, 그리고 아이 두 명이 사니까 루마 가당 같은 큰 집이 필요 없게 된 것이다. 하지만 루마 가당의 특별한 지붕 모양은 도시의 관공서에서 볼 수 있다.

미낭까바우족이 사는 마을의 풍경

6. 전통 예식

결혼식은 미낭어로 바랄렉 가당(Baralek Gadang)이라고 한다. 친척들과 부모님의 친구들을 초대하기 때문에 아주 큰 예식이다. 결혼식을 올리는 일은 쉽지 않다. 왜냐하면 9단계를 거쳐야 하기 때문이다. 기간은 집안마다 다르지만, 9단계는 보통 다음과 같다.

1) 마레섹(Maresek)

신부가 될 여자의 가족들이 케이크나 과일을 가지고 신랑의 집에 가서 가족을 만난다. 신랑이 될 남자에게 결혼할 마음이 있는지 묻고 답을 바란다.

2) 청혼하기

신부의 가족들은 신랑의 집에 가서 상징적인 물건으로 빈랑나무 열매와 구장나무 잎을 주면서 청혼한다. 이때 여러 가지 케이크와 다른 음식도 같이 가지고 간다.

3) 허락받기

신랑과 신부가 그들의 어른들 앞에서 결혼할 것을 말씀드리고 허락을 받는다.

4) 바바꼬(Babako)

신부의 친가 쪽이 모여 비용을 분담해서 결혼식에 필요한 것을 준비한다.

5) 말람 바이나이

결혼 전날 밤에 신부 손등에 헤나로 그림을 그린다.

6) 신랑 데려오기(만자푸익 마라풀라이, Manjapuik Marapulai)

신부의 어른들이 신랑의 집에 가서 신랑을 데려온다.

7) 신랑 환영하기

악기를 연주하면서 신부의 가족들은 집에서 신랑과 신랑의 가족을 환영한다.

8) 혼인서약하기

이슬람 방식으로 한다. 먼저 코란을 들려주고, 혼인 서약을 하고, 신랑 신부는 축하의 말을 듣는다. 보통 금요일 오후에 진행된다.

9) 결혼 잔치

신부의 집에서 하객을 초대하고 잔치를 한다.

이처럼 전통적인 결혼식은 복잡해서 요즘에는 사람들이 간단한 현대적 결혼식을 선호한다. 옛날에는 엄마의 형제(외삼촌)의 딸과 결혼시키는 것을 원했다. 혹은 자매(이모)의 딸이나 매부의 자매와 결혼하기도 했다. 그런데 지금은 이런 친족 결혼은 점점 없어지고 있다. 전통적 결혼식이 끝나면 신랑은 신부 가족의 집에서 살았다. 그러나 요즘은 결혼한 지 얼마 안 된 부부도 그들의 새로운 집에서 산다. 그리고 일부다처제가 가능하지만 많지는 않다. 이슬람법에 따라 이혼을 할 수 있지만 가급적 안하는 것이 좋다고 생각한다. 미낭까바우 종족에게는 신부에게 지참금을 주는 문화는 없지만 이슬람의 결혼 규칙에 따라 지금까지 주고 있다. 결혼 복장은 대체로 비슷하지만 지방마다 약간 다르다.

미낭까바우족 전통결혼식

결혼식 후 신랑 집 잔치 음식

- 미낭까바우의 다른 예식으로는 다음과 같은 것이 있다.
- 뚜룬 만디(Turun mandi)는 아기 축복식이다.
- 바따각 빵울루(Batagak pangulu)는 지도자의 취임식이다. 다른 마을의 지도자를 초대하고 7일 동안 예식을 한다.
- 뚜룬 까 싸와(Turun ka sawah)는 농장에서 같이 일하는 행사이다.

- 마냐빅(Manyabik)은 제천의식이다.
- 하리 라요(Hari Rayo)는 이슬람의 축제 행사이다.
- 입양의식(Adoption ceremony)
- 장례식(Funeral ceremony)
- 마안따 빠부꺼안(Maanta pabukoan)은 이슬람 금식 달에 시어머니 댁에 밥을 보내는 의식이다.
- 따부익(Tabuik)은 빠리아만(Pariaman)에 있는 마을 사람들의 이슬람적인 의식이다.
- 따나 따시라(Tanah Ta Sirah)는 마을의 지도자가 죽으면 몇 시간 후에 진행하는 지도자 취임식이다.

7. 음식

사람들은 미낭까바우 음식을 미낭 음식이라고 하지 않고 파당 음식이라고 한다. 미낭 사람들은 맵고 고소한 음식을 좋아한다. 그래서 파당 음식에는 고추와 양념이 많이 들어 있다. 그리고 코코넛 우유로 만든 음식이 많다. 하루에 식사는 세 번 하고, 보통 밥, 생선, 야채 등을 같이 먹는다. 고기는 특별한 잔치 때에만 먹는데 주로 소고기와 닭고기를 먹는다. 돼지고기는 이슬람에서 금하기 때문에 먹지 않고 양과 염소고기는 시장에서 많이 팔지 않기 때문에 자주 먹지 못한다. 식당 운영은 미낭 사람이 많이 하는 사업 중의 하나이다. 파당 식당은 수마트라 섬, 자바 섬, 깔리만딴 섬, 술라웨시 섬, 말레이시아, 브루나이 등에도 있다. 파당 음식은 너무 유명해서 인도네시아 사람치고 모르는 사람이 없다.

파당 음식을 만들 때에는 양념을 잘 만들어야 한다. 양념은 보통 고추, 강황, 생강, 마늘, 붉은 양파, 양강 등으로 만든다. 파당 음식을 만들 때 양파는 많이 안 쓴다. 그리고 야채를 먹지만 생야채는 많이 먹지 않는다. 과일은 다양하지만 일 년 내내 먹을 수 있는 과일은 없다. 서부 수마트라에는 대표적인 과일이 없지만 수마트라 섬에서 많이 볼 수 있는 과일은 두리안, 두꾸, 람부탄, 사포딜라 등이다.

식사는 하루에 세 번 하는데 점심이 제일 중요하다고 생각해서 보통 점심때에 밥을 더 많이 먹는다. 식탁 위에는 밥, 튀김, 코코넛 우유로 만든 음식이 많다. 사람들은 숟가락을 사용하지 않고 오른손으로 밥을 먹는다. 과자와 간식은 도시에서 사는 사람들이 더 많이 먹는다.

사람들은 미낭의 대표적인 음식이 른당이라고 생각한다. 른당은 코코넛 우유와 소고기로 만든 음식인데, 1년에 4~5번 정도 요리한다. 다른 음식으로는 아삼 파대, 소또 파당, 사떼 파당, 덴뎅 발라도 등이 대표적이다.

큼지막하게 쇠고기를 썰어 파당 음식인 른당을 만들고 있는 미낭까바우족

른당을 끓이고 있는 미낭까바우족 할머니

8. 문화와 풍습

미낭 사회는 모계사회이지만 이슬람의 가르침을 따른다. 그래서 미낭
의 문화에는 이슬람의 영향이 강하게 나타난다. 이것은 심각한 문제가
되어 전쟁까지 일어났다. 현대인들이 종교와 문화를 혼합함으로써 이슬
람의 가르침은 변질되었다. 젊은 사람들은 이슬람의 회복을 위해 개혁을
요구했다. 나이 많은 사람들은 이에 반대했지만 사회가 점점 변하고 있
다. 요즘 사람들은 관습과 이슬람법 중 어느 것을 따를지 상의하고 결정
을 한다. 예를 들면, 어떤 사람은 유산을 분배할 때 이슬람 방식으로 하
고, 어떤 사람은 미낭의 풍습에 따라 한다. 방식은 다르지만 곰곰이 생
각해서 내린 결정이니까 모두 이를 존중한다.

이슬람이 들어오기 전에 미낭 사람들은 전통문화를 통해서 생활을 하였다. 이슬람이 들어온 후에는 종교가 미낭 문화에 강한 영향을 미치고 있다. 그래서 이슬람과 상충된 미낭 문화와 풍습은 사라지고 있다. 그렇지만 문화와 종교의 가르침은 여전히 생활에 적용되고 있다.

미낭까바우 사회의 핵심 가치는 세 가지이다. 정직, 지혜, 도덕이다. 이 세 가지 중 어느 것 하나도 뺄 수 없다고 생각한다. 왜냐하면 하나를 빼면 완벽한 인생을 얻을 수 없다고 생각하기 때문이다. 자연으로부터 배워서 지혜자가 되었다는 말이 있다. 현명한 사람이 되고 싶으면 자연에게서 배우라는 말이다. 자연이 사람을 교육한다. 예를 들면, 물은 높은 곳에서 낮은 곳으로 흐른다. 그래서 교육은 나이가 더 많은 사람이 젊은 사람에게 해주는 것을 뜻한다. 다른 말도 있다. 높은 나무가 낮은 나무보다 더 많이 바람을 맞는다. 이 말은 나이가 많을수록 인생의 어려움을 더 많이 당하였다는 것이며, 어려움을 끝까지 잘 견뎌야 어른이 된다는 것을 뜻한다.

미낭까바우족의
전통문화 빠쭈자위

9. 미낭까바우 사회의 특징

1) 미낭까바우의 리더십

◆ 니니악 마막(Ninik Mamak)

니니악 마막은 미낭까바우 사회의 지도자들이다. 이 사람들은 존경을 받는 사람들로서 가족을 지키는 것이 이 사람들의 일이다. 이 사람들은 보통 특별한 직함을 갖고 있는데, 이것을 다투악(Datuak)이라고 한다.

◆ 알림 울라마(Alim Ulama)

알림 울라마는 이슬람교의 가르침을 잘 아는 사람들이다. 알림 울라마도 미낭까바우의 사회 지도자이다. 알림 울라마는 종교적으로 사회생활의 문제를 해결해 준다. 알림 울라마는 교육에 관련된 일을 책임진다. 이 사람들은 응쿠, 우스탓, 부야, 쎄이 등으로 불린다.

◆ 차디악 판다이(Cadiak Pandai)

차디악 판다이는 조선시대의 양반과 유사하다. 세상에 대해 아는 것이 많고, 사회 발전을 위해서 조언을 하는 사람들이다.

2) 미낭까바우의 유산 문제

유산은 두 가지가 있다. 그것은 바로 개인 유산과 조상 유산이다. 개인 유산에는 부모가 일을 해서 얻은 돈, 집, 보석, 땅 등이 포함되는데, 이것을 물려주는 방식은 이슬람 방식이나 풍습에 따른다. 이슬람 방식으로 하면, 죽은 아버지나 어머니는 아들과 딸이 있을 경우 유산을 다른 친척들에게 주지 못하고 아이들에게만 준다. 아들이 받을 수 있는 것은 딸이 받는 것의 2배이다. 아들이 없으면 아내가 받을 수 있고, 죽은 사람의 형제와 부모도 받을 수 있다. 얼마를 받을 수 있을지는 자식의 수에 따라 결정된다. 개인 유산은 주인이 죽은 후 나눈다. 누가 받을 것인지 미리 결정할 수 없다. 반면, 조상의 유산은 풍습에 따라서 여성들에게만 준다. 조상의 유산은 쌀을 생산하는 땅인데, 어머니가 딸에게 준다.

조상의 유산은 두 가지로 나눈다. 하르따 뿌사까 띵기(Harta Pusaka Tinggi)와 하르따 뿌사까 른다흐(Harta Pusaka Rendah)이다. 하르따 뿌사까 띵기는 오래 전부터 상속되어 왔기 때문에 처음에 누구에게서 받았는지 알 수 없다. 하르따 뿌사까 른다흐는 몇 세대 동안 계승된 것이기에 언제 누구에게서 받은 것인지 알 수 있다. 하르따 뿌사까 른다흐는 그 가족의 상속자들만 사용할 수 있지만, 하르따 뿌사까 띵기는 친척들도 그 유산의 이익을 받을 수 있다. 그러나 하르따 뿌사까 띵기는 절대 팔 수 없다. 왜냐하면 그 유산의 상속권은 지금 살고 있는 사람에게만 있는 것이 아니라 아직 태어나지 않은 자손에게도 있기 때문이다.

3) 주요 생계 활동

미낭까바우 사람들은 대부분 농장에서 일한다. 비옥한 땅에는 양배추, 토마토, 오렌지 등을 심고, 비옥하지 못한 땅에는 바나나, 카사바나무 등을 심는다. 바닷가에서 사는 사람들은 코코넛을 재배하거나 생선을 잡아먹고 산다. 사람들은 대부분 평범한 생활을 한다. 아버지는 보통 직장에 가서 일을 하고, 어머니는 집에서 주부 역할을 한다. 아이들은 오후 2시까지 학교에 다닌다. 학교에서 돌아와서는 집에서 잠깐 쉬고 오후 4시쯤에 학원에 가거나 무슬림 사원에 가서 '믕아지(mengaji)'를 한다. '믕아지'에서는 이슬람 교육을 받는다. 이슬람 교육은 보통 코란을 읽는 방법을 배우는 것이다. 초등학생은 '믕아지'에 의무적으로 참석해야 한다.

미낭까바우 여인들은 밭일을 할 때도 머리에 사룽을 얹어 다닌다.

4) 직업과 교육

지금은 많은 사람들이 농장에서 일하지 않고 사업을 한다. 농장을 떠난 이유는 돈을 많이 벌 수 없기 때문이다. 미낭 사람들은 여러 가지 사업을 하는데, 직물과 가정용품을 팔거나 식당을 하는 사람이 많다. 요즘에는 고교 졸업생들이 좋은 대학교에 다니기 위해 자카르타에 많이 간다. 나중에 졸업하면 고향에 돌아가서 지역발전을 위해 일하겠다고 결심하지만, 수도에서 일을 하다보면 고향에 돌아가지 못하는 경우가 많다.

미낭 사회에도 다른 지역처럼 가난한 사람이 있지만 많지는 않다. 교육을 중요하게 생각해서 고학력자들이 많다. 그래서 역사적으로 유명한 미낭 사람이 많다. 무하마드 하타(Muhammd Hatta, 인도네시아의 첫 부통령), 모하마드 낫시르(Mohammad Natsir, 이슬람의 아주 유명한 인물), 수탄 샤리르(Sutan Syahrir, 인도네시아의 가장 젊은 첫 수상), 하지 아구스 살림(Haji Agus Salim, 국가 영웅), 부야 함까(Buya Hamka, 작가, 사학가, 정치가), 샤이릴(Chairil Anwar, 작가), 우스마르 이스마일(Usmar Ismail, 영화감독, 정치가, 시인, 기자) 등은 대표적 인물이다.

10. 맺음말

미낭 사람들에게는 풍습에 따라 생활하는 것이 아주 중요하다. 그런데 요즘에는 풍습을 따라하지 않는 젊은 사람이 많아져서 어른들은 미낭 풍습이 사라지지 않도록 하기 위해서 몹시 애쓰고 있다. 그중 하나가 대학에 미낭학과를 만든 것이다. 여기에서는 미낭어, 문학, 문화도 배울 수 있다. 미낭학과는 파당에 있는 아달라스 대학교(Universitas Andalas)에 있다. 이 학교를 통해 미낭 문화가 전 세계에 알려져 미낭 문화에 관심 있는 사람이 많아질 수 있기를 바라고 있다.

Cecilia, Ng., "Symbol of Affinity: Ceremonial Costumes in a Minangkabau Village", *The Heritage Journal* 5, 2010, pp. 26~55.

Heryanto, Heri, "The Overview of Cultural Background of Minangkabau and Chinese Customers in Padang, West Sumatra", *International Journal of Lean Thinking* 2, 2011.

Iman, Diah Tyahaya, Mani, A., Motivation for migration among Minangkabau women in Indonesia (Retrieved from http://r-cube.ritsumei.ac.jp/bitstream/10367/5009/1/RJAP S32-10-Iman-Mani.pdf).

Koentjaraningrat, *Manusia dan Kebudayaan di Indonesia,* Jakarta: Penerbit Djambatan, 2002.

Stark, Alexander, "The Matrilineal System of the Minangkabau and its Persistence Throughout History: A Structural Perspective", *Southeast Asia: A Musltidisciplinary Journal* 3, 2013, pp. 1~13.

바딱(Batak)족*

1. 거주 지역, 언어, 종교

바딱 종족은 인도네시아 북부 수마트라(North Sumatera)와 리아우(Riau)
에 살고 있는 종족으로서 인도네시아에서 세 번째로 큰 비중을 차지하
고 있다. 2010년 기준으로 바딱 종족의 인구는 약 8백 50만 명으로 인
도네시아 전체 인구에서 3.58%를 차지한다. 거주 지역에 따라 바딱 종
족은 다시 6가지의 아족으로 나눌 수 있다. 즉, 바딱 또바(Batak Toba), 바
딱 까로(Batak Karo), 바딱 빡빡(Batak Pakpak), 바딱 시말룽운(Batak Sima-
lungun), 바딱 만다일링(Batak Mandailing), 바딱 앙콜라(Batak Angkola) 등이다.
바딱 종족이 사는 지역에는 바리산 산맥(Barisan Mountains 또는 Bukit Barisan)
이 있다. 이 바리산 산맥은 약 1,700km의 길이로 수마트라 섬의 맨 북
쪽으로부터 맨 남쪽까지 이른다.

바딱 종족의 조상이 언제부터 수마트라 섬으로 이주했는지는 확실하

---

* **뿌뚜 쁘라마니아**(Putu Pramania) / 인도네시아 대학교 한국학과 강사

지 않다. 2500년 전인 신석기 시대(Neolithic)에 오스트로네시아어를 하는 사람들이 대만에서 인도네시아와 필리핀으로 이동하였다는 견해가 있다. 그러나 바딱 종족이 사는 지역에서는 신석기 시대의 유물이 발견되지 않았기 때문에 바딱 종족의 조상은 청동기 시대에 북부 수마트라에 들어간 것으로 판단된다.

바딱 종족은 바딱어를 사용한다. 이 바딱어는 말레이폴리네시아어족에 속한다. 단, 바딱 종족에는 다양한 아족들이 있기 때문에 바딱어에도 다양한 방언이 있다. 총 여섯 가지의 방언이 있으나 일상생활에서 잘 쓰이는 방언은 바딱 까로가 쓰는 까로 방언, 바딱 빡빡이 쓰는 빡빡 방언, 바딱 시말룽운이 쓰는 시말룽운 방언, 또한 바딱 또바, 앙콜라, 만다일링이 쓰는 또바 방언 등이다.

일반적으로 많이 알려진 바딱어의 인사말은 '호라스(Horas)!'이다. 이는 바딱 또바에서 많이 쓰는 인사말이며 넓은 뜻을 가지고 있다. 한국어의 '안녕하세요?'와 같이 아침, 낮, 밤에 모두 사용할 수 있고 하느님께 감사하고 행운을 빈다는 의미도 포함하고 있다. 그렇기 때문에 '호라스!'라는 인사말을 들으면 그 대답으로 똑같이 '호라스!'라고 한다.

바딱 종족의 종교로는 이슬람교, 기독교, 가톨릭 등이 있다. 이슬람교는 1810년부터 바딱 종족에게 전파되었다. 바딱 만다일링과 바딱 앙올라 사람들의 종교는 대부분 이슬람교이다. 한편 기독교와 가톨릭은 1863년부터 또바와 시말룽운에 전파되었다. 현재 바딱 까로, 바딱 또바, 바딱 시말룽운, 바딱 빡빡 사람들의 종교는 기독교와 가톨릭이다.

그러나 이들 종교가 전파되기 전에는 전통적인 바딱 신화가 있었다. 이는 고대 거석문화 및 인도 문화의 영향을 받았다. 바딱 종족은 전통적으로 이 세상이 데바타 물라자디 나 볼론(Debata Mulajadi na Bolon)에 의해 창조되었다고 믿는다. 데바타 물라자디 나 볼론은 바딱 신화의 최고신으로서 이 세상을 3종류의 세상으로 창조하였다. 윗 세상은 신들이 사는 세상으로서 바누아 긴장(Banua Ginjang)이라고 한다. 중간 세상은 인간들이 사는 세상으로서 바누아 똥아(Banua Tonga)라고 한다. 한편 아래 세상은 유령들이 사는 세상으로서 바누아 또루(Banua Toru)라고 한다. 그리고 바딱 종족은 산, 돌, 나무와 같은 무생물도 영을 가지고 있다고 생각하여 조상 및 이 무생물에게도 예배를 하였다.

데바타 물라자디 나 볼론에게는 마눅 빠띠아라자(Manuk Patiaraja)라는 아내가 있었다. 이 부인은 파란색 동물로서 데바타 아시 아시(Debata Asi Asi)의 화신이다. 데바타 아시 아시는 다정하고 동정적인 신이자 데바타 물라자디 나 볼론이 만든 최초의 신이었다. 그의 아내는 세 개의 알을 낳았다. 그리고 이 알들은 나중에 바타라 구루(Batara Guru), 소리파다(Soripada), 망알라 불란(Mangala Bulan)이 되었다. 그들은 데바타 나 톨루(Debata Na Tolu), 즉 삼신으로 불리기도 한다.

2. 문화와 풍습

바딱 종족에게는 가옥, 의상, 전통의식 등에 관련된 다양한 문화 및 풍습이 있다. 기본적으로 바딱 종족이 소중히 여기는 문화적 가치는 여섯 가지이다.

1) 달리안 나 탈루(Dalian Na Talu)

바딱 종족은 자신의 집단 밖에서 배우자를 찾아야 하며 다른 성을 가진 사람과 결혼해야 하는 것이다. 같은 성을 가진 사람들은 사부투하(Sabutuha)라고 한다. 한 여자를 아내로 삼는 남자 측은 훌라훌라(hula-hula)라고 하며, 여자를 보내 주는 측은 보루(Boru)라고 한다.

2) 하가베언(Hagabeon)

바딱 종족에게 자손은 가계를 이어가는 데에 중요하다. 특히 아들을 낳는 것이 가장 중요하다. 예전에는 아들을 못 낳으면 아버지가 아들을 얻기 위해 다른 여자와 다시 결혼하였다. 그러나 지금은 그렇지 않다.

3) 하모라온(Hamoraon)

정신적, 물질적으로 균형을 이루도록 해야 한다.

4) 우훔(uhum)과 우가리(ugari)

우훔은 공평성을 잘 지켜야 한다는 것이고, 우가리는 약속을 잘 지켜야 한다는 것이다.

5) 아욤안(Pengayoman)

주변 사람을 잘 보살피고 챙겨 줘야 한다.

6) 마르시사리안(Marsisarian)

서로 존경하고 서로 도와줘야 한다.

사모시르 섬 안의 후따 시알랑안

바딱 종족은 종교와 상관없이 이러한 전통적 가치를 존중하고 이를
계속 지켜 왔다. 이외에 바딱 종족에게는 망울로시(Mangulosi)와 우파우파
(Upa-upa)라는 관습이 있다. 망울로시는 바딱 종족의 대표 옷감인 울로스
를 주는 관습으로서 이는 보통 결혼식에서 이루어진다. 울로스는 불운을
멀리하고 늘 좋은 일만 있기를 기원하는 뜻을 가지고 있다. 그런데 망울
로시는 어르신들만 할 수 있는 것이다. 한편, 우파우파는 결혼식뿐만 아
니라 모든 축하 의식에서 할 수 있다. 우파우파는 접시에 손을 얹어 기
도해 주는 관습이다. 접시에 손을 얹을 수 없으면 접시에 손을 얹고 있
는 다른 사람의 몸에 손을 얹고 기도한다. 이와 같이 하는 우파우파는

가족 및 그곳에 있는 사람에게 기도를 해 주는 의미를 가지고 있다. 모두가 건강하기를 바라며 좋은 일이 있기를 기원하는 것이다.

전통공연 장소

3. 가족 형태

바딱족의 친족 관계는 두 가지이다. 유전적인 친족과 사회적인 친족이 있다. 유전적 친족은 같은 성(마르가, marga)을 가지며 이는 이름 뒤에 붙는다. 한편 사회적 친족 관계는 주로 결혼에 의해 이루어진다. 앞에서도 설명했듯이 바딱 종족에는 여섯 가지의 아족이 있다. 아족마다 특이

한 성을 가지고 있어 같은 성을 가진 사람은 친족 관계에 있다고 할 수 있다. 바딱 종족은 총 400개 이상의 성을 가지고 있다. 바딱 까로에는 까로 까로(Karo-karo), 긴띵(Ginting), 슴비링(Sembiring), 타리간(Tarigan), 팔앙인 앙인(Parangin-angin) 등이 있고 바딱 또바에는 시망운송(Simangunsong), 나삐뚜뿔루(Napitupulu), 마르파웅(Marpaung), 파르데데(Pardede) 등이 있다. 또한 바딱 시말룽운에는 시나가(Sinaga), 사라기(Saragih), 다마닉(Damanik), 푸르바(Purba)가 있고, 바딱 만다일링에는 루비스(Lubis), 나수티언(Nasution), 하라합(Harahap) 등이 있다.

또한 바딱 종족의 사회는 부계 사회이므로 성은 아버지의 성을 따른다. 그렇기 때문에 바딱 종족에게는 아들이 중요하다. 그래서 집안에 아들이 있으면 든든히 지낼 수 있다고 생각한다. 그리고 부모의 유산은 아들만 물려받는다. 그런데 막내아들은 특별한 계산 방법으로 유산을 물려받는다. 막내아들은 바딱어로 시아푸단(Siapudan)이라고 하는데, 다른 형제들보다 많은 유산을 물려받는다. 시아푸단은 부모님의 집까지 물려받으며 아버지의 후임자로서 집이나 고향을 떠나면 안 된다. 한편 딸은 유산을 물려받지 못한다. 오직 시댁에서만 물려받을 수 있다. 따라서 아들이 없는 부모의 유산은 사위, 즉 다른 가족이 물려받게 된다.

바딱 종족은 집단생활을 하며 '후타(Huta)' 또는 '쿠타(Kuta)'에서 산다. 후타는 바딱 종족의 가장 작은 전통 공동체라고 할 수 있는데, 일반적인 '마을'이나 '시골'과는 다르다. 돌담이나 나무로 둘러싸인 후타 안에는 10~20채의 집이 있으며 여기에서 같은 성을 가진 사람들이 살고 있다. 또한 하나의 후타에는 한 명의 라자 니 후타(Raja Ni Huta), 즉 회장이 있다. 회장은 주로 후타의 설립자이거나 그의 자손이다. 하나의 후타 안에서 사는 사람들은 조상이 같다. 하나의 후타가 가득 차 있을 경우에는 라자 니 후타가 새로운 후타를 만들 수 있다. 새로운 후타는 보통 옛 후타의 근처에 위치해 있으며, 옛 후타보다는 작다.

4. 전통 가옥

바딱 종족의 전통 가옥은 루마 볼론(Ruma Bolon)이라고 한다. 이는 가족들이 쓰는 집 '루마'와 헛간 '소뽀'로 구성되어 있다. 이 전통 가옥은 나무, 대나무, 짚, 밧줄 등으로 만들어지며 네모난 건물과 뾰족한 지붕으로 이루어져 있다. 루마 볼론은 지상 가옥(stilt house, rumah panggung)의 구조로 되어 있다. 집의 내부는 땅에서 약 1.75m의 높이에 있기 때문에 내부에 들어가려면 계단을 사용해야 한다. 이 계단은 보통 집 안쪽에 위치해 있으므로 집 밑으로 들어가야 집 내부로 올라갈 수 있다. 또한 루마 볼론 앞, 문 위에는 보통 고르가(Gorga)라는 그림이 있다. 이는 빨간색, 검은색, 흰색으로만 그려져 있다. 이 고르가에는 주로 도마뱀이나 물소가 그려져 있다. 이 그림은 도마뱀은 집을 지키고, 물소는 사람의 일을 많이 도와줘서 고맙다는 의미를 가지고 있다.

루마의 겉모습은 바딱 종족이 믿는 3층의 세상을 상징한다. 집의 기둥이 있는 아래층은 바누아 또루를 상징하며, 중간층은 사람이 사는 바누아 똥아를 상징한다. 그리고 지붕은 바누아 긴장, 즉 제일 높은 세상을 상징하며 주로 성물을 보관하는 곳으로 쓰인다. 루마의 맨 아래층은 닭, 돼지 등과 같은 가축을 키우는 곳으로 쓰이는데, 예전에는 이곳에서 물소를 많이 키웠다.

아래층에서 중간층에 올라가는 계단이 있다. 이 계단까지 가려면 아래층 천장에 부딪히지 않게 머리를 약간 숙여서 들어가야만 한다. 이러한 구조는 손님이 남의 집을 방문하게 되면 집주인을 존경해야 한다는 의미를 가지고 있다. 중간층에는 가족들이 사는 넓은 공간이 있다. 하나의 루마에는 5~6명의 가족이 같이 살 수 있다. 그런데 그 내부는 방으로 나누어져 있지 않다. 가족들은 이 중간층에서 취침을 하며 활동을 하기도 한다.

바딱 종족의 전통 가옥의 지붕은 특이한 모양과 함께 많은 의미를 가지고 있다. 이 지붕은 물소의 등 형태를 본떠 만들었다. 이는 강풍에 대비하기 위한 것이다. 또한 지붕의 뾰족한 부분에는 보통 번영을 상징하는 물소의 머리나 뿔이 달려 있다. 이 뾰족한 부분은 뒤에 있는 것이 앞에 있는 것보다 더 길다. 이는 다음 세대가 지금의 집주인보다 더 성공하기를 바라는 뜻을 가지고 있다.

루마의 맞은편에는 소뽀(Sopo)라는 헛간이 있는데, 이것은 곡물을 보관하는 곳이다. 소뽀는 루마와 같은 건축 구조이지만 루마보다는 작다. 루마와 소뽀 사이에는 사람들이 생활하거나 노는 마당이 있다.

5. 전통 예식

바딱 종족의 전통 예식은 독특하고 복잡하다. 바딱 종족은 같은 성을 가진 사람들끼리 결혼할 수 없다. 이를 지키지 않으면 관습적 처벌을 받을 수 있다. 이는 다른 성을 존중하는 뜻도 있고, 모든 성의 자손들이 번성할 수 있게끔 하는 목적도 가지고 있다. 또한 바딱 종족이 아닌 사람과 결혼할 경우에는 그는 다른 성의 가족에 입양되어야만 한다. 즉, 바딱 종족의 성을 먼저 획득해야 결혼을 할 수 있는 것이다.

바딱 종족에게 결혼식은 성스러운 전통 의식이다. 신부의 가족에게는 자신의 딸을 신랑의 가족에게 보내야 하기 때문에 희생의 의미가 있다. 따라서 신랑 가족도 희생의 의미로 보통 소나 물소를 희생시킨다. 바딱 종족의 전통 결혼 예식은 여러 가지의 단계로 나누어진다.

첫째는 망아리시카(Mangarisika)라는 단계이다. 이는 예비 신랑 가족이 예비 신부 가족의 집을 방문하여 가족들이 서로 알아가는 과정이라 할 수 있다. 둘째는 말호리 호리 딘딩(Marhori-hori Dinding) 단계이다. 이때는 결혼 계획을 서로 상의한다. 셋째는 말하따 시나못(Marhata Sinamot) 단계이다. 이때 예비 신랑의 가족은 예비 신부 가족의 집을 방문하여 신부를 데려가기 전 주어야 할 돈의 액수에 대해 상의한다. 이때 예비 신랑의 가족은 음식과 고기를 예비 신랑 없이 가져와서 음식을 같이 먹은 후에 예비 신부의 가족들에게 고기를 나누어 준다. 넷째는 말뚬뻴(Martumpol) 단계이다. 이는 양쪽 부모들이 종교 지도자 앞에서 결혼에 동의하는 서류에 서명하는 과정인데, 주로 결혼식 2주 전에 한다. 예비 신랑과 예비 신부가 이 과정에 같이 참석하여 서명하면 종교 지도자는 결혼식을 마을사람들에게 정식으로 알린다. 2주 동안 아무 문제가 없으면 결혼식을 올릴 수 있다. 다섯째는 마르통고 라자(Martonggo Raja)라는 단계이다. 이때는 마을 사람들이 다 같이 와서 결혼식을 준비한다. 여섯째는 만잘로 빠수빠수(Manjalo Pasu-pasu) 단계이다. 이는 결혼식의 가장 중요한 단계이다. 이때 신랑과 신부는 교회에서 축복을 받고 정식 부부가 된다. 마지막으로 삐스타 운죽(Pesta Unjuk) 단계이다. 이는 가족과 하객들이 같이 하는 잔치 행사이다. 이때 신부와 신랑에게 축복을 의미하는 울로스 옷감을 주며, 가족들에게는 고기와 돈을 준다.

사모시르 섬에서 또바호수를 건너 등교하는 바딱족 학생들

6. 전통 음식

일반적인 인도네시아 음식과 마찬가지로 바딱 종족의 음식도 식용 식물을 양념으로 많이 사용한다. 바딱 음식의 주요한 식용 식물은 초피나무(Zanthoxylum acanthopodium)인데, 바딱에서는 안달리만이라고 한다. 바딱 종족은 돼지고기, 닭고기, 생선, 개고기를 먹는다. 그런데 바딱 만다일링

에는 이슬람교를 믿는 사람들이 많아서 돼지고기는 먹지 않는다. 바딱 종족의 대표음식은 다음과 같다.

1) 뎅케 마스 나 니우라(Dengke Mas na Niura)

바딱어로 뎅케는 생선이라는 뜻인데, 이 음식은 날 생선을 양념만 하여 만든다. 예전에는 왕이 먹던 음식이었지만 지금은 모든 사람들이 먹을 수 있다. 날 생선에 마늘, 양파, 생강, 후추, 인디언 타마린드, 강황, 고추 등의 다양한 재료로 양념을 해서 만든다. 인도네시아 사람들은 보통 날 생선을 즐겨 먹지 않지만 바딱 종족은 이 음식을 잘 먹는다. 이 양념들은 생선을 익게 하는 역할을 하면서 맛을 보다 풍부하게 한다. 주로 또바 호수에 사는 바딱 종족이 이 음식을 즐겨 먹는다.

2) 바비 빵강 까로(Babi Panggang Karo)

바비 빵강 까로 또는 보통 베뻬까(BPK)라고 불리는 이 음식은 바딱 까로의 대표적 음식이다. 돼지고기를 구워서 다양한 소스와 함께 먹는 이 음식은 인도네시아에서 널리 알려진 바딱 음식이다. 인도네시아 전국에 있는 '라포'라는 바딱 식당에서 이 음식을 많이 팔고 있다. 베뻬까와 같이 먹는 소스로는 돼지 뼈의 육수로 만든 소스, 돼지 피로 만든 소스, 고추로 만든 소스 등이 있다.

3) 라펫과 옴부스 옴부스(Lapet & Ombus-ombus)

라펫과 옴부스 옴부스는 바딱의 전통 과자이며 보통 차나 커피와 같이 먹는다. 모두 쌀가루, 코코넛, 종려당으로 만들었는데 모양이 다르다. 라펫은 피라미드처럼 생겼는데 보통 바나나 나뭇잎으로 싼다. 한편 옴부스 옴부스는 동그랗게 생겼는데 나뭇잎으로 싸지 않는다. 이 과자는 시보롱보롱(Siborong-borong)이라는 곳에서 많이 판다.

7. 전통 예술 및 의상

바딱 종족은 널리 알려져 있는 또르또르(Tortor)라는 전통 춤을 춘다. 주로 전통 의식 때에 이 춤을 추는데, 이는 전통 의식에 참석한 손님과 조상들의 영혼을 존경하는 의미를 가지고 있다. 곤당(gondang)이라고 불리는 북소리에 맞추어 춤을 춘다. 춤을 추는 사람은 울로스(Ulos)를 입는다. 그런데 이 춤을 추기 전에 집주인 또는 전통 의식을 하는 사람은 북을 치는 사람에게 존경의 뜻을 표하고 본인의 소원을 말한다. 주로 건강, 행복, 행운을 달라고 한다. 춤은 이 소원을 말한 후에야 시작된다. 그런데 이 춤을 출 때 하면 안 되는 행동들이 많다. 가령, 춤을 추는 사람의 손이 어깨 위로 넘어가면 안 된다. 이것을 위반하면 그 사람은 행사장에 있는 사람들에게 반항하고 도전하는 뜻이 있는 것으로 해석된다.

바딱 종족의 전통의상은 울로스이다. 울로스는 바딱 종족의 대표적인 옷감이며 숄이나 사롱(Sarong)으로 입는다. 울로스는 주로 빨간색, 검은색, 흰색으로 되어 있고, 금 또는 은 실로 장식한다. 울로스는 원래 전통의식 때에 많이 입었으나 지금은 공식적인 자리에서 많이 입는다. 울로스의 종류는 매우 많은데, 각각 다른 의미와 기능을 가지고 있다.

8. 생계 활동

바딱 종족은 대부분 논밭에서 농사를 지으면서 생계를 유지한다. 농사를 지을 때 괭이, 낫, 쟁기 등과 같은 간단한 도구를 사용한다. 바딱 종족에게는 라론(Raron) 또는 마르시우루판(Marsiurupan)으로 불리는 협동 작업 제도가 있다. 이는 논밭에서 일하는 가족이나 이웃이 있으면 서로 도와주는 것이다. 바딱 종족은 농사 외에 물소, 소, 돼지, 양, 닭, 오리와 같은 가축을 키우기도 한다. 낚시를 하기도 하지만 이는 보통 또바 호수 근처에 사는 종족들이 한다.

바딱 종족은 울로스로 수공예품을 만들기도 한다. 울로스는 바딱 종족의 전통 옷이자 대표적인 수공예품이라 할 수 있다. 이는 주로 전통 의례에 많이 쓰인다. 울로스는 기계로 만들지 않고 손으로 만든다.

바딱족이 모여 살고 있는 또바호수를 항공기에서 본 모습

9. 맺음말

지금까지 북부 수마트라 및 리아우에 있는 바딱족에 대해 살펴보았다.
바딱족은 사는 지역에 따라 여섯 가지의 아족으로 나뉜다. 전반적으로
아족들은 비슷한 문화를 가지고 있다. 그리고 언어의 경우에는 아족마다
각각의 방언을 가지고 있다. 또한 부계 사회인 바딱족은 이름을 지을 때
아버지의 성을 따른다. 바딱족의 성은 특이하기 때문에 이름만 봐도 바
딱족임을 알 수 있다. 바딱족에게는 다양한 전통의식이 있으며, 이때 울
로스라는 바딱족의 전통 옷감이 많이 쓰인다. 예쁘고 독특한 무늬를 가
진 울로스는 바딱족의 대표적 옷감이라 할 수 있다.

Bangun, Tridah, *Adat dan Upacara Perkawinan Masyarakat Batak Karo*, Kesaint Blanc:
　　　Jakarta. 1986.
Soebadio, Haryati, *Indonesian Heritage,* Buku Antar Bangsa: Jakarta, 1998.
Toruan. Jona L., "Suku Bangsa Batak dan Konsep Kebudayaan Batak", (Diakses 20 July
　　　2014. http://habatakon01.blogspot.com/2013/05/suku-bangsa-batak-dan-konsep-
　　　kebudayaan.html)
"Sistem Kekerabatan Suku Batak". (Dipublikasikan 21 April 2014.
　　　http:// kebudayaanindonesia.net/ id/culture/942/sistem-kekerabatan-suku-batak)

아체(Aceh)족*

1. 위치

아체는 수마트라(Sumatra) 섬의 제일 북쪽 끝에 있는 지역이다. 이 지역의 총면적은 55,390㎢이다. 이 넓은 지역은 아체 브사르(Aceh Besar), 삐디(Pidie), 북부 아체(Aceh Utara), 동부 아체(Aceh Timur), 중부 아체, 동남부 아체, 서부 아체, 남부 아체 등 8개 지역으로 나뉘어 있다.

2. 언어와 문자

아체족의 언어는 오스트로네시아어족에 포함되어 있다. 그런데 아체족의 언어는 지역별로 차이가 있기 때문에 서로 이해하지 못 하는 경우가 있다. 아체어는 크게 네 가지인데 다음과 같다.

---

* 까라미나 뿌뜨리(Karamina Putri A) / 번역가

1) 가요 알라스어(Gayo-Alas)는 가요 사람들, 알라스 사람들, 중부 사람들이 사용하는 언어이다.
2) 아늑 자메어(Aneuk Jamee)는 20%의 아체 사람들이 사용하는 언어이다. 특히 남부와 서부 사람들이 많이 사용한다.
3) 따미앙어(Tamiang)는 동쪽 수마트라 언어의 영향을 많이 받았다. 그래서 아체와 동쪽 수마트라 사이에 사는 사람들이 따미앙어를 사용한다.
4) 아체어(Aceh)는 제일 많이 사용되는 언어이다. 70%의 동부, 북부, 삐디, 서부 사람들이 아체어를 사용한다.

그런데 아체만의 문자는 없었다. 그래서 옛날에는 아랍어나 믈라유(Melayu)의 문자를 사용하였다. 이런 문자는 이슬람이 인도네시아에 들어온 후에 전해졌다. 아체 사람들은 이러한 문자를 자위에(Jawoe) 문자라고 부른다. 자위에 문자는 아체왕의 무덤에서 발견할 수 있다. 그리고 지금까지도 노년층은 자위에 문자를 사용하고 있어서 문맹자가 없다고 한다. 그런데 젊은이들은 현재 학교에서 라틴 로마자를 배우기 때문에 자위에 문자를 모른다.

3. 마을 형태와 전통적인 집

아체에서는 사람들이 마을을 감퐁(Gampong)이라고 부른다. 한 감퐁에는 50개에서 100개 정도의 집이 있으며, 집과 집 사이는 멀지 않다. 아체 사람들은 집을 대나무 기둥 위에 짓는다. 집을 이렇게 짓는 것은 야생동물과 홍수를 피하기 위해서이다. 그리고 여러 집이 한데 모여 있으면 사람들의 관계가 가까워질 수 있기 때문이다.

집에는 보통 마당이 있다. 거기에서 매일 먹을 수 있는 야채를 심는다. 예를 들자면, 코코넛, 오지, 바나나 등을 심는다. 중부 아체는 다른 지역과 다르다. 거기에서는 집들을 단체로 짓고 마당은 집 주변에 있다. 그래서 마을 사람들은 큰 마당을 이용할 수 있다. 집에서는 주로 먹고 자기만 하고, 다른 활동은 거의 집 밖에서 한다. 이 때문에 아버지와 아이들이 서로 친하게 지내지 못하게 된다. 같이 지내는 시간이 별로 없기 때문이다. 대신 어머니는 아침부터 저녁까지 아이들을 돌본다.

마을 사람들이 같이 해야 할 의무가 있다. 사람들은 기도를 함께 해야하고 사원을 같이 세워야 한다. 또한 안전한 환경을 만들기 위해서 마을 사람들은 대청소를 돌아가며 하고 공공시설이 고장 나면 같이 고친다. 사람들은 매일 일해야 하기 때문에 이러한 활동은 보통 금요일에 한다.

아체족의 집은 보통 지상에서 2.5~3m의 높이에 짓는다. 이 집은 보통 동쪽에서 서쪽 방향으로 짓고 문은 북쪽 혹은 남쪽으로 향하게 한다. 이런 형상은 이슬람에서 영향을 많이 받았다. 집은 보통 앞부분, 중간부분, 뒷부분으로 구성되어 있다. 앞과 뒷부분은 방으로 만들지 않고 열린 공간으로 되어 있다. 이 공간은 아직 결혼하지 않은 남자와 여자아이들의 침실로 사용하고 있으며, 결혼식 혹은 장례식 때 손님들의 침실로 사용된다. 중간 방은 집의 중심이기 때문에 앞부분이나 뒷부분보다 더 높다. 이곳에는 하나의 침실(Rumoh Inong)이나 두 개의 침실(Anjong)이 있다. 뒤쪽 끝에 공간이 남으면 요리하는 공간으로 사용한다. 이곳을 티픽(Tiphik)이라고 부른다. 아체에서는 의자와 식탁을 거의 사용하지 않고 깔개를 사용한다.

그런데 이런 전통적인 집은 단점이 있다. 집 계단의 높이가 3m 정도 되므로 아이들에게 위험하다. 그러나 계단 밑에 있는 공간은 쌀을 보관하는 데 유용하게 사용된다.

4. 직업

아체 사람들의 직업은 크게 4가지로 나뉜다.

1) 논을 경작한다

아체 사람들은 일반적으로 벼를 심는다. 쌀은 아체 사람에게 중요한 것이다. 그런데 농사는 오로지 비에 의존하고 있기 때문에 1년에 한 번 파종이 가능하다. 그래서 이때는 마을 사람들이 같이 논에 와서 벼를 심는다.

2) 밭에서 일한다

아체 사람들은 논에서 뿐만 아니라 밭에서도 일을 한다. 그런데 대부분의 밭은 마을에서 멀다. 그래서 보통 밭에서 일하는 것은 이들의 부업이다.

3) 축산업을 한다

아체 사람들은 보통 소와 물소를 많이 키운다. 아체에서는 거의 모든 집이 소와 물소를 키우고 있다. 이 동물들은 보통 논밭을 갈거나 무거운 짐을 옮기는 데 이용된다. 그리고 아체 사람들은 이 동물들을 북쪽 수마트라까지 가서 판다. 아체에서 소를 사육하기 제일 좋은 곳은 피디(Pidie)를 포함한 슬라와(Seulawah) 산자락이다.

4) 무역을 한다

무역은 아체 사람들에게 매우 중요한 활동이다. 아체 사람들은 쌀을 많이 판다. 이들은 쌀을 팔아서 그 돈으로 생활에 필요한 물건들을 구입한다.

5. 결혼방식

아체 사람들은 결혼이 종교적으로 정해진 의무사항이라고 믿는다. 이 때문에 남자와 여자는 성년이 되면 결혼 상대를 찾아야 한다. 그런데 결혼 상대를 찾을 때 특정한 기준에 따라야 한다. 첫째는, 부모가 자녀들의 배우자를 찾는다. 둘째는, 신부 가족의 사회적 배경을 보고 결정한다. 그리고 신부의 부모가 청혼을 받아들이면 결혼이 성사되는 것이다.

신랑의 부모는 배우자를 찾기 위해 다음과 같은 절차를 따라야 한다.

> • 신랑의 가족들은 결혼 상대를 정한 후 신부의 가족에게 중개인을 보낸다. 그 중개인은 아체어로 슬랑케(seulangke)라고 부른다. 슬랑케는 여자든 남자든 상관없지만 말을 잘하는 사람이어야 한다.

- 신랑의 가족은 슬랑케를 통해 신부 가족에게 약혼의 표시(콩나릿, kongnarit)로 보통 금과 같은 고가품을 준다. 이것을 신부 가족이 받으면 결혼에 동의함을 뜻하는 것이 된다. 이때 언제 결혼할지 시기를 결정한다.
- 결혼할 때 신랑은 신부에게 결혼 지참금을 주어야 한다. 이 결혼 지참금을 즈우나메(jeunamee)라고 하며 신부 가족의 지위에 따라 금의 중량이 달라진다. 보통 결혼 지참금은 50~100g 정도의 금이 요구된다.
- 결혼 예물이 준비되면 몇 달 후 결혼식을 거행한다. 그리고 신부 가족은 분가할 때 신랑 신부에게 쁘눌랑(peunulang), 즉 신부 가족의 능력에 따라 집이나 논밭을 준다.

결혼하면 신랑 신부는 신부의 집에서 생활한다. 그들은 부모님이 집을 사 줄 때까지 신부의 집에서 산다. 신부의 집에서 사는 동안 신랑은 집안일에 대한 책임을 지지 않는다. 이때 집안일을 책임지는 사람은 신부의 아버지이다. 아체에서 이혼하는 경우는 별로 많지 않다. 이혼하는 일은 많지 않지만 일부다처제가 인정되고 있다. 일부다처제는 이슬람 교리에 근거한다. 그리고 부부 사이에 아이가 없는 경우에도 일부다처제를 허용한다.

6. 종교

아체는 인도네시아에 이슬람이 들어온 첫 번째 지역이다. 아체 사람들은 코란과 무하마드의 하디스(Hadis)만 따른다. 하디스는 무하마드의 말과 행동을 기록한 언행록이다. 사람들의 모든 행동은 이슬람법을 따라야 한다. 비록 전통적인 관습이 아직도 남아 있지만 이슬람의 영향은 아체 문화와 관습에 많은 영향을 미치고 있다. 특히 결혼, 상속 유산, 그리고 장례 등과 같은 문제에 절대적인 영향을 미치고 있다. 이슬람법이 유효하기 때문에 이슬람법에 의해 재판이 이루어진다.

아체 사람들은 대부분 무슬림이지만 아체에도 교회가 있다. 식민지 시대에 네덜란드 사람들이 이 교회를 지었다. 그런데 요즘 아체에는 새로운 교회가 많이 세워지고 있다.

7. 교육 시스템

1) 종교적인 교육

아체에서는 아이가 일곱 살이 되면 종교적인 교육을 받아야 한다. 처음에는 아이들은 메우나사(meunasah)라는 곳에 다닌다. 여기에서는 코란을 읽는 기초 방법을 배운다. 그 다음에는 마을에 있는 이슬람 기숙학교를 다니거나 다른 마을에 있는 기숙학교에서 생활하게 된다. 이슬람 기숙학교 선생님을 뚱꾸(teungku)라고 한다. 여기에서는 코란 읽는 방법을 더 깊이 배우며 이슬람 역사, 문화 등을 배운다.

2) 일반 교육

일반 교육은 교육부에서 제공하는 교육을 의미한다. 일반 교육은 네덜란드 시대에 이루어졌다. 그 때부터 한 마을에 초등학교가 하나 지어졌고 하나의 면마다 중학교가 설립되었다. 고등학교는 1957년에 처음 설립되었다. 당시 대학교에 가서 공부하고 싶은 학생들은 자와 섬에 가야 했다. 1959년 아체정부는 아체에 처음으로 샤 쿠알라(Syah Kuala)라는 대학교를 설립하였다.

2004년 12월, 쓰나미로 잃은 아들과 딸을 10년 만에 되찾은 가족

2014년 쓰나미 때 넘어진 이슬람 사원

이슬람 사원(Masjid Nurul Huda Aceh Barat)

서부 아체 마울레보 해변의 저녁

쓰나미 희생자 공동 추모비

니아스(Nias)족과 먼따와이(Mentawai)족*

1. 거주 지역과 인구

수마트라의 서쪽에는 인도네시아의 큰 섬들이 줄지어 있는 것과 비슷하게 몇 개의 섬들이 줄지어 있다. 북에서 남쪽 방향으로 줄지어 있는 이 섬들의 이름은 시말루르(Simalur), 바냑(Banyak), 니아스(Nias), 바뚜(Batu), 먼따와이(Mentawai), 그리고 엥가노(Enggano)이다.

시말루르와 바냑 섬의 주민들은 1856년 네덜란드 사람이 처음으로 오기 전에 이미 오래 전부터 이슬람교를 믿고 있었다. 그들은 아체 지역의 언어와 전통의 영향을 많이 받았음에도 불구하고 그들만의 언어를 갖고 있다. 1912년부터 네덜란드 사람들이 시말루르 섬에 목재 공장을 세웠다. 이때 시말루르와 바냑 섬은 동일한 행정구역이 되었고, 그 중심지는 시말루르 섬의 시나방 마을이 되었다. 1917년 두 섬의 인구는 약 16,000명으로 추정되었다.

---

* 이은혜 / 번역가

줄지어 선 섬들 중 가장 큰 섬인 니아스의 주민은 아직 힌두교와 이슬람교의 영향을 받은 적이 없다. 청동기 시대로부터 니아스 섬에 있었던 발달된 거석문화를 기초로 그들은 이미 아름답고 예술적인 건물 등 자신들만의 문화를 발전시켜 오고 있었다. 1669년 처음 네덜란드인들이 니아스 땅을 밟기 오래전부터 니아스는 아체와 멀라유인들과 무역을 하고 있었다. 하지만 그들은 이슬람의 영향을 넓게 받은 시말루르인과는 달랐다. 기독교는 1874년부터 영향을 미치기 시작했는데, 특히 시뚤리 산으로부터 시작되었다. 이후에는 가톨릭이 남부 지역에 들어왔다.

먼따와이 군도는 시베룻(Siberut), 시포라(Sipora), 북빠가이(Pagai Utara), 그리고 남빠가이(Pagai Selatan), 모두 4개의 섬으로 이루어져 있다. 이곳 주민들은 선사시대에 이미 농경문화와 다른 생활을 하고 있었다. 먼따와이 주민들은 벼에 대해 알지 못했고, 주식으로 토란을 먹고 있었다. 그들은 또한 질그릇과 옷감 만들기, 그리고 씨리 잎을 씹는 것도 알지 못했다. 그럼에도 불구하고 먼따와이의 문화를 순수 오스트로네시아(Austronesia- 남쪽 아시아의 섬들) 문화라고 말할 수는 없다. 그 이유는 단지 한 두개의 요소만이 순수 오스트로네시아 문화의 흔적을 남기고 있을 뿐이고, 이들 역시 지금까지 자신들만의 문화를 발전시켜 왔기 때문이다. 빠가이 섬에는 17세기부터 네덜란드 사람들이 들어왔으나, 원주민들은 늘 외부사람에 대해 배타적이었다. 또한 19세기부터 멀라유나 미낭까바우 사람들이 무역을 위해 혹은 빨라(pala-육두구, 넛맥나무) 농장과 쩡께(cengkeh-정향나무) 농장을 만들기 위해 들어왔다. 그러나 원주민들은 항상 그들을 적대시하고 심지어 죽이기까지 하였다. 기독교는 1901년에 북빠가이 섬에 처음으로 들어왔으며, 군대와 행정 기관은 1904년에 사이바 사무꼽(시베룻 섬)

지역에 세워졌다. 그러나 이곳 원주민에 의해 1915년에 한 부대 지휘관이 죽임을 당할 정도로 먼따와이 섬은 치안이 불안했다.

엥가노 섬의 주민들은 근본적으로 먼따와이 지역의 문화와 동일한 문화를 갖고 있다. 그들은 얼마 전까지만 해도 벼를 알지 못하고, 토란을 주식으로 먹고 있었다. 또한 질그릇 만드는 법, 옷감 짜기, 시리 잎을 씹는 것도 알지 못했다. 그러나 엥가노 섬의 문화는 몇 가지 점에서 매우 다른 그들만의 독특한 모습을 갖고 있다. 첫째, 엥가노 사람들은 먼따와이와 다른 언어를 갖고 있다. 둘째, 엥가노 사람들은 먼따와이 사람들과 같은 문신의 전통은 없고, 모계 중심의 친족 시스템을 갖고 있다. 엥가노 섬에는 1853년부터 네덜란드, 멀라유, 반튼, 그리고 중국인들이 들어오기 시작했고, 1908년부터는 기독교가 전파되기 시작했다. 1914년 엥가노의 원주민은 고작 324명에 불과했고, 1962년에는 400명이 되었다. 1990년대에는 엥가노의 인구가 4,000명에 육박하고 있는데, 이는 엥가노가 무직자들의 집결지가 되었기 때문이다.

이 글에서는 4개 그룹의 섬들 중에서 두 개 그룹, 즉 니아스와 먼따와이 군도의 문화에 대해 초점을 맞추어 보고자 한다. 그리고 먼따와이 군도의 여러 섬들 중에서 특별히 빠가이 섬의 문화에 대해 중점적으로 설명하고자 한다. 니아스와 먼따와이 섬에 대한 기존의 연구는 지역적으로 가까운 두 지역이 얼마나 문화가 다를 수 있는지 잘 보여 준다.

2. 니아스족

1) 고고학적 연구

1999년부터 니아스 섬에 대한 고고학적 연구가 진행되었다. 고고학자인 해리 트루만(Harry Truman Simanjuntak) 교수는 연구를 통해서 구석기 시대인 12,000년 전부터, 혹은 이미 30,000년 전부터, 아시아에서 사람들이 니아스 섬에 들어와 살게 되었음을 밝히고 있다("Rubrik Humania," Kompas Jakarta, 2006. 10. 11). 이 시대의 석기 문화를 보면 베트남 지역이 니아스 섬과 동일한 모습을 나타내고 있어, 추측컨대 니아스족은 현재 베트남족에서 유래한 것으로 보인다. 새로운 유전자 연구방법을 통해 얻은 결과도 니아스 인들은 오스트로네시아(Austronesia)군에서 유래한 것으로 밝혀졌다. 따라서 니아스족 조상들은 4000~5000년 전에 필리핀을 거쳐 타이완에서 온 것으로 추측된다.

2) 정체성

니아스 섬의 사람들은 힌두교나 이슬람의 영향을 거의 받지 않았다. 거석문화를 볼 때, 그들은 청동기시대에 아시아 대륙으로부터 영향을 받았음을 볼 수 있다. 그들은 물소가 아닌 돼지를 희생 제물로 하는 자신들만의 전통문화를 발전시켜 왔다. 1669년 네덜란드 사람들이 들어오기 오래 전부터 니아스에는 아체인, 중국인, 멀라유인, 그리고 부기스인들이 장사를 하기 위해 이미 들어와 관계를 맺고 있었다. 그러나 이들은 시말루르 섬의 원주민과는 달리 이슬람의 영향을 거의 받지 않았다. 그들에게 가장 많은 영향을 미친 종교는 1865년 시톨리 산에서 시작된 기독교이다. 가톨릭은 그 후에 남쪽 지역으로부터 들어 왔다.

3) 인구

일반 인도네시아인들보다 더욱 노란 피부를 가진 니아스 또는 오노니하(Ono Niha)인들의 기원은 밝혀진 바 없다. 니아스의 언어 또한 멀라유−폴리네시아 계통에 속하기는 하지만, 다른 섬들과 달리 모음 중심이어서, 글자의 중간과 마지막에 자음이 없다. 이외에도 니아스어에는 모음이 한 개 더 있는데. 이는 'Ö'로서 거의 'e'를 짧게 발음하는 것과 같다(한국어의 'ㅓ' 발음과 동일한 것으로 추정된다). 니아스어는 두 개의 방언, 북니아스 방언과 남 니아스 또는 '뗄로'라는 방언을 가지고 있다. 북 니아스 방언은 니아스 섬의 북, 동, 서쪽에서 사용되고, 남 니아스 방언은 중부와 남부 니아스, 그리고 바뚜 섬에서 사용되고 있다. 1914년 니아스의 인구는 135,000명이었다. 1967년에는 그의 2.5배인 350,000명이 되었다. 그리고 2010년 현재 니아스 섬의 인구는 총 12,985,075명으로 매우 많이 늘었다.

4) 거주 방식

니아스 주민들은 까부빠텐 니아스(kabupaten Nias) 지역에 산다. 이곳은 가장 큰 니아스 섬과 그 주위의 작은 섬, 즉 서쪽에 히나꼬 섬, 북쪽에 스나우 섬과 라파우 섬, 남쪽에 바뚜 섬 등으로 이루어져 있다. 가장 큰 니아스 섬은 매우 파도가 센 바다로 둘러싸여 있다. 특히 서쪽의 파도가 강하다. 이 섬에 깊이 들어가면 수많은 숲으로 둘러싸인 언덕이 많다.

니아스 전통가옥

성인식 때 뛰어넘는 론짯바뚜

이 섬의 중간에서 조금 남쪽으로 가면 산들이 많이 있다. 이 가운데 힐리 럴러마뚜아 산(gunung Hili Lölömatua, 886m)이 가장 높은 산이다. 일반적으로 강들은 수심이 얕아서 교통에 도움이 안 된다. 현재 니아스 섬에서 가장 많이 사용되는 도로는 우기마다 매우 미끄럽고 진흙탕이 되는 좁은 길밖에 없다. 네덜란드 식민 치하에서 건설되었던 길이나 다리들은 일부만 보수되었다.

바누아(banua)라고 불리는 니아스 섬 깊은 곳에 있는 시골 마을(desa-desa)은 매우 찾아가기 어렵다. 그 이유는 옛날 적의 침입을 받지 않기 위해 주로 산이나 언덕의 가장 높은 곳에 마을을 만들었기 때문이다. 한 개의 바누아는 몇 개의 마을(kampung)로 이루어져 있고, 그 마을은 20~200개 정도의 집으로 이루어져 있다. 한 집에는 보통 대가족이 살고 있다. 부모와 모든 자녀들의 가정이 다 함께 살고 있다.

니아스 시골 마을은 특히 중부와 남부의 경우 그 모양이 U자 모양이다. 그리고 끝부분에는 그 마을의 장인 뚜헤너리(Tuhenori) 또는 살라와(Salawa)의 집이 위치해 있다. 그리고 그 앞에는 평평한 돌을 깔아 만든 광장이 있다. 그 광장에 두 줄로 주민들의 집이 늘어서 있다. 그러나 니아스의 북, 동, 서쪽 마을은 U자 모양이 아니라 두 줄의 평행선 모습을 보여 준다.

니아스의 집(omo) 모양은 두 가지이다. 전통적 집의 형태인 오모 하다(omo hada)와 일반적인 집의 형태인 오모 빠시시르(omo pasisir)가 있다. 현재 첫 번째 집에는 주로 마을의 지도자인 뚜헤너리 또는 살라와가 살고 있고, 두 번째 집에는 일반 주민들이 살고 있다. 이 집들은 대부분 목재, 열대 식물인 사구 야자수(rumbia)로 만들어져 있다. 전통적 집의 모양은 자와 섬의 와룽집(rumah warung)과 비슷한 일반 집보다 더욱 위엄이 있다.

전통적인 집의 형태는 두 가지인데, 하나는 계란형이고, 또 하나는 직사각형이다. 이 계란형은 니아스의 북, 동, 서쪽에서 발견되고, 직사각형은 니아스의 중부, 남부에서 발견된다. 일반 주민들이 사는 집과 동일하게 이 전통적인 집에도 기둥 위에 마루가 있으나, 일반 집보다 마루가 더욱 높고 넓다. 전통적 집은 두 개의 부분으로 나뉜다. 앞쪽은 손님들이 묵을 수 있는 곳이고, 그 안에서는 집주인의 가족들이 생활한다. 전통적 집의 앞쪽 마당에는 돌탑과 같은 것이 발견된다. 남 니아스에서는 이것을 사이따 가리(saita gari)라고 부르고, 중부 니아스에서는 베후(behu)라 부르며, 북, 동, 서쪽 니아스에서는 고웨 잘라파(gowe zalava)라고 부른다. 이 돌탑의 모양은 아주 큰 성기를 가진 남자의 모습과 닮았다. 이 외에도 집 앞에 다로 다로(daro-daro) 또는 하래파(harefa)라고 부르는 의자도 있다. 이러한 것들은 과거에 집주인이 사회적 지위를 높이기 위해 화려한 잔치를 열었던 사실을 말해주는 증거가 된다.

남 니아스의 떨룩 달람(Teluk Dalam)지역에는 아직도 자오자오(zawozawo)라는 돌로 된 높이뛰기 연습장이 발견된다. 과거에는 적의 진지를 뛰어넘기 위한 높이뛰기가 매우 중요했음을 보여 준다. 그러나 지금은 다른 지역에서는 발견되지 않는다. 잘 보존된 전통적 가옥과 돌로 된 시설물들은 시골마을인 바오바딸루오(Bawomateluwo)와 힐리시마에따노(Hilisima-etano)에서 볼 수 있다. 과거에는 한 마을에서 이웃 마을로 갈 때에 사용하는 길은 평평한 돌을 놓아 만들었는데, 그러나 현재는 그 흔적만이 남아 있을 뿐이다.

일반적으로 니아스 사람들의 주업은 농사이므로 바누아라는 마을 형태 외에 논밭 근처에 있는 작은 마을인 할라마(halama)라는 마을이 있다. 니아스의 시골은 보통 몇 개의 공동 목욕장소를 갖고 있다. 주로 샘으로부터 나무관을 통해서 물을 공급 받는다. 그리고 화장실은 여전히 돼지 우리 위에 짓는다. 현재 니아스에는 오살리(osali)라고 불리는 우상의 집들이 더 이상 발견되지 않는다. 왜냐하면 이것들은 오살리로 불리는 교회 건물로 대치되었기 때문이다.

5) 생계 수단

니아스 주민들의 생계 수단은 대부분 농사이지만, 해안지역에서는 야자수 농장을 한다. 농사는 밭농사와 논농사가 있다. 농기구는 매우 간단하다. 밭농사에는 쇠도끼(fato)와 낫(parang besi)을 사용한다. 이는 숲을 개간하고, 풀 등을 제거하는 데 사용한다. 긴 막대기(tongkat tunggal)는 볍씨를 심는 데 사용된다. 논농사에는 오직 낫(belewa)만을 사용하는데, 종종 땅을 부드럽게 하기 위해서 호미(foku)를 사용한다. 쟁기(bajak)는 사용된 적이 없다. 벼를 수확할 때에는 발라뚜 와마시(balatu wamasi)라는 일종의 작은 낫을 사용한다. 낫자루를 반지처럼 손에 끼고 할 수 있게 만든 도구이다. 그리고 구띠(guti)라는 간단한 추수도구를 쓰기도 한다. 그러나 대부분의 니아스인들은 도구 없이 손으로 추수하기를 더욱 좋아한다.

논농사와 밭농사를 시작하는 시기는 각각 다르다. 밭농사는 숲을 먼저 개간해야 하기 때문이다. 그래서 밭농사는 건기의 마지막인 4~6월에 시작하고, 논농사는 8~9월에 시작한다. 밭에 심는 작물로는 고구마 종류, 가지, 콩 종류, 고추, 옥수수, 바나나 등이 있다. 여러 번 사용되어 황폐화된 밭에는 고무, 커피, 두리안, 또는 오랜 기간이 지나야 열매 맺는 과일나무 등을 심는다. 고무는 니아스의 수출상품이 되었다. 아주 황폐해진 밭은 돼지를 치는 곳으로 쓰기도 하는데, 미리 고구마를 재배하여 돼지의 사료로 사용한다. 벼가 자라는 논의 둑에는 토란을 심기도 한다.

니아스 주민에게 농업 이외의 생계 수단으로는 사냥하기, 강에서 물고기 잡기, 가축 기르기, 노동, 기술직 등이 있다. 사냥은 특별히 벼가 싹을 내고 자랄 때 한다. 그 이유는 야생 짐승의 공격에서 농작물을 보호하고, 동시에 단백질을 섭취할 수 있기 때문이다. 사냥의 대상인 짐승은 멧돼지, 작은 노루, 사슴, 박쥐 등이다. 사냥하는 방법은 개를 사용하여 여러 사람이 함께 사냥감을 여러 나뭇잎으로 위장된 그물로 모는 것이다. 그 후에 창이나 쇠칼로 찔러 죽인다. 이외에 날카로운 못이나 함정을 사용하기도 한다. 사냥은 여러 사람이 하기 때문에 잡은 짐승도 여럿이 나누어 가진다.

서 니아스의 시똘루 바누아(sitolu banua) 지역을 예로 들면, 사훌루(sahulu)라고 하는 그물의 주인이 가장 많은 양을 받게 된다. 그 다음은 처음으로 창으로 찌른 사람이 많이 받는다. 그는 함정에 짐승이 있음을 알아낸 사람이기 때문이다. 그 후에는 사냥에 참여했던 모든 사람에게 나누어 준다. 사냥한 고기의 일부는 존경의 뜻으로 마을의 지도자인 뚜해노리, 살라와, 그리고 전도자인 시넹에(sinenge)에게도 준다.

이들은 무구(mugu)라는 물고기도 잡는다. 이는 강에 있는 멸치 종류로서 몇 미터씩 떼를 지어 헤엄치기 때문에 잡기가 매우 쉽다. 물이 아래로 흘러내리는 곳에 그물을 설치하여 쉽게 잡는다. 그물은 여러 가지 종류가 있는데, 화우루(fauru), 가이(gai), 디알라(diala)와 같은 것이 있다.

가축 기르기 중 가장 중요한 것은 돼지 사육이다. 이미 언급한 것처럼 황폐해진 밭에 울타리를 치고, 사료가 될 고구마를 심은 후 돼지를 기른다. 돼지는 수출까지 한 적이 있지만, 현재 수출 양은 매우 줄었다. 돼지 외에도 니아스 주민들은 염소와 소를 기른다. 물소를 사육하는 곳도 있는데, 그곳은 무슬림들이 있는 곳이다.

니아스 사람들의 기술은 옛적부터 수준이 높았다. 기원전부터 니아스 사람들은 금속물건을 만드는 일에 탁월했다. 그들은 여러 종류의 칼을 만드는데, 그 예리함과 아름다움은 다약 사람들의 만다우(전쟁할 때 사용하는 칼)에도 뒤지지 않는다. 청동 주조나 금세공, 돌과 나무 등에 대한 조각 기술도 있었으나, 현재 젊은 세대의 니아스인들에게는 잊혀져 가고 있다.

6) 가족 관계

니아스 사람들의 가장 작은 가족 단위(핵가족)는 상암바또(sangambato)이다. 그런데 중요한 공동체는 부모와 아들들의 가족이 함께 포함된 대가족, 즉 상암바또 스부아(sangambato sebua)이다. 이들은 한 집에 같이 살며, 경제적으로도 하나의 공동체를 이룬다.

한 조상으로부터의 여러 상암바또 스부아의 집합체를 북, 동, 서부 니아스에서는 마도(mado, 성씨족)라고 하고, 중부와 남부에서는 가나(gana)라고 한다. 마도는 바딱 사람들의 성을 일컫는 마르가(marga)와 같다. 마도의 역할 중 가장 두드러진 것은 결혼 대상의 한계를 정하는 것이다. 같은 마도 안에서는 결혼이 불가능하지만, 결혼이 가능한 경우는 같은 조상이 십대 이상이 지난 경우이다. 니아스의 결혼 조건은 결혼 지참금(버위, böwö)이다. 요즘도 몇 몇 지역은 결혼 지참금 액수가 매우 크다. 예를 들면 서부 니아스의 꺼차마딴 시롬부(Kecamatan Sirombu)의 어리 라호미(öri Lahomi)지역에서는 최소한 56㎝(4 alisi) 크기의 돼지 100마리를 주어야 한다. 예전에 결혼 지참금을 채울 수 없었던 남편은 반드시 결혼 전에 신부의 부모를 헌신과 봉사로 섬겨야 했다.

전통적인 니아스의 결혼식은 몇 개의 절차를 통해 이루어진다. 첫 번째는 마매볼라(Mamebola)라고 하는 청혼예식으로 신랑 측에서 신부의 가족들에게 30그램(3pao)의 금을 약혼의 의미로 전달한다. 이때 신부 측에서는 답례로서 돼지의 턱 밑 살, 심장, 간을 삶아서 바구니에 담아 보낸다(니아스 인들에게 돼지의 이 세 가지 부위는 상대방에 대한 가장 높은 존경을 뜻한다). 그 후 3주가 지나면, 신랑 측에서 다시 돼지고기를 삶아 지난 번 받은 그 바구니에 넣어 신부 측에 돌려주는데, 이것을 파물리 볼라(famuli mbola)라고 한다.

두 번째는 결혼식 날짜를 잡는 예식인데 결혼식 비용이 다 모아져야 가능하다. 이 예식의 이름은 판거떠 봉이(fangötö bongi)라고 한다.

세 번째는 결혼식으로 팡오왈루(fangowalu)라고 한다. 결혼식에서는 매우 많은 돼지고기를 잡아서 손님들에게 대접한다. 이는 집안의 부를 자랑하는 의미도 있다. 결혼식이 끝나면 신부는 일종의 가마를 타고 간다. 이때 신랑 혹은 신부 가족들이 지역의 전통에 따라 신부를 신랑의 집까지 데려다 준다.

마지막 절차는 파물리 누차(famuli nucha)라고 한다. 결혼식 2주 후에 신혼부부가 돼지고기 삶은 것을 선물로 가지고 신부 부모님께 인사하러 온다. 이때 2주 전 결혼식 때 빌려서 사용했던 신부용 액세서리들을 돌려준다. 그 의식 후에 새 부부가 돌아갈 때, 신부의 부모님은 그들에게 시겔로(sigelo)라는 돼지 한 마리(이 돼지는 암돼지로서 이때를 위해 통통하게 키워 간직한 것이다)와 볍씨, 그리고 발레와(balewa)라는 칼을 새 부부의 삶을 위한 첫 살림 밑천으로 준다. 그들에게 첫 아이가 태어나면, 딸, 아들 상관없이 그들은 자녀의 아빠, 엄마로서 불리기 시작한다. 예를 들어 자녀의 이름이 로사이면 로사의 아버지, 어머니로서 불리게 되는 것이다. 니아스인들도 테크노니미(teknonymy-부모를 아이의 이름으로 부름)의 전통을 갖고 있는 것이다.

결혼식 외에 니이스 인들의 생활에 중요한 것은 장례식이다. 두 개의 예식이 있는데, 파말락히시(famalakhisi)와 파너러 사뚜아(fanörö satua)이다. 마지막 만찬인 파말락히시는 아버지가 거의 돌아가시게 되었을 때, 아들들이 마련하는 잔치이다. 이때 아버지는 아들들에게 마지막으로 축복 기도를 한다. 이때 아버지께 돼지고기 음식을 차려 드린다. 아들들이 참석해야 하는데, 특히 장남은 반드시 참석해야 한다. 그 이유는 아버지의 축복 기도가 없으면 그 아들의 장래에 많은 어려움이 있다고 믿기 때문이다. 파너러 사뚜아는 돌아가신 이후에 시신을 매장하는 장례 의식이다. 이 의식의 의미는 돌아가신 이의 영혼을 떼떼홀로 아나아(teteholi Ana'a, 영혼의 세계)로 돌려보내는 것이다. 이는 다약 응아주(Ngaju)인들의 띠와(tiwah)나 발리의 응아벤(ngaben) 의식과 같은 것이다.

위에서 언급한 대로, 이 파너러 사뚜아도 소속한 사회의 존경을 받기 위해 자신의 부를 과시하는 장례 의식이다. 이때 잡는 돼지의 숫자는 200~300마리에 이르고, 과거에는 몇 명의 종들이 함께 매장되기도 했다. 그리고 두 가지 장례 의식은 몇 몇 사람들, 특히 기독교를 믿는 부유

한 귀족계급 사이에서 지금까지 행해지고 있다. 그 이유는 가족의 강한 자존심 때문이다.

니아스의 과부와 그 아이들은 삶이 잘 보장된다고 할 수 있다. 니아스에는 과부가 남편의 동생과 결혼하는 풍습이 있기는 하지만 강요되지는 않는다. 니아스의 기독교인들이 주도적으로 시작하여 현재까지 이루어지고 있는 전통이 있다. 이는 6세가 된 남자아이들에게 할례를 하는 것이다. 선교단체(Rheinische Mission Gesellschaft) 측에서 이 전통을 막으려고 한 적이 있었지만, 니아스인들의 거센 반발로 성과를 거두지 못했다

7) 사회생활

1669년 네덜란드인이 들어오기 전, 니아스에는 어리(öri) 또는 너거리(negeri)라고 부르는 자발적으로 이루어진 몇 개의 공동체가 있었다. 각각의 어리는 몇 개의 바누아(banua) 또는 데사(desa)로 이루어져 있고, 바누아는 몇 개의 마도(mado, 성씨족)로 이루어져 있다. 각 어리의 지도자를 뚜헤너리(tuhenöri)라 하고, 각 바누아의 지도자는 살라와(salawa)라 한다.

네덜란드 식민지 하에서는 니아스의 모든 어리와 주위 섬들을 하나로 묶어 하나의 행정단위로 만들어 한 명의 식민정부 주재관이 통치했다. 모든 뚜헤너리는 네덜란드 치하에서도 어리의 지도자가 되었다. 네덜란드로부터 해방된 이후 니아스는 북 수마트라의 한 읍(kabupaten)이 되었다. 니아스의 읍은 현재 13개의 면(kecamatan)으로 이루어져 있다. 각 면은 여러 바누아(desa)로 이루어져 있고, 한 명의 살라와가 지도자로 있다.

옛부터 니아스인들에게는 4개의 사회계층이 있었다. 첫째, 시울루(siulu, 귀족), 둘째, 에레(ere, 토착신앙의 지도자), 셋째, 오노 음바누아(ono mbanua, 보통 백성), 넷째, 사우유(sawuyu, 종) 등이다. 그런데 시울루는 다시 두 종류로 나뉜다. 왕처럼 다스리는 발러 지울루(balö ziulu)와 나머지 귀족인 시울루(siulu)가 그것이다. 오노 음바누아도 두 종류로 나뉘는데, 지혜롭고 현명한 지도자격 평민인 시일라(siila)와 나머지인 사또(sato)가 있다. 마지막으로 천민인 사우유(sawuyu)는 세 종류로 나뉜다. 비누(binu)는 전쟁 포로나 납치되어 종이 된 사람들이다. 손드라라 하래(sondrara hare)는 빚을 갚지 못해 종이 된 사람이다. 홀리또(holito)는 사형에 처해질 사람이었으나 누군가가 몸값을 내고, 목숨을 구원해 준 경우이다. 이 세 종류의 신분 가운데 가장 비참한 것이 비누라고 할 수 있다. 그 이유는 때로 사람을 제물로 쓰는 의식에 뽑히는 종들이기 때문이다.

사회계층의 변동은 같은 계층 내에서만 가능하다. 예를 들면 사또 계층은 시일라 계층이 될 수 있지만, 시울루 계층이 될 수는 없다. 시울루 계층의 사람이 발러 지울루 계층이 되려면, 오와사(owasa)라는 7단계로 구성된 의식을 치러야 하는데, 단계가 오를수록 더 많은 비용이 든다. 과거에 뚜레너리 또는 살라와가 되려면 시울루 계층에서도 발러 지울루 계급에 속해야 했다. 이는 현재도 그러한데, 이유는 그들이 현대식 교육을 받기 때문이다.

전통적인 니아스 사회에도 함께 일하는 할러워 사떠(halöwö satö)가 있었다. 이것은 시울루와 시일라의 대표들이 모여 회의를 한 후에 함께 힘을 모아 일하는 전통이다. 지금도 함께 일하는 모습이 그대로 남아 있다. 이들은 매주 수요일 길이나 다리 등을 보수한다. 그러나 이는 자발적인 것이 아니고, 지방정부의 명령에 의해 이루어진다.

니아스의 사회 기강은 전통법에 의해 이루어진다. 그들은 이 전통법이 떼떼홀리 아나아(Tetaholi Ana'a, 영혼의 세계)의 왕으로부터 왔다고 믿는다. 만약에 법이 시대와 맞지 않아 할 수 없이 바꿀 때에는, 펀드라꺼(föndrakö)를 한다. 이것은 앞으로 새로 정해진 규칙을 지키지 않고, 첫 번째로 어긴 사람에게 속히 사망하라는 저주를 내리는 것이다. 법을 제정할 때에는 그 법을 확고히 세운 후에, 병아리를 제물로 드리는 의식을 행한다. 현재에도 니아스인들은 인도네시아 국가법 외에 전통법을 따르고 있다. 과거에 전통법을 어겼을 경우, 대부분 포가우(fogau)라는 벌금을 내야 했는데, 이때 주로 돼지, 금, 그리고 화폐를 사용했다.

8) 종교

기독교 선교단체(Rheinische Mission Gesellschaft)의 영향으로 대부분의 니아스 인들은 기독교 신자가 되었다. 다른 종교로는 이슬람, 가톨릭, 불교, 그리고 토속종교가 있다. 1967년 현재 각 종교의 신자 수는 다음과 같다. 기독교 295,224명, 이슬람 30,163명, 가톨릭 24,485명, 불교 228명, 토속신앙 2,658명이다. 무슬림 중 많은 수가 미낭까바우, 아체, 그리고 부기스의 후손인 니아스인이다. 반면 불교 신자는 중국인과 피가 섞인 혼혈 니아스인의 후손이다.

펠레베구(Pelebegu)라는 이름은 '혼령 숭배자'라 불리는 외부에서 온 사람들이 전해준 토속 종교 이름이다. 그러나 이를 믿는 사람들이 스스로 부르는 이 종교의 이름은 몰로해 아두(molohe adu, 아두 숭배자)이다. 이 종교의 성격은 조상 숭배이다. 그들은 나무로 아두(adu)라는 우상을 만든다. 조상의 영이 깃들어 있다고 믿는 그 우상을 아두 사뚜아(adu satua)라 부르고, 이를 잘 보관해야 한다고 생각한다.

이들은 모든 인간이 두 개의 몸을 가지고 있다고 믿는다. 거친 몸인 보또(boto)와 부드러운 몸 할루스(halus)가 있다는 것이다. 부드러운 몸은 노소(noso, 숨)와 루머루머(lumölumö, 그림자)로 이루어졌다고 생각한다. 사람이 죽으면, 보또는 흙으로 돌아가고, 숨은 하나님(Lowalangi)에게 돌아간다고 믿는다. 반면에 그림자는 영이 된다. 그들은 아직 벡후(bekhu)라는 장례식을 치르지 않은 때에는 그 영이 무덤 근처에 계속 있다고 믿는다. 왜냐하면 떼떼홀리 아나아(Teteholi Ana'a, 영혼의 세계)라는 저 세상으로 가기 위해서는 고양이를 데리고 엄격하게 지키고 있는 문지기 신을 지나 다리를 건너야 한다고 믿기 때문이다. 장례식을 치르지 않아 아직 죄가 있는 사람은 이 문지기 신이 다리 밖으로 밀쳐 내어 지옥으로 빠진다는 것이다. 지옥의 모습에는 기독교의 영향을 받은 흔적이 보인다. 이 종교에서는 죽은 후의 삶을 이 세상에서의 삶의 연장으로 본다. 부한 사람은 여전히 저 세상에서도 부한 위치에서 살고, 반대로 가난한 사람은 여전히 가난하다는 것이다. 다만 다른 점은 모든 것이 반대라는 것이다. 예를 들면 이곳이 낮이면 그곳은 밤이고, 또한 말도 거꾸로 한다고 믿는다. 이 뻴레배구 종교에는 여러 신들이 있지만 이 중 가장 높은 왕은 로왈랑이(Lowalangi)이다. 라뚜라 다노(Latura Dano)는 지하 세계의 신들의 왕인데, 로왈랑이의 형제 중 가장 나이 많은 형제이다. 실레웨 나사라따(Silewe Nasarata)는 종교 지도자격인 모든 에레(Ere)의 보호자이며, 로왈랑이의 아내이다.

니아스의 신화는 호호(hoho)라는 시에 잘 나타난다. 이 호호라는 시는 전통적인 잔치나 의식에서 아직도 읽혀지고 있고, 기독교인들도 사용한다. 이 호호 안에 나타난 니아스 신화의 내용을 보면, 이 우주와 그 안에 있는 모든 것은 로왈랑이가 시하이(sihai)라는 자신의 지팡이로 여러 가지 색깔의 공기를 혼합하여 만든 것이다. 로왈랑이는 먼저 또라아라는 생명 나무를 만들고, 그 후 이 나무는 변하여 두 개의 열매가 된다. 이 두 개의 열매로부터 첫 번째 부부신이 탄생한다. 남자 신의 이름은 뚜하모라 아앙이 뚜하모라아나아(Tuhamora'aangi Tuhamoraana'a)이고, 여자 신의 이름은 부루띠로앙이 부루띠아라오나아(Burutiroangi Burutiraoana'a)이다. 이들의 후손이 하늘의 백성들이 된다. 그리고 시라오 우우 지허너(Sirao Uwu Zihönö) 신이 이들의 왕이 된다. 이 왕에게는 세 명의 아내가 있고, 각 아내들은 세 명의 아들을 낳는다. 이 아홉 명의 아들들은 아버지가 왕의 자리에서 내려오려고 할 때, 서로 왕이 되고자 싸운다. 이들은 궁전 입구 광장에서 아홉 개의 또호(toho)라는 창을 세워 놓고, 그 위에서 춤추는 실력을 겨룬다. 이를 통해 막내인 루오 메오나(Luo Mewona)가 왕이 된다. 아버지(Sirao)는 여덟 명의 아들을 위해 니아스 땅으로 그들을 내려 보낸다. 이때 루오 메오나도 형들과 함께 자신의 장남인 실로구(Silogu)를 같이 내려 보낸다. 그곳이 지금의 서부 니아스, 까차마딴 만드래헤(Keca-matan Mandrehe), 너거리 울루 모로오(negeri Ulu Moro'o), 히암바누아 오노몬드라(Hiambanua Onomondra)지역이다. 시라오의 여덟 아들 중에서는 네 아들만이 무사히 내려와서, 니아스 지역의 마도(mado, 성씨족)들의 조상이 되었다. 그리고 왕의 다른 아들들은 내려오는 과정에서 사고를 만나 니아스의 조상이 되지 못하였다. 예를 들면, 바우와나도 히아(Bauwadano Hia)라는 아들은 너무 몸이 무거워서 땅을 뚫고 들어가서 다오 자마야 따너 시사거러(Da'o Zamaya Tanö Sisagörö)와 다오 자마야 따너 새볼로(Da'o Zamaya Tanö Sebolo)라는 큰 뱀들이 되었다고 한다. 그리고 다른 아들들은 물에 떨어져 강의 귀신, 즉 모든 어부들의 우상이 되거나, 바람에 밀려서 나무에 걸린 후 변하여 사냥꾼의 우상인 숲의 귀신이 되고, 어떤 아들은 라라가(Laraga, 구눙 시똘리 도시에서 12킬로 떨어진 곳)라는 돌이 많은 지역에 떨어져 칼에도 몸이 상하지 않은 신통한 사람들의 조상이 되었다.

니아스의 문화에는 야아호우(Ya'ahowu)라는 인사말이 있는데, 이것은 '하나님의 축복이 있기를'이라는 의미를 가지고 있다. 다른 사람에 대한 관심과 행복을 능력 있는 신께 맡기는 것이다. 달리 말하면, 이 말 속에는 관심과 책임감, 존경, 지식을 존중하는 자세가 있다고 볼 수 있다. 어떤 사람이 이런 자세를 보인다면, 그 뜻은 다른 사람의 성공과 행복을 진심으로 바란다는 것이다. 즉, 그냥 무관심하게 듣고만 있는 것이 아니라 그 사람이 말하지 않은 깊은 필요까지도 헤아리고 그 사람을 있는 모습 그대로 존경한다는 뜻이다. 결론적으로, 야아호우라는 인사말은 함께 발전하기 위해서 서로가 함께 평화롭게 형제애를 가지고 살아야 함을 나타내고 있다.

3. 먼따와이족

1) 인구

1920년에 먼따와이 군도를 방문했던 사람들의 보고에 의하면, 말라리아와 여러 질병으로 인해 먼따와이의 인구가 줄어들고 있다고 하였다. 인구에 관한 가장 오래된 기록은 영국 공무원인 마르스덴(W.Marsden)의 공무기록이다. 이것은 1796년도 수마트라에 대한 것이다. 이 해에 먼따와이 군도의 인구는 대략 1,400명으로 되어 있다. 그러나 이 수치는 실제보다 매우 낮아 보인다. 그 이유는 다른 기록물에서는 19세기 중반의 먼따와이의 인구가 11,000명이 넘는 것으로 기록되어 있기 때문이다. 1930년에 이루어진 인도네시아 정부의 인구조사에서는 18,000명 이상으로 나와 있고, 1966년 먼따와이 기독교 선교 단체(Piamian Kristen Protestan Mentawai)의 기록에는 전체 인구가 20,000명이 넘는 것으로 되어 있다. 그리고 이 지역의 인구는 계속적으로 증가하여 2014년 현재 78,511명이 되었다.

먼따와이족의 몸에는 문신이 그려져 있다.

2) 마을의 모습

네 개의 섬으로 구성된 먼따와이 군도는 열대의 울창한 숲으로 뒤덮여 있고, 그 대부분은 개간된 적이 없는 천연림이다. 네 개의 늘어선 섬

가운데로 길게 산맥이 지나가는데 그 산맥으로부터 수십 개의 작은 강들이 급경사를 따라 빠르게 흐른다. 바다에서 바라보면 먼따와이의 섬들은 마치 무인도처럼 보인다. 그 이유는 해안에는 아무 것도 없이 야자수가 줄지어 서 있고, 그 뒤에는 열대식물들이 우거진 울창한 숲만 보이기 때문이다. 보통 마을은 강의 하류에 위치하지만, 해변으로부터 늘 2~5 km 안쪽에 있다. 이들은 우거진 초목들에 가려서 바다에서는 보이지 않는다. 전에는 이 시골마을들을 락가이(laggai)라고 불렀으나, 요사이는 깜뽕(Kampung)이라 부르고 있다. 마을의 이름은 대부분 그 마을이 위치한 강의 이름과 같다. 예를 들면, 시베룻 섬의 시마딸루(Simatalu)마을은 시마딸루 강의 하류에 위치한다. 시뽀라 섬의 시오반 마을은 시오반 강의 하류에 위치한다. 북 빠가이(Pagai Utara) 섬의 마또베(Matobe) 마을은 마또베 강에 위치하고, 다른 곳도 이런 식이다.

평균적으로 먼따와이 군도의 한 마을 주민의 수는 150~200명 정도이다. 그러나 가끔 북 빠가이 섬과 시베룻 섬에는 500명 이상이 되는 큰 마을도 있다. 예전에는 각 깜뽕은 보통 뻐루마한(perumahan)이라고 하는 3~5개의 지역으로 이루어져 있었다. 각 뻐루마한은 우마(uma)라고 하는 마루가 넓고 큰 가옥으로 이루어져 있다. 그 우마의 주변에 기둥을 세우고 작은 집들을 짓는데, 마당에는 많은 과일나무가 있다. 그리고 숲속 큰 나무 밑에는 밭을 만든다. 우마 주변의 작은 집들은 보통 40~50채 정도인데, 여기에는 랄릅(lalep)과 루숙(rusuk)이 있다. 랄릅은 공식적으로 결혼한 부부가 거주하는 곳이고, 루숙은 아직 공식적 부부가 되지 않은 신혼부부가 거주하는 곳이다.

먼따와이족이 멧돼지 사냥하러 가는 모습

멧돼지 사냥에 성공한 먼따와이족

우마라는 집은 크고 호화로운 건물로서 길이는 20~25m, 폭은 약 10m 정도이다. 땅으로부터 마루까지는 1.5~2m 정도인데, 그 사이에는 기둥들을 세우고 매우 견고한 마루를 만든다. 하늘로 높이 솟은 지붕 꼭대기는 바닥에서부터 10m가 넘기도 한다. 우마는 앞부분과 옆에 있는 계단들을 이용한다. 어느 방향에서든지 쉽게 테라스에 이를 수 있다. 그리고 앞에 있는 출입문을 열면 앞쪽에 있는 큰 방으로 들어갈 수 있다. 그 큰 방을 지나면 가운데 작은 복도를 중심으로 좌우로 3~4개의 작은 방들이 있다. 앞 쪽의 큰 방은 신성하게 여겨지는 곳이다. 안쪽의 작은 방들은 잠자는 방이다. 우마는 부계의 친척들이 모여 회의를 하거나 종교적 의식이나 잔치 등을 할 때 사용된다. 앞의 큰 방에는 우마의 구성원에게 어떤 신성한 능력이나 기운을 준다고 믿는 일종의 부적과 같은 물건들을 모아둔다.

1920년경부터 빠가이 섬과 시뿌라 섬에서는 우마의 종교적 사용이 많이 줄었다. 그래서 화려한 건물들이 남아 있기는 하지만 주로 마을의 일반적 행사나 행정업무, 학교로 사용되고 있다. 그러나 우마는 교회로는 사용된 적이 없다. 교회는 늘 교회 건물을 사용한다. 루숙도 원래의 기능을 잃어버리고, 모임 장소로 사용되거나, 젊은이들 혹은 손님들에 의해 사용된다.

3) 생계 수단

먼따와이 사람들의 생계 수단 중 한 가지는 농사이다. 이를 위해 남자들은 숲을 개간하는데, 가시덤불과 작거나 중간 크기의 나무를 베어 내는 것으로 시작한다. 가지와 줄기, 무성한 잎 등은 잘게 잘라서 몇 주 동안 땅에 내버려 두어 말린다. 먼따와이 지역의 건기는 그리 길지 않기 때문에 이 작업을 할 때는 시기를 잘 맞추어야 한다. 그리고 우기가 오기 전에 말린 나뭇가지와 나뭇잎, 가시덤불은 불에 태워야 한다. 태우고 난 재는 파종하기 전에, 땅을 비옥하게 하는 비료가 된다. 그 후의 일들, 즉 파종, 잡초 제거, 수확 등은 거의 여성들이 한다. 파종에는 끝이 뾰족한 나무 막대기(tongkat tugal)를 사용한다. 파종 전에 땅을 고르는 작업은 없고, 물을 대는 작업은 온전히 자연적인 비에 의존한다. 주요 작물은 토란(keladi)과 고구마(ubi jalar)이며, 그 외에 중요한 작물은 쌀, 바나나, 파파야, 사탕수수, 야채들, 양념 재료, 그리고 약재 등이다. 벼는 중앙아시아 전체에서 가장 많은 작물이지만, 먼따와이에서는 재배된 지 오래 되지 않았다. 버려진 밭에는 여러 가지 과일나무를 심는다. 이 나무들은 주로 생육 기간이 긴 것들인데, 주로 빵나무(pohon sukun), 두리안, 야자수 등이다. 이 나무들이 열매 맺는 시기는 모두 다르다. 바나나와 야자수 열매는 주로 중국 중개상들과 일정 시기에 배를 타고 오는 빠당 사람들에게 팔린다.

농사와 함께 중요한 생계 수단의 하나는 어업이다. 일반적으로 남녀 구분 없이 언제든지 혼자 물고기, 조개, 게 등을 잡는다. 강이나, 늪, 바다, 어디서든지 가능하다. 그러나 물고기 중에는 일정한 시기에만 잡히는 종류들도 있고, 바다에서 여러 사람이 같이 잡아야만 하는 것들도 있다. 여기에는 낚시, 창, 여러 가지 그물을 사용하는데, 그 외에도 물에 독을 타서 잡는 방법도 자주 사용된다. 이 마지막 방법은 물이 강과 늪에 가득한 만조가 되었을 때 사용한다. 만조 후에 물이 나가지 못하도록 막고 좁은 물길을 만들어 그 물길로 독이 들어가게 한다. 결국은 간조가 되어 물이 빠져 나갈 때, 약에 취한 물고기들도 같이 나오게 된다. 그때 건져내기만 하면 된다.

남자들만의 독특한 생계 수단으로서 사냥이 있다. 보통은 2~3명이 하지만, 종종 우마 단위로 하거나 여러 우마가 함께 하기도 한다. 이때 사냥감은 주로 사슴이나 돼지이다. 사슴이나 돼지는 사냥개를 이용하여 한쪽으로 몰아서 잡는데, 한쪽으로 몰아오면 모여 있던 사람들이 활을 쏘아 잡는다. 이외에 원숭이, 새 등은 총이나 손으로 잡기도 한다.

4) 사회생활

먼따와이의 사회생활에 있어 가장 중요한 것은 껄루아르가 바띠 (keluarga batih, 핵가족)라고 할 수 있다. 이 껄루아르가 바띠는 남편과 아내가 작은 집에 살고 있는 형태이다. 일반적으로 부부는 각각 다른 우마에서 태어나 동일한 마을(desa)에 살고 있었던 사람이다.

16~20세 정도의 남자는 다른 우마 출신의 여러 소녀들과 사귀며 성관계를 갖게 된다. 이것은 여자들도 마찬가지로 같은 마을의 남자들과 사귀며 성관계를 갖는다. 그런 과정 중에 아이가 태어나면, 이 아이는 여자의 부모가 키우게 된다. 남녀 두 사람이 오랜 관계를 갖게 되면, 남자는 상대 여자의 부모에게 그들이 앞으로 루숙(rusuk)에서 함께 살 것임을 알린다. 또한 모든 친구들과 이웃들에게도 그들이 앞으로 루숙에서 함께 살게 될 것임을 알린다. 이때 의식은 없고, 다만 각각의 집을 방문하여 알린다. 이러한 루숙 관계에서 태어난 아이들은 할 수 있는 한, 그들의 부모들이 맡아 키우게 된다. 그러나 젊은 부모들은 앞날을 위해 일해야 하므로 둘 다 매우 바쁘게 살아간다. 남자는 더욱더 그러하다. 여

러 날 집을 떠나 등나무를 찾으면 곧바로 중개상들이 있는 마을로 가서 팔고 집으로 돌아온다. 또는 다른 일이 있을 때에도 집을 떠난다. 그리고 아내도 밭일이나 물고기를 잡느라 바쁜 생활을 한다. 그래서 자녀들은 아내의 부모에게 자주 맡기게 된다.

남자는 보통 40세 정도 되면 빵나무, 야자수 등을 심는다. 야자수와 바나나, 등나무 등을 팔아 많은 돈을 모으고 아이들도 자라서 생계를 도울 수 있게 되면, 그들은 우마에서 화려한 결혼식을 한다. 이를 통해 그들은 정식으로 남편과 아내가 되고 이 가족은 랄릅(lalep)이 된다. 그들은 루숙보다 더 크고 좋은 집을 짓든지, 아니면 시가로 들어가 살게 된다. 새 집에는 주술적인 물건과 부적을 채워 넣고, 화려한 의식을 한 후 들어간다. 이 단계에서는 가족 구성원도 변하는데, 일반적으로 늙으신 부모님을 모시고 같이 거주한다. 그리고 아이들은 저마다 짝을 만나 루숙 생활을 시작한다. 그러나 루숙 생활을 하는 자녀들의 아이들, 즉 손자들은 이들이 맡아 키우게 된다.

랄릅 집에 사는 사람은 이제 우꾸이(ukkui)라고 불리기 시작하며, 사회에서 매우 존경을 받는 인물이 된다. 그러나 동시에 사회적 책임도 늘어난다. 우마에서 이루어지는 여러 조상숭배 의식과 갖가지 모임들에 책임을 져야 한다. 또한 우마 안에서 여러 사람이 협력하여 행하는 사냥이나 물고기 잡이 등도 지도를 해야 한다. 이외에도 그는 여러 가지 문제들과 뿌넨(punen)이라고 하는 토속신앙의 절기 등도 주관해야 한다.

먼따와이 군도에 대해 연구된 글들을 보면, 토속신앙에는 뿌넨이라는 쉬는 절기가 있다고 보고되고 있다. 모든 우꾸이들은 이러한 기간 동안에 몇 가지 음식을 금식해야 하고, 밭에서 하는 일이나 사냥, 물고기 잡기, 그리고 여성과 성관계를 가지는 것을 피해야 한다. 이러한 일들이 중요하다고 생각하는 사람은 더욱 많이 절제한다. 그러나 반대로 그렇지 않은 사람(orang-orang mandi)은 일상 생계를 위한 활동을 하면서 조금만 절제하면 된다. 이 외에도, 보통 노인들의 뿌넨 시기는 젊은 사람의 뿌넨 시기와 다르다. 또한 여자의 뿌넨 시기도 남자들의 뿌넨 시기와 다르다. 이는 매우 합리적인 것이다. 왜냐하면 한 사회에서 뿌넨 때문에 여러 날 동안 모든 사회, 경제 활동이 정지된다면 많은 문제가 발생할 것이기 때문이다. 그런데 현대에 들어서는 이 뿌넨의 전통이 많이 줄어들었고, 더구나 경제생활과 생계활동에 관계된 것들은 더욱 줄었다. 지금은 뿌넨이라는 단어의 뜻 자체가 공휴일이 되었고, 기독교의 절기가 되었다.

시베룻 섬에서 볼 수 있는 우마를 중심으로 한 사회생활의 중요한 의미는, 우마를 중심으로 한 하나됨의 힘이다. 보통은 아버지가 주도하여 12~15세가 된 아들이나 딸이 우마의 구성원이 되게 한다. 이때 다른 집의 나이가 비슷한 아이들과 같이 구성원이 되는 의식을 하게 된다. 우마에 있어 이 의식은 매우 큰 잔치라고 할 수 있는데, 이때 문신을 하는 의식은 중요한 것으로 여겨진다. 이렇게 어린 나이에 우마의 구성원이 되지만 의무적으로 참여하는 것은 40세가 넘어서 굳건한 사회적 지위를 갖고 랄릅의 가정을 가질 때이다.

앞에서 설명했듯이 우마는 부계의 친척으로 이루어진 친족 공동체이다. 그러나 이 공동체는 보통 50~100명의 구성원으로 이루어진다. 이 큰 가족(muntogat)의 구성원 중에는 서로 다른 마을(desa)에 흩어져 살았거나, 다른 섬으로부터 건너온 가족도 있다. 이곳의 사람들은 성을 쓰지 않고 큰 가족의 이름을 쓰기 때문에 같은 우마일지라도 여러 가지 이름을 가지고 있다. 예를 들면, 사바발랏(Sababalat), 사볼라(Sabola), 사모뽀(Samopo), 사길릭(Sagilik), 뚜비깟(Tubikat) 등이 있다.

빠가이와 시뽀라 섬에는 26개 정도의 큰 가족(Muntogat)이 있다. 이 중 몇 몇은 시말링가이(Simalinggai) 가족처럼 몇 개의 마을(desa)에 흩어져 살고 있는 경우가 있다. 또 어떤 큰 가족들은 너무 커서 몇십 개의 마을(desa)에 살고 있는 경우도 있다. 이들은 심지어 시베룻, 시뽀라 섬에 살고 있을 뿐 아니라 두 개의 빠가이 섬에도 살고 있다. 이렇게 큰 가족은 사바발랏, 사끼아닷, 뚜비깟 가족 등이다. 이렇게 큰 가족은 보통 그들의 조상에 대한 신화를 갖고 있다. 그러나 이 조상 신화들이 먼따와이 사람들의 사회생활이나 전통에 실제적으로 큰 영향을 주지는 않는다. 과거에도 그러했고, 지금도 마찬가지이다.

남자가 세상을 떠나면, 그의 재산은 아내의 재산과 분리되어 자녀들에게 나누어 준다. 랄릅(lalep)은 아들, 딸 구분 없이 이제까지 같이 살아온 자녀에게 돌아간다. 토란 밭, 바나나나무 등은 딸들에게 주어진다. 그러나 빵나무와 야자나무, 배, 물고기 잡는 도구, 무기, 그리고 현대적 물건 즉 배의 엔진, 트랜지스터, 양복 등은 아들들에게 주어진다. 양자는 보통 아무 것도 받지 못하고, 친부모에게서 유산을 받는다. 부인이 데려왔던 아이들도 아무 것도 받지 못한다. 그들은 엄마나 친부에게서 유산을 받는다. 그리고 자녀가 없을 때에는, 유산은 친형제들에게 나누어 준다.

먼따와이 마을들은 비록 작지만 그 안에 크게 두 개의 계층이 있다. 시바깟 락가이(sibakkat laggai)와 따이또이(taitoi)이다. 전자는 전에 그 마을을 세운 사람들의 후손으로 구성된다. 이들은 마을의 땅을 소유하고 있는 오래된 종족들이다. 따이또이 계층은 그 후에 유입된 종족들로 이루어져 있다. 이처럼 땅이 시바깟 락가이 사람에게 속해 있기 때문에 따이또이 사람이 땅에 밭을 개간하거나 집을 짓고자 할 때에는 매번 시바깟 락가이 가족의 지도자에게 반드시 허락을 받아야 한다. 그리고 이때에는 전통에 따라 반드시 그 지도자에게 선물을 주어야 한다.

과거 먼따와이에는 리마따(rimata)라고 부르는 사람이 있었다. 이 사람의 가장 중요한 역할은 우마 건물과 우마에 속한 주술적인 물건들을 보호하고, 우마 공동체와 관련된 의식과 활동을 계획하고, 지도하고, 진행하는 것이다. 이 일을 위해 두 명의 보조인의 도움을 받는다. 그러나 기독교가 전파된 1920년경부터 우마를 중심으로 한 사회적 활동이 줄어들면서, 우마의 여러 의식도 점점 없어졌다. 그리고 우마가 종교적 중심으로서의 역할을 하지 않게 되면서, 그동안 사회의 신성한 존재였던 리마따의 역할도 사라지게 되었다. 1954년부터 빠가이와 시뽀라 섬에서는 리마따를 더 이상 볼 수 없게 되었다.

현재 먼따와이 사회의 가장 작은 행정단위는 에르떼(Rukun Tetangga)이다. 이는 과거에 우마와 그 주위에 둘러선 집들의 공동체가 리마따의 지도 아래에 있던 것과 같은 것이라고 할 수 있다. 몇 개의 에르떼(RT)가 모여서 하나의 깜뿡(kampung)이 되고, 깜뿡에 한 명의 장(kepala kampung)이 있다. 그리고 몇 개의 깜뿡이 모여 하나의 꺼차마딴(kecamatan)이 된다. 남북 빠가이 섬을 합한 하나의 꺼차마딴에는 17개의 깜뿡이 있다. 모든 먼따와이 지역은 부빠띠(bupati)와 같은 직급의 꺼빨라 나가리(kepala nagari) 아래에 있다.

먼따와이 사람들은 후릿그물로 고기잡이를 한다.

5) 종교

먼따와이 사람들의 종교로는 기독교와 가톨릭, 그리고 이슬람이 있다. 한 기독교 교단(Piamian Kristen Protestan Mentawai)에 의하면, 시쁘라와 빠가이 섬에는 55%의 기독교, 34%의 가톨릭, 그리고 11%의 무슬림이 있다고 한다. 이 지역의 1966년 기독교인의 숫자는 11,268명이고, 가톨릭교인 숫자는 688명이며, 무슬림은 233명이다.

먼따와이 군도에는 공식적으로 토속 종교를 가진 사람은 없지만 아직도 시베룻 섬의 작은 마을에서는 우마를 중심으로 한 의식들이 남아 있다. 이 외에도 토속 종교의 모습은 장례와 매장 의식에 아직 남아 있다. 한 예로, 시체를 넣는 관이 배의 모양을 하고 있다. 이는 세상을 떠난 영혼이 바다를 건너 저편에 있는 세상으로 간다고 믿기 때문이다. 또 다른 예로, 무덤에 시체를 매장하기 위해 관을 메고 갈 때에, 일반적으로 이용하는 길을 사용하지 않는다. 이를 고집하는 이유는 이미 죽은 사람이 사용하던 길로 가게 되면, 그 영혼이 다시 생존 시의 집으로 돌아가려고 한다고 믿기 때문이다.

기독교의 선교사들도 기독교의 개념을 전하기 위해 과거 토속신앙의 개념들을 사용하였다. 예를 들면, 과거의 토속신앙에는 켓삿(ketsat)이라는 조상의 영혼에서 유래한 마법 또는 영적 능력이 있다. 먼따와이의 기독교에서는 이 켓삿을 성령을 지칭하는 이름으로 사용한다. 물론 먼따와이의 토속 종교는 많은 영혼과 정신적인 개념들을 가지고 있다. 시마개래(Simagere)는 사람을 살게 하는 '혼'이다. 사불룽안(Sabulungan)은 막룩 할루스(makluk halus)로서 죽은 사람의 몸으로부터 떨어져 나와 저 세상으로 가거나, 또는 인간이 살고 있는 땅이나 물속, 숲속 큰 나무 주변 등에 있다고 믿는다. 께레(kere)는 영적 능력 또는 마법을 지칭한다. 끼나(kina)는 집에 살고 있는 영으로서 집, 특히 우마를 보호한다. 사니뚜(sanitu)는 사람을 해치고, 질병과 재앙을 가져오는 악한 영이다. 많은 사니뚜가 죽은 사람의 영으로부터 왔다고 생각한다. 따이까마누아(taikamanua)는 저 세상 영혼들의 지도자이다. 저 세상은 이 세상과 바다를 사이에 두고 있는 똑같이 생긴 것이다. 이들의 다른 점은 저 세상이 이 세상에 비해 훨씬 아름답고 완전하다는 것이다.

선한 영과 악한 영이 현세에까지 영향을 미친다는 생각에 대한 사람들의 반응은 각 개인마다 다르다. 먼따와이 사람들의 일상을 보면 기독교와 가톨릭의 일원으로서 매주 그리고 기독교 절기마다 예배의 의무를 이행하고 있다. 이 예배를 드릴 때에 그들의 믿음과 내면의 상태가 어떤

지는 각 개인에게 달렸다고 볼 수 있다. 교육을 받은 사람이라면 여러 종류의 사불룽안(Sabulungan), 사니뚜(Sanitu) 등등에 대해 알고 있다. 그러나 이런 지식은 진(Jin, 요정), 사탄, 귀신(hantu) 등에 대해 들었거나 또는 전통 와양 이야기 속에 나오는 데와 나라다(dewa Narada), 데와 스리(dewa Sri), 데와 깔라(dewa Kala) 등의 이야기를 들은 것과 같은 수준이다. 이제는 먼따와이 사람들도 더 이상 조상숭배 의식을 하지 않는다. 그러나 우마와 관련된 주술적인 잔치를 하는데, 이는 새 집을 짓고 축하(selamatan) 행사를 하는 것과 비슷하다. 그리고 어떤 사람들은 가끔 조상을 위해 음식을 차리기도 한다.

과거 먼따와이 사회에 있던 무당을 시꺼래이(sikerei)라고 한다. 일반적 무당과 마찬가지로 병을 고치는 일이 가장 많이 요구되었다. 무당은 이 병의 원인을 물리치는 초자연적 마법을 사용한다. 병의 원인은 첫째, 영혼이 몸으로부터 빠져나가서, 둘째, 몸속에 악한 영이 들어가서, 셋째, 몸속에 어떤 물체가 들어가서, 넷째, 금기를 어겨서 등이다. 그래서 무당은 질병의 원인에 따라서 그에게 맞게 초자연적 마법을 사용하여 빠져나간 영혼을 다시 제자리로 돌아오게 하거나, 악한 영을 나가게 하거나, 물체를 몸으로부터 꺼내거나, 금기를 어긴 상태를 자연스런 상태로 되돌린다고 한다.

병을 고치는 것 외에도 무당은 건설적인 마법을 행하고, 부적을 만들어 어떤 사람이 물고기 잡기, 사냥, 또는 농사일에 많은 수확을 거둘 수 있게 한다. 해충이나 농사를 망치는 모든 나쁜 것들을 제거하는 부적도 있다. 무당은 또 초자연적 방법으로, 뼈들이 흩어진 모양이나, 새가 날아가는 방향과 새의 우는 소리, 꿈속에 나타난 것들, 또는 여러 가지 다른 것들을 보고 미래를 점치기도 한다. 그런데 일반적으로 무당은 그의 아버지에게서 일을 전수받는다. 대부분의 시꺼래이는 남자이지만 가끔 여자도 있다. 그런데 빠가이 섬에서는 시꺼래이의 일이 금지되고, 이 일을 하는 사람은 감옥에 간다. 그러나 시베룻과 시뽀라 섬에서는 아직도 많은 사람이 이 무당을 믿고 있기 때문에 금지하기 어렵다고 한다.

Kodiran, "Kebudayaan Jawa", Koentjaraningrat, *Manusia dan Kebudayaan di Indonesia*, Jakarta: Djambatan, 2007.
양승윤, 박재봉, 김긍섭,『인도네시아 사회와 문화』, 한국외국어대학교 출판부, 1997.

제 3 부

깔리만딴 섬의 주요 종족과 문화

다약(Dayak)족*

1. 거주 지역과 인구

다약족은 깔리만딴 섬에 퍼져 살고 있는데 보통 오지에 많이 산다. 다약족에는 여러 종족이 있다. 따라서 다약이라는 말은 한 종족만이 아니라 여러 종족을 가리키는 것이다.

다약족은 거주지에 따라 여러 종족으로 나뉜다. 첫 번째는 다약 푸난(Dayak Punan)족이다. 이 종족은 중부 깔리만딴에 있다. 다약 푸난 사람들은 유목 생활을 하여 외부 사회와 격리되어 있다. 두 번째는 다약 올라 응아주(Dayak Ola Ngaju)족과 다약 올라 옷(Dayak Ola Ot)족이다. 이들은 동남부 깔리만딴에 있다. 세 번째는 다약 카얀(Dayak Kayan)족이다. 이들은 북부 깔리만딴에 정착해 산다. 네 번째는 다약 마아난(Dayak Ma'anyan)족이다. 이들은 남부 깔리만딴, 특히 시웅(Siung) 강가와 바리토(Barito) 강가에 많이 살고 있다. 마지막으로 다약 케냐(Dayak Kenya)족, 다약 옷 다눔

---

* 누를리따 뿌스삐따사리(Nurlita Puspitasari) / 번역가

(Dayak Ot Danum)족, 다약 이반(Dayak Iban)족 등은 깔리만딴 섬에 퍼져 있는 오지에서 산다.

2010년의 인구조사에 의하면, 다약족 인구는 약 300만 명이다. 다약 사람들은 일반적으로 생계를 위해서 밭을 경작하거나 사냥을 한다. 옛날부터 다약 사람들은 집 근처에 있는 땅을 경작하곤 했다. 그러나 논에 벼를 심는 자와(Jawa) 사람들과 달리 다약 사람들은 밭에 벼를 심는다. 그리고 고구마, 카사바, 고추, 바나나, 과일 등도 심는다. 밭을 경작할 때 혼자 하지 않고 이웃이나 친구들과 같이 한다. 깔리만딴의 땅은 별로 비옥하지 않기 때문에 한 곳의 밭에서만 경작하는 것이 아니라 여러 개의 밭을 이동해 가면서 경작한다.

수확기를 기다리면서는 멧돼지나 조류와 같은 사냥감을 찾는다. 또는 강에 가서 물고기를 잡아먹는다. 그러나 가축을 사육하는 기술을 알게 된 후에는 돼지나 닭을 사육하기 시작했다. 그런데 닭보다는 돼지를 더 많이 사육하고 있다. 왜냐하면 돼지에게 줄 음식물을 찾기가 쉽기 때문이다. 또 다른 이유는 예식을 치를 때 돼지고기를 많이 사용하기 때문이다.

다약 사람들은 세공품을 잘 만든다. 남자들은 밭을 경작하고 사냥을 하는 반면 여자들은 세공품을 만든다. 보통 돗자리, 바구니, 모자 등 여러 물건을 만들어 판다. 다약 사람들은 보통 이런 일을 하면서 살아간다. 그러나 요즘에는 교육을 잘 받은 사람들이 기술자나 공무원으로 일하기도 한다.

다약족 할머니의 미소   다약족 여인들

2. 종교

다약 사람들은 귀신, 영혼 등과 같은 것을 믿는다. 현재 기독교, 가톨릭, 이슬람 등의 종교를 가진 사람도 있지만 옛날부터 전해 내려온 토속신앙을 가진 사람이 많다. 그 토속신앙은 카하링안(Kaharingan)이라고 하는데 카하링안 신자들은 이 세상의 모든 곳에 영혼이 살고 있다고 믿는다. 예를 들면 큰 바위, 큰 나무, 숲, 물 등에 영혼이 있다는 것이다. 그 영혼들은 가난(ganan)이라고 한다. 가난은 사는 곳에 따라 다른 이름을 가지고 있다. 일반적으로 좋은 가난과 나쁜 가난이 있다.

이외에도 다약 사람들의 인생에 아주 중요한 영혼이 있는데 그것은 조상신이다. 다약 사람들은 사람이 죽으면 영혼이 몸을 떠나서 란닝(Ranying)이라는 가장 높은 신을 만날 때까지 바위, 나무 등 자연물 속에 산다고 믿는다. 따라서 카하링안은 다약족의 문화, 풍습 등 일상생활에도 영향을 미친다.

3. 예식과 풍습

다약족은 여러 가지 예식과 풍습을 가지고 있다. 위에서 언급한 바와 같이 다약족의 예식과 풍습은 카하링안을 반영한다. 즉 통과의례에 카하링안이 반영되어 있다. 예를 들면, 지금까지 잘 지키고 있는 예식 중 하나인 우파차라 티와(Upacara Tiwah) 같은 것이다.

우파차라 티와는 죽은 사람과 관련된 예식이다. 그것은 시신을 매장한 지 오래됐을 때 무덤을 다시 파내서 해골을 산둥(sandung)이라는 곳으로 옮기는 일이다. 산둥은 죽은 사람을 위해 특별히 만든 작지만 화려한 집과 같은 곳이다.

가족 중 한 명이 죽으면 바로 우파차라 티와를 하는 것이 아니라 여러 명이 죽은 후 정해진 시간에 하는 것이다. 그래서 이 예식은 크게 한다. 다약 사람들은 죽은 사람의 영혼이 천국으로 무사히 갈 수 있고 잘 도착할 수 있도록 우파차라 티와를 한다.

4. 전통 결혼식

다약족의 전통 결혼식은 각 종족마다 다르다. 여기에서는 다약 응아주족의 결혼식에 대해 설명하겠다. 전통 결혼식은 펑안텐 만다이(Penganten Mandai)라고 한다. 다약 응아주족의 결혼식에는 여러 과정이 있다.

먼저 신랑은 가족과 함께 무리를 지어 신부의 집에 간다. 그때 신랑의 가족 중 존경받는 여자가 신부의 가족에게 줄 물건들을 들고 간다. 신랑이 신부의 집에 도착하면 신부의 가족은 울타리 안에서 신랑을 환영한다. 신부 가족의 대표는 신랑 가족에게 집에 온 목적을 물어보고 신랑 가족의 대표는 신부 집에 온 목적을 설명한다. 그 다음에 신랑과 신랑의 가족은 신부의 집에 들어가기 전에 대문 앞에 있는 파수꾼과 전투를 벌여야 한다. 신랑은 신부의 가족에게서 자신이 이겼다는 것을 인정받은 후에 대문 앞에 펼쳐져 있는 줄을 자른다. 그 다음에 신랑은 집 문 앞에서 계란을 발로 깨뜨려야 하고 쌀과 동전을 땅에 뿌려야 한다. 그러한 일은 결혼 후에 두 사람의 가정이 늘 평화롭고 안전하게 번영할 수 있도록 하기 위한 것이다. 신부의 방에 들어간 후에 돗자리에 앉아서 두 가족의 대표들은 서로 대화한다. 그리고 두 가족은 더 친할 수 있도록 포도주를 같이 마시면서 이야기를 한다. 그 다음 과정은 신랑이 신부를 만나기 전에 먼저 지참금과 결혼 예물을 드리는 것이다. 그리고 관습법에 따라 두 사람의 결혼이 인정받으려면 신랑과 신부는 부모 앞에서 먼저 결혼 약속 증명서에 서명해야 한다. 그리고 결혼식이 끝나기 전에 각 가족은 신랑과 신부에게 축복을 한다.

5. 독특한 관습

다약족은 독특한 관습을 가지고 있다. 그것은 틀링아 판장(telinga panjang)이라고 하는 관습이다. 틀링아 판장은 귀가 길다는 뜻이다. 그러나 다약 사람들이 모두 틀링아 판장을 하는 것은 아니다. 이러한 관습을 가지고 있는 다약족은 다약 푸난, 다약 이반, 다약 카얀, 다약 케냐, 그리고 다약 타만(Dayak Taman)이다. 그리고 보통 여자들만 이러한 관습을 지킨다. 귀를 길게 만들기 위해 크고 무거운 귀걸이를 한다. 귀를 길게 만드는 이유는 여러 가지이다.

다약 카얀은 귀족들만 귀를 길게 만든다. 여자들에게 귀족의 정체성을 보여 준다는 것이다. 귀를 더 길게 만들기 위해 여자들은 금속으로 만든 무거운 귀걸이를 한다. 귀걸이 크기는 팔찌와 좀 비슷하다. 그런 귀걸이를 함으로써 귀가 길어지게 된다.

다약 카얀과 달리 다약 타만은 귀를 길게 늘어지게 하기 위해 금속 귀걸이를 많이 사용하지 않는다. 그리고 다약 타만은 귀족뿐만 아니라 모든 여자들이 귀를 길게 만든다.

다약 이반이 귀를 길게 만드는 이유는 인내심이 강한 사람이 되기 위해서이다. 매일 무거운 귀걸이를 해서 인내심을 키운다. 틀링아 판장은 아픔과 어려움을 견딜 수 있고 이겨낼 수 있다는 것을 보여 준다. 그래서 이 관습을 통해서 인내심이 강한 사람이 될 수 있다.

한편, 다약 케냐는 여자들만 아니라 남자들도 틀링아 판장을 한다. 그러나 여자와 남자는 귀의 길이가 다르다. 남자들은 어깨까지만 귀를 길게 만들 수 있는데 여자들은 가슴까지 귀를 길게 만들 수 있다. 귀를 길게 만들기 위해 보통 아이가 한 살 때 귀를 뚫는다. 그 후, 매년 한 개의 귀걸이를 추가한다. 그리고 귀걸이 양식은 사람마다 다를 수 있다. 그것은 성과 신분에 따라 결정된다. 즉 귀족과 일반인의 귀걸이 양식은 같지 않다.

또한, 마하캄(Mahakam)강 상류에서 살고 있는 다약 사람들도 틀링아 판장을 한다. 그러나 의미는 좀 다르다. 귀에 매달려 있는 귀걸이는 그

귀걸이를 한 사람의 나이를 상징한다. 아이가 태어날 때 귀를 뚫고 매년마다 귀걸이를 추가한다. 그래서 그 사람이 몇 살인지 알 수 있다.

하지만 세월이 흐르면서 틀링아 판장 관습을 지키는 사람은 점점 줄어들고 있다. 왜냐하면 그러한 관습은 시대에 뒤떨어진 것으로 생각하기 때문이다. 그래서 요즘에는 예전에 귀를 길게 만든 사람이 귀를 자르는 경우도 있다. 현재 긴 귀를 가진 사람은 노인밖에 없을 정도로 틀링아 판장 관습은 사라지고 있다.

6. 전통 옷

다약족에게는 특별한 옷이 있다. 그것은 불랑(bulang)이다. 불랑의 종류는 여러 가지이다. 그 중 하나는 무당들이 입는 불랑 쿠룽(bulang kuurung)이다. 불랑 쿠룽은 세 가지 종류가 있다. 사펙 탕안(sapek tangan)이라는 민소매 옷, 도콧 탕안(dokot tangan)이라는 반소매 옷, 그리고 랑케(langke)라는 긴소매 옷이다. 남자들이 입는 불랑 쿠룽은 검은색이고 천의 가장자리에는 넓이가 3㎝ 되는 빨간색 리본이 있다. 그리고 여자들이 입는 불랑 쿠룽은 남자의 불랑 쿠룽과 비슷하지만, 옷소매가 반소매이고 단추는 천으로 만든다.

또 다른 종류의 불랑은 불랑 부라이 킹(bulang burai king)이다. 이 옷은 아주 유명하다. 다약 가정마다 이 옷을 가지고 있다. 왜냐하면 예식 때 이 옷을 많이 입기 때문이다. 불랑 부라이 킹은 특징이 있다. 그것은 많은 구슬로 옷을 꾸미는 것이다. 또한 이 옷을 입을 때 보통 새털로 만든 머리띠와 팔찌를 착용한다.

그리고 남자와 여자의 옷은 이름이 다르다. 남자 옷은 사페이 사팍(sapei sapak)이라고 하고 여자 옷은 타아(ta'a)라고 한다. 남자들은 조끼와 같은 것을 상의로 입고 아벳 카옥(abet kaoq)이라는 바지를 하의로 입는다. 여자들은 사페이 이눅(sapei inoq)이라는 상의와 치마를 입고 울렝(uleng)이라는 구슬로 만든 목걸이를 한다. 그리고 여자 노인들은 다아(da'a)라는 판단(pandan)잎으로 만든 머리띠를 한다. 옷 색깔은 검은색이다. 무늬는 보통 동물이나 나무 등으로 되어 있는데, 각 무늬마다 의미를 가지고 있다. 예를 들면, 호랑이나 엥강(enggang) 새 무늬는 귀족이라는 의미를 가지고 있고, 식물무늬는 일반인이라는 의미를 가지고 있다. 이런 옷들은 특별한 행사 때 입는다.

7. 전통 집

다약족의 전통적인 집을 베탕(betang)이라고 한다. 베탕은 깔리만딴 섬에 많이 있는데 특히 강 상류에서 쉽게 찾을 수 있다. 왜냐하면 옛날에는 다약 사람들이 강 상류에 많이 살았기 때문이다. 베탕은 다약족의 문화의 중추라고 할 수도 있다. 왜냐하면 거의 모든 생활 활동을 베탕에서 하기 때문이다.

베탕의 특징은 높이와 길이에 있다. 다약 사람들은 베탕을 높고 길게 짓는다. 높이는 보통 땅에서 약 3~5m, 길이는 30~150m, 그리고 폭은 10~30m이다. 베탕 안에서는 수십 가구가 살 수 있다. 한 집에 100~

150명의 사람이 같이 산다. 베탕의 내부에는 방이 많은데, 한 방에는 한 가구가 산다.

다약족 집

베탕은 호화스러운 집이 아니라 그냥 평범한 집이다. 그러나 베탕은 깊은 의미를 가진다. 그것은 단결이다. 베탕에서 여러 사람과 같이 사는 것은 다약 사람들이 평화와 화합을 중요하다고 생각하고 이것들을 지키고 싶어 한다는 것을 보여 준다. 베탕에서 살면서 다약 사람들은 서로 이야기할 수 있고 친하게 지낼 수 있다. 그래서 다약 사람들은 이러한 관습을 보존하고 싶어 한다.

8. 음식

다약족에게는 다양한 음식이 있다. 그 중 하나는 사유르 움붓 클라파

(sayur umbut kelapa)라는 음식이다. 사유르 움붓 클라파는 코코넛나무의 옹이로 만든다. 먼저 코코넛나무의 옹이를 끓여서 양념한 다음에 고기나 생선을 넣어 요리한다. 이 음식을 밥과 같이 먹는다. 결혼식이나 장례식 등 예식 때 이 음식이 상 위에서 빠지는 경우는 없다.

절구 찧는 다약족 여인들

그리고 사유르 움붓 클라파와 비슷한 음식이 있다. 그것은 사유르 움붓 로탄(sayur umbut rotan)이다. 또는 주후 싱카(juhu singkah)라고도 한다. 이 음식은 특히 중부 깔리만딴에 많이 있다. 이 음식은 코코넛나무의 옹이로 만드는 것이 아니라 등나무의 싹으로 만든다. 등나무의 밑둥에서 보통 새로 나오는 싹이 있는데 그 싹을 요리하는 것이다. 싹을 깨끗이 씻고 잘게 썬 다음에 향신료와 같이 요리한다. 이 음식은 보통 구운 생선과 같이 먹는다.

또 다른 음식은 르망(lemang) 또는 풀룻(pulut)이라는 것이다. 르망은 다른 지역에도 있지만 특히 서부 깔리만딴에서 많이 볼 수 있다. 이 음식은 앞에서 설명한 두 가지의 음식과 달리 밥과 같이 먹지 않는다. 왜냐하면 이 음식은 쌀로 만들기 때문이다. 만드는 방법은 다음과 같다. 먼저 대나무 안에 바나나 잎을 깔고 쌀을 넣는다. 그리고 코코넛 우유를 넣어서 불에 굽는다. 보통 결혼식이나 예식을 할 때 이 음식을 만든다.

9. 전통 춤

다약족에게는 여러 가지 전통 춤이 있다. 그 중에서 세 개의 춤에 대해서만 설명하겠다.

첫 번째는 칸쳇 파파타이(Kancet Papatai) 또는 칸쳇 프파타이(Kancet Pepatay)라는 춤이다. 이 춤은 전쟁에 대한 춤인데, 다약 케냐의 영웅이 적과 싸우는 것을 이야기한다. 이 춤의 안무는 활동적이며 날쌔고 열정적이다. 춤을 추는 사람은 다약 케냐의 전통 옷을 입고, 방패, 창, 그리고 전쟁할 때 사용하는 무기 등을 가지고 춤을 춘다.

두 번째 춤은 칸쳇 레도(Kancet Ledo)이다. 칸쳇 레도는 여자들이 추는 춤이다. 이 춤은 용감함과 강함을 보여 주는 칸쳇 파파타이 춤과 달리 여자의 온순함을 보여 준다. 여자의 온순함은 바람에 맞아서 움직이는 벼처럼 표현된다. 이 춤을 출 때 여자들이 전통 옷을 입고 엥강(enggang)새의 깃털을 열 개의 손가락 사이에 끼어 넣어서 잡는다. 그리고 여자들이 큰 징과 같은 인도네시아의 전통악기인 공(gong) 위에서 이 춤을 춘다. 그래서 이 춤을 공 춤이라고도 한다.

마지막 춤은 칸쳇 라산(Kancet Lasan)이다. 이 춤은 여러 명이 같이 추는 춤이 아니라 한 사람이 혼자서 추는 춤이다. 이 춤은 칸쳇 레도 춤과 비슷하다. 그러나 이 춤은 공과 엥강 새의 깃털을 사용하지 않는다. 그리고 칸쳇 레도 춤은 여자의 온순함을 표현하지만 칸쳇 라산 춤은 엥강 새의 삶을 표현한다. 다약 케냐 사람에게 엥강 새는 영웅적인 위대함을 상징한다. 그래서 엥강 새를 귀하게 여기는 것이다.

10. 물질문화

다약족에게는 특별한 물질문화가 있다. 그것은 함파통(hampatong)이라는 조각상이다. 함파통은 나무나 뼈로 사람, 동물, 그리고 무서운 괴물을 만든다. 함파통은 일반적으로 크기에 따라 두 가지로 나뉜다. 즉 작은 함파통과 큰 함파통이다. 작은 함파통의 크기는 20㎝가 넘지 않는다. 작은 함파통과 큰 함파통을 만드는 방법은 크게 다르지 않다. 그러나 보통 작은 함파통은 큰 함파통보다 더 세밀하게 만든다.

작은 함파통은 카로헤이(karohei)와 페냥(penyang)으로 나뉜다. 카로헤이는 무역, 재산, 낚시, 미작, 그리고 세공품과 관련된 것이며, 페냥은 전쟁이나 소송과 관련된 것이다. 한편 큰 함파통은 타자한(tajahan)과 파타호(pataho)로 나뉜다. 타자한은 우파차라 티와와 같은 죽음과 관련된 것이다. 그리고 파타호는 마을을 지켜주는 함파통이다.

함파통은 여러 가지 목적으로 사용된다. 또한 함파통은 다약족의 종교 제도에 있는 기능에 따라 다양한 이름을 가진다. 예를 들면, 카로헤이 타타우(karohei tatau)라는 이름을 지닌 작은 함파통을 집 안에 놓아두면 복이 많이 오고 건강도 유지되며 수확물이 많아진다고 한다(Vredenbregt, 1981: 32).

지금까지 다약족에 대해서 살펴보았다. 이 외에도 다약족에 대한 정보는 많지만 간략하게 설명했다. 아무쪼록 이 글이 다약족에 대해 알고 싶어 하는 사람들에게 조금이라도 도움이 되기를 바랄 뿐이다.

Koentjaraningrat, *Manusia dan Kebudayaan Indonesia*, Jakarta: Djambatan, 1990.

Vredenbregt Jacob, *Hampatong: Kebudayaan Material Suku Dayak di Kalimantan*, Jakarta: PT Gramedia Jakarta. 1981.

http://carapedia.com/mengenal_jenis_jenis_tarian_suku_dayak_info4199.html

http://inibangsaku.com/telinga-panjang/

http://kaltim.tribunnews.com/2011/11/11/paleo-budaya-tani-suku-dayak-lundaye-di-krayan

http://kamuslife.com/2012/09/jenis-jenis-tarian-tradisional-suku-dayak-kenyah kalimantan.html

http://kebudayaanindonesia.net/kebudayaan/1054/rumah-adat-betang

http://semangatku.com/1463/sosial/budaya/ketahui-apa-saja-mata-pencaharian-suku-dayak/

http://sp2010.bps.go.id/files/ebook/kewarganegaraan%20penduduk%20indonesia/index.html

http://radaronline.co.id/2014/01/03/kebudayaan-suku-dayak/

http://www.anneahira.com

http://www.anneahira.com/mata-pencaharian-suku-dayak.htm

http://www.backpackerborneo.com/2014/04/umbut-rotan-menu-khas-masyarakat-dayak.html

http://www.ceritadayak.com/2012/04/makanan-khas-suku-dayak-menyuke.html

http://www.indonesiakaya.com/kanal/detail/dayak-kuping-panjang

http://www.indonesia.travel/id/destination/583/pontianak/article/75/rumah-betang-dayak
    -warisan-tradisi-leluhur-suku-dayak

http://www.kutaikartanegara.com/senibudaya/index.php?menu=Seni_Tari_Dayak

http://www.sigmanews.co.id/id/read/3622/pakaian-adat-suku-dayak.html

http://www.tempo.co/read/news/2012/04/14/201396970/Sayur-Umbut-Kelapa-Makanan
    -Warisan-Leluhur-Dayak

http://www.wisatakaltim.com

http://www.wisatakaltim.com/berita/tradisi-telinga-panjang-suku-dayak/

이반(Iban)족*

1. 머리말

이반족의 문화를 한마디로 말하면 '단순하다'이다. 이반족은 복잡한 것을 싫어한다. 이반족은 단순한 삶을 즐긴다. 필자가 이반족을 처음 만난 때가 1991년이다. 선교사로 파송되기 전에 이반족에 관한 소개를 한국 선교사로부터 전해 들은 것은 하나님의 은혜였다. 처음 선교활동을 하면서 이반족에 관한 책을 일부러 읽지 않았다. 왜냐하면 이반족에 관한 편견을 가지지 않으면서 내가 접하는 것을 그대로 느끼고 싶었기 때문이다. 그래서 이반족에 관하여 더 많은 의문점을 가지게 되었고 이반족들과 만나면서 그 해답을 발견하려고 했다. 그러나 서양 선교사들과 이반족이 기록한 서적을 섭렵하면서 이반족 문화에 대한 뚜렷한 이미지를 가지게 되었다.

인도네시아에서는 깔리만딴 원주민을 모두 다약(Dayak)이라고 부르고

---

* 허석구 / 선교사

있지만, 이반족은 특별히 바다족(Sea Dayak)으로 불리고 있다. 이반족은 산 위에 거주해도 큰 강을 끼고 살고 있다. 말레이시아에서는 아예 이반 사람(Orang Iban)으로 불리고 있다. 이반족은 배를 잘 만들어 타고 다닌다. 보르네오의 깔리만딴과 말레이시아 사라왁에는 국경이 있지만 이반족들은 명절이 되면 여권 없이 그냥 걸어서 친척들을 만나고 한 달 만에 돌아오는 경우가 허다하다. 국경수비대가 있지만 서로들 아는 사이라서 눈인사로 여권을 대신하고 있는 것이다. 행정구역은 서양 사람들이 그어놓은 것이어서 이반족에게는 별 의미가 없다. 그들에게는 친척 친구를 만나는 것이 우선인 것이다. 이러한 이반족의 삶을 이해하기 위해 먼저 이반 종족의 유래, 거주 지역과 인구, 외모와 성격, 생활과 문화(종교, 가족 형태, 마을지도자, 전통적 집의 모양, 관습, 음식, 주요 생계활동, 교육) 등에 대해 언급한 후 별도로 통과의례(출생, 청혼, 혼인, 이혼, 장례 등)에 관하여 지면을 할애하고자 한다.

2. 이반족의 유래

이반족이 캄보디아로부터 도래했다는 설이 있지만 신빙성은 없어 보인다. 이반족의 언어와 생활을 볼 때 수마트라 북부에서부터 깔리만딴 섬으로 이주해 왔다고 보는 설이 정설에 가깝다. 전해오는 노래 가운데 사우디아라비아 메카 부근에 있던 부족이 이슬람교를 떠나서 도착한 곳이 북 수마트라였다는 노래가 있기 때문이다. 사우디아라비아 상인들이 북 수마트라에 도착하니 다시 이반족은 깔리만딴의 까뿌아스(Kapuas) 강변으로 이주했던 것이다. 중동의 상인들이 깔리만딴에 또 들어오자 대다수의 이반족들은 높은 산을 넘어서 말레이시아 사라왁으로 이주해 버렸다. 이반족들은 돼지고기 음식을 즐긴다. 이슬람교는 돼지고기 음식을 금기로 삼고 있으니 이반족들은 점점 이슬람교와 멀리 떨어진 곳으로 이주해 버린 것이다.

이반족이 사용하는 언어 가운데 마녹(manok)이란 단어가 있다. 북 수마트라 사람들은 이해하지만 일반 인도네시아인들은 알지 못하는 단어이다. 마녹은 닭이라는 뜻이다. 깔리만딴에 살던 소수의 이반족 사람들이 북 수마트라로 가서 이반족 언어를 북 수마트라에 퍼지게 했다는 것은 자연스럽지 못하다. 오히려 북 수마트라에 살던 이반족들이 배를 타고 깔리만딴 밀림 속으로 이주해 와서 살다가 또 이슬람교를 피해서 사라왁으로 이주했다는 설명이 자연스럽다.

사라왁 밀림 깊은 산속에 거주하고 있는 이반족이 산족이 아니라 바다족이라는 사실이 필자에게 처음에는 이해가 되지 않았다. 그러나 그들의 조상이 해적이었다는 이유를 들었을 때 이러한 설명은 가능하게 여겨졌다. 19세기와 20세기에 말라야, 태국, 수마트라까지 이반족이 이동하면서 무역을 하였다는 기록이 있다(http://en.wikipedia.org/wiki/Iban_people, 2014.9.5).

이반족들은 최고의 신을 가리켜 알라 따알라(Allah Taalah)라고 부르고 있다. 이는 아랍어에서부터 비롯된 전능한 신이라는 뜻이다. 알라 따알라는 일반 인도네시아인들이 전혀 모르는 단어이다. 이반어가 인도네시아어와 50% 정도 상통하는 것을 보아서 이반족은 인도네시아의 어떤 부족이었음에 틀림없다. 해적 동맹을 믈라유족과 맺은 것을 보면 이반족은 믈라유족과도 관계가 있다. 그들의 언어 가운데 이슬람교도들이 사용하는 아랍어가 간간이 섞여 있는 것을 보아도 중동에서부터 바다를 이용해서 수마트라와 깔리만딴으로 이주한 족속임을 추론할 수 있다. 그렇다면 수마트라에서부터 깔리만딴으로 이주한 사라왁 이반족은 언제 어떤 경로를 통하여 사라왁으로 들어 왔을까? 엄삐앙 자부(Empiang Jabu)에 의하면 이반족은 16세기 중엽에 사라왁에 처음 자리 잡았던 것이 확실하다고 보고 있다(Empiang Jabu, "Historical Perspective of the Iban", in The Sarawak Museum Journal, Special Issues No.4, Part IV Iban, Chinese and Indian Cultural Heritage Seminars held in conjunction with 25th Anniversary of Independence, vol. XL, No.61, Kuching, Sarawak: The Museum, 1989, p.27).

이반족 학자인 베네딕 산딘에 의하면, 까뿌아스 계곡을 넘어온 이반족은 운둡(Und up)강, 아이(Ai)강, 스꺼랑(Skrang)강, 사리바스(Saribas)강을 끼고서 흩어져 살았다. 까뿌아스 계곡을 따라 오지 않은 이반족은 다뚜(Datu) 만에서 살았고, 또한 브루나이에 가까운 머루두(Merudu) 산에서 살았다고 한다. 다시 말해서, 이반족 후손들은 인도네시아 깔리만딴으로부터 까뿌아스(Kapuas) 강, 다뚜(Datu)만(灣), 머루두산(Merudu Hill) 등 세 갈래의 이주 경로를 통하여 사라왁 지역으로 들어왔는데, 이 중에서 가장 중요한 것은 까뿌아스강이다(Benedict Sandin, The Sea Dayaks of Borneo before White Rajah Rule, pp.4 21 passim).

보르네오 인도네시아의 머라까이(Merakai)강 상류에 살던 이반족 걸룽안(Gelungan)과 그의 추종자들은 지금의 운둡(Undup)강과 머라까이강 사이에 있는 발라우 울루(Balau Ulu) 산에 정착했다가 얼마 후에 사동(Sadong)강 하류로 이동했다. 이반족 추장 랑꿉(Langkup)과 절리안(Jelian)은 각각 사라왁 남서부 운둡 하류에 정착했다(Benedict Sandin, "Early Iban Migrations", in The Sarawak Museum Journal, Special Monograph No.7, Sources of Iban Traditional History, vol. XLVI, No.67, Kuching, Sarawak: The Museum, 1994, p.147).

운듭강을 넘어가는 철교는 스리아만 삼거리에서 버뚱(Betong) 방향으로 자동차를 타고 가면 20분 거리에 있다. 다른 이반족 추장 삼바스(Sambas) 는 보르네오 인도네시아에서부터 사라왁으로 이주해 와서 운듭(Undup)강 어귀에 있는 부낏 발라우(Bukit Balau)에 정착했다. 삼바스 이후에 준땅 (Juntang), 알리(Ali), 링까이(Ringkai), 물록(Mulok)이 추장직을 이어받았다 (Ibid., 149).

이반족은 수마트라에 거주하기 전에 어디에 살고 있었을까? 오래 전부터 구전되어 오는 이반족 전설에 그 정보가 들어 있다. 베네딕 산딘 (Benedict Sandin)의 글을 인용하면 다음과 같다.

바다족 전설에 의하면, 그들의 조상들은 아주 오래 전에 중동에서 살았다. 이러한 중동설(Middle Eastern 'origin')은 가장 오래된 그들의 족보에서 언급되고 있다. '부장 강감(Bujang Ganggam)은 넓은 숲에서 살고 있네. 부장 머러띠(Bujang Mereti)는 광야에서 살고 있네. 그리고, 부장 비악(Bujang Biak)은 땅을 찾기 위해 모자를 취하네.' 이 부장(총 각)은 저무는 햇살에 등이 거무스레한 꾸망(Kumang, 저승에 산다고 하 는 아름다운 여인)이 지키는 요정의 나라에서 살았다. 이 나라는 저승 의 강바닥 밑에 있는 달팽이를 찾는 루롱(Lulong, 꾸망의 누이)의 나라 이기도 하다. 전설에 의하면, 이 땅은 무슬림들의 순례지인 메카 성지 의 맞은편에 위치하고 있다(Benedict Sandin, The Sea Dayaks of Borneo before White Rajah Rule, p.2).

따라서 이반족의 전설에 의하면, 이반족은 중동의 어느 지방에서 살다가 북부 수마트라로 이주해 온 것으로 보인다. 그 후 그들은 다시 보르네오의 깔리만딴으로 와서 살다가, 까뿌아스 계곡을 따라서 지금의 사라왁으로 이주해 온 것이다. 이반족 빠띵기 엉아단(Patinggi Ngadan)은 인도네시아의 까뿌아스 강을 따라서, 사라왁의 바땅 루빠르(Batang Lupar)강을 지나서, 사리바스(Saribas)강을 통하여 버똥(Betong)에 도착한 후 바뚜 린땅(Batu Lintang)에 정착했다. 베네딕 산딘은 빠띵기 엉아단의 할아버지 빠띵기 구랑(Patinggi Gurang)이 수마트라 사람이며 이반족의 조상이라고 기록하고 있다(Benedict Sandin, "Early Iban Migrations", in The Sarawak Museum Journal, pp.152-53). 수마트라에서부터 이반족이 넘어왔다는 사실뿐만 아니라, 이반족 조상의 이름이 기록에 나타나 있는 것은 놀라운 사실이다.

3. 거주 지역과 인구

이반족이 거주하는 곳은 보르네오 섬이다. 너반(Neban) 혹은 바다족(orang Dayak Laut)이라고 불리는 이반족은 말레이시아 사라왁(Sarawak)에 대부분 거주하고 있다. 사바(Sabah), 브루나이(Brunei), 인도네시아 서부 깔리만딴(Kalimatan)에도 거주하고 있다.

1) 동말레이시아 사라왁

이반족이 많이 사는 곳은 동말레이시아 사라왁의 라장강(Rajang River), 시부(Sibu), 까삣(Kapit), 송(Song), 사리께(Sarikei), 빈땅고르(Bintangor), 빈뚜루(Bintulu), 미리(Miri)이다.

2) 동말레이시아 사바

사바주에 이반족이 극소수 살고 있다.

3) 브루나이(Brunei)

말레이시아 사라왁과 사바의 중간에 있는 브루나이에도 이반족이 거주하고 있다.

4) 인도네시아 서부 깔리만딴(West Kalimatan)

서부 깔리만딴은 깐뚜(Kantu), 아이따분(Air Tabun), 섬버루앙(Semberuang), 서바루(Sebaru'), 부가우(Bugau), 무아랑(Mualang) 등으로 크게 구별된다.

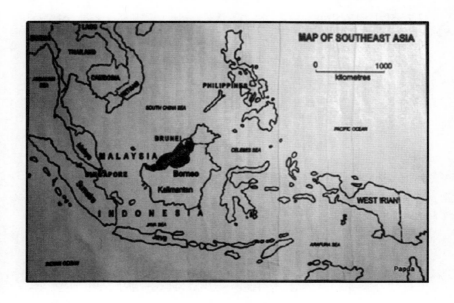

보르네오에 거주하는 이반족, 즉 말레이시아, 브루나이, 인도네시아에 있는 이반족을 모두 합하면 830,000명으로 추산되고 있다. 사라왁에 650,000명, 브루나이에 30,000명, 깔리만딴 섬에는 150,000명의 이반족이 살고 있다. 위키피디아 2014년 발표에 의하면, 동부 깔리만딴(East Kalimantan, Kalimantan Timur)의 총 인구 115,741명, 행정 수도 사마린다(Samarinda), 서부 깔리만딴(West Kalimantan, Kalimantan Barat)의 총 인구 546,439명, 행정 수도 뽄띠아낙(Pontianak), 중부 깔리만딴(Central Kaliman-tan, Kalimantan Tengah)의 총 인구 368,654명, 행정 수도 빠랑까라야(Palang-karaya), 남부 깔리만딴(South Kalimantan, Kalimantan Selatan)의 총 인구 913,908명, 행정 수도 반자르마신(Banjarmasin), 북부 깔리만딴(North Kalimantan, Kalimantan Utara) 행정 수도 딴중 서로르(Tanjung Selor)의 총 인구는 동부 깔리만딴에 합산되어 있다. 북 깔리만딴 주는 2012년 10월 25일에 신설된 주이기 때문이다(http://en.wikipedia.org/wiki/Kalimantan, 2014.9.29). 이 통계에 따르면 깔리만딴의 이반족은 깔리만딴 인구의 1% 남짓 된다.

4. 외모와 성격

이반족 남자들은 대체로 수염을 깨끗이 깎는다. 왜냐하면 수염을 기르면 귀신같다고 여기기 때문이다. 이반족 남자들의 키는 평균 160㎝ 정도이고, 여자들은 남자보다 평균 10㎝ 작다. 남자는 평소에 상의를 벗고 있다. 날씨가 덥기 때문이다. 요즘도 할머니들, 중년 부인들이 상의를 벗고 일하는 모습을 가끔 목격할 수 있다. 외부 손님이 오면 얼른 상의를 입기도 한다.

스란잔 앙꽁 잘롱 주민인 이반족, 오른쪽에서 두 번째 세 번째는 전도자 부부

발가락은 모두 펴져 있어서 높은 언덕이나 나무를 쉽게 오를 수 있다. 남자들은 문신을 하고 있다. 가슴에 용을 그린 사람도 있고 장딴지에 낚시 바늘 문양을 한 사람들도 있다. 낚시 바늘 숫자는 몇 사람을 죽였다는 그들의 암호이기도 하다. 이반족은 문신으로 꽃모양을 선호하고 있다. 그들의 눈매는 어질게 보이지만 자세히 보면 반짝이면서 상당히 날카로운 빛을 발하고 있음을 알 수 있다. 이반족의 조상이 해적임을 감안할 때 그 후손들에게도 영향을 미치고 있다고 해도 과언이 아닐 것이다. 남자들 가운데 건장하고 잘 생긴 사람도 눈에 띄며, 여자들 가운데에도

예쁜 사람들이 더러 보인다.

이반족의 성격은 조용한 편이다. 별로 말이 없이 가만히 쳐다보고 있다. 아이들은 울지 않는다. 울다가는 타 부족의 희생이 되기 때문일까? 위치 노출을 해서는 안 되는 밀림 생활에서 대대로 이어져 내려오는 전통이 새로 태어난 아이들에게도 전수된 것인지 도무지 어린 아기 울음소리를 밀림에서 듣기 어렵다.

이반족은 평소에는 유순하게 보이지만 머리 베기(head hunting) 혹은 전투 시에는 잔인한 면을 보이는 족속이다. 그래서 타 족속들은 이반족으로부터 멀리 떨어져 산다고 한다. 룬바왕(Lun Bawang) 족속들이 깊은 산속에 사는 이유를 필자가 물어보니 이반족이 겁나서 그들로부터 도보로 일주일 이상 걸어야 닿을 곳으로 피해서 살고 있다고 답했다. 룬바 왕족은 머리가 엄청 크고 몸도 우람하게 생겼지만 이반족에 비해서 소수부족이기 때문에 대부족인 이반족을 피해서 산다는 것이었다.

이반족들이 떠들썩하게 이야기하고 음식을 나누어 먹고 노래를 부르면 안전한 분위기이다. 그러나 아무런 말을 하지 않고 침묵이 계속되면 매우 심각한 분위기인 것을 알아야 한다. 이반족은 성이 났을 때 아무런 말을 하지 않는다. 예를 들면, '갑'이 '을'을 괴롭히면 '을'은 '갑'에게 대꾸하지 않는다. 그러나 '을'은 마음속으로 '한 번만 더 나를 괴롭히면 너의 목은 달아날 것을 네가 알 것이다'라고 말하고 있다. '갑' 또한 '을'의 그런 마음을 익히 알고 있다. 그러므로 '갑'과 '을'은 아무 말도 하지 않는다.

이반족은 단순한 것을 좋아한다. 주거 모양도 직선이요 일자(一字) 모양이다. 계단도 통나무 하나에 홈을 파서 걸쳐 놓는다. 장례식 때 운구하는 방식도 한 개의 긴 대나무를 사용해서 시신이 담긴 궤를 옮긴다.

이반족은 정직함을 조상 대대로 물려받았다. 정직하지 못하거나 도둑질을 하다가 발각되어 안 좋은 소문이 나면 마을에서 쫓겨날 뿐만 아니라 이반족 사회에서 살아가기도 힘들다. 필자는 20년간 이반족과 함께 했지만 분실 사고가 한 건도 없었다. 한번은 이반족 청년들과 점심 식사를 하러 식당을 찾았는데 15명 되는 이반족 청년들은 모두 배낭과 가방을 길에 쌓아 놓고 아무런 걱정도 하지 않고 걸어 다녔다. 점심을 해결하고 다시 가방 쌓아 둔 곳에 와 보니 그대로 있었다. 필자에게도 가방을 길에 놓아두고 가도 된다고 권했지만 가방 안에는 여권이 들어 있었기 때문에 그렇게 할 수 없었다.

반가운 손님에게는 숙식을 제공하는 것이 이반족의 아름다운 풍속이다. 20명 이상 되는 한국 청년들이 선교 활동을 하면서 3박 4일 정도 이반족 마을에 머물 경우에 이반족의 쌀독은 쑥쑥 내려가게 되어 있다. 그러므로 선교팀은 작은 도시에서 쌀과 부식, 채소, 식용유, 설탕 등을 충분히 구입하여 이반족 마을에 도착하는 즉시 전달하는 것이 좋다.

한 번은 필자 혼자 이반족 마을에서 하룻밤을 묵게 되었다. 10인용 되는 손님방에서 혼자 자려고 하는데 젊은 20대 부부가 아기 한 명과 함께 내 옆에서 같이 잠을 청하는 것이 아닌가? 그 다음날 아침에 필자는 그들의 풍속을 참 아름답고 좋게 생각한다고 말했다. 그랬더니 젊은 남편은 손님을 혼자 자게 버려두는 것이 미안해서, 그리고 손님이 외로울까 싶기도 하고 손님을 보호하고 도와드리기 위해서 함께 잤다고 대답했다. 정말 이반족의 풍속과 그들의 마음씨가 곱지 않은가?

5. 생활과 문화

1) 종교

사라왁 주민들의 주된 종교는 기독교(44%)와 이슬람교(30%)이다. 기독교에는 로마 가톨릭, 성공회, 감리교, 보르네오 복음주의 협회, 침례교가 있다. 많은 사라왁 기독교인들은 비(非) 말레이족이다. 이반족의 44%가 기독교이다. 이슬람은 사라왁에서 두 번째 큰 종교이다. 불교는 세 번째 종교이다(13.5%). 도교와 토속 불교(6%)는 중국인들 사이에서 신봉되고 있는 네 번째 종교이다. 특별히 이반족들은 종족 종교를 신봉하고 있으며 가와이 꺼냐랑(Gawai Kenyalang), 가와이 안뚜(Gawai Antu)를 아직도 행하고 있다(http://en.wikipedia.org/wiki/Sarawak, 2014.9.29).

이반족들은 정령숭배(animism)를 하고 있다. 모든 사물에는 영이 깃들어 있다고 이반족은 믿고 있다. 조상을 숭배하며 조상의 영을 잘 달래야한다는 사상을 이반족은 가지고 있다. 귀신을 겁내고 귀신을 쫓든지 달래든지 해야 아무런 우환이 없다고 이반족은 믿고 있다. 서부 깔리만딴의 종교로는 이슬람교(59.22%), 로마 가톨릭(22.94%), 기독교(11.38%), 불교(5.41%), 유교(0.68%), 힌두교(0.06%)가 있다(http://en.wikipedia.org/wiki/Kalimantan, 2014.9.29).

중부 깔리만딴의 종교로는 이슬람교(74.3%), 기독교(16.4%), 힌두교(10.7%), 로마가톨릭(3.1%), 불교(0.1%)가 있다(http://en.wikipedia.org/wiki/Central_Kalimantan, 2014.9.29). 그리고 남부 깔리만딴의 종교로는 이슬람교(96.67%), 기독교(1.32%), 힌두교(0.44%), 로마가톨릭(0.44%), 유교(0.01%)가 있다. 위키피디아 2014년 발표에 의하면, 인도네시아 깔리만딴 섬에는 기독교가 6.4%

정도이다. 그러나 필자의 조사에 의하면 2010년 깔리만딴의 종교 비율은 다음과 같다.

주	인구	이슬람교	기독교	가톨릭	힌두교	불교	유교
서부 깔리만딴	3,550,586	82.3	16.4	–	0.58	0.78	–
동부 깔리만딴	4,393,239	59.0	11.4	23.0	0.06	5.4	0.68
중부 깔리만딴	2,202,599	74.0	16.0	3.1	10.7	0.1	0.01
남부 깔리만딴	3,626,119	89.0	1.3	0.44	0.44	0.32	–
북부 깔리만딴	738,163	–	–	–	–	–	✓

2) 가족 형태

이반족 사회에서 가족은 가장 기본적인 자치적 경제 단위이다. 옆 집 쌀독이 비어도 다른 가족은 그에 대한 책임이 없다. 사유재산을 인정한다. 이웃은 함께 사는 이웃일 뿐이다. 대가족이 같은 지붕 밑에서 산다. 요즈음은 젊은 층과 장년들이 돈벌이나 공부하러 도시로 나간 가정이 많기 때문에 롱 하우스에는 다섯 살 미만 어린이들과 노년층들이 남아있는 경우가 대부분이다. 초등학교 1학년만 되어도 학교가 있는 다른 마을에 유학을 가기 때문에 학생들을 거의 볼 수 없다. 한 번은 전염병이 발생해서 휴교가 된지라 어린이들이 많아서 마침 롱 하우스를 방문한 한국 청년들이 교회 학교를 열 수 있었던 때도 있었다.

이반족은 철저한 일부일처제이다. 성(姓)은 아버지의 이름을 따르며, 자신의 이름은 자녀들의 성(姓)이 된다. 출생, 입양, 결혼, 불륜의 관계로 인한 경우에 가족이 될 수 있다. 한 가족 당 5명~7명 정도의 자녀를 두고 있다. 다른 마을에서 입양해 온 아이들이 자라서 결혼하여 살고 있는 것을 목격할 수 있다. 입양된 아이는 원래 어느 마을 누구의 아이였는데 이 마을에 와서 살게 되었다는 것을 알고 있다. 이반족의 가족을 빌릭(bilik)이라고 말한다. 이는 방(房)도 되면서 가족을 뜻하기도 한다. 가족의 대표를 뚜아이 빌릭(tuai bilik)이라고 하는데 이는 가장(家長)을 가리킨다. 남편이 멀리 돈 벌러 갔을 경우나 이혼했을 경우 여자가 가장이 되기도 한다.

3) 마을 지도자

A. 뚜아이 루마(Tuai Rumah)

이반족 마을의 행정적 대표자이다. 옛날에는 마을을 지키는 추장이었다. 추장이 되려면 인물, 즉 생김새가 좋아야 하고, 마을의 전통과 관습(adat)을 잘 이해하는 사람이어야 하며, 분쟁이 있을 때 해결할 수 있는 지혜로운 자라야 한다. 여자 추장도 있을 수 있으나 대체로 남자들이 피선된다. 말이 피선이지 계승된다고 보면 맞다. 큰 마을에는 두 명의 추장이 있을 수 있다.

추장은 손님 대접의 의무를 행해야 한다. 마을 추장은 주민들을 돕고 섬기는 자리이지 강압적으로 독재하면 그 날로 주민 결의에 의해 해임된다. 추장이 걸레로 공동 작업장을 닦는 광경을 흔히 볼 수 있다. 중요한 결정을 해야 할 때도 주민들의 의사를 직접 물어본 후에 결정하겠다는 추장의 말을 들을 때가 많다. 요즈음은 젊은 추장도 있다. 아버지가 일찍 추장직을 사임하여 영어를 잘하는 그의 아들이 추장직을 계승한

예도 있다.

B. 뚜아이 부롱(Tuai Burong)

이반족 마을의 영적 지도자이다. 마을 전체의 의사가 이미 결정되었더라도 영적 지도자인 뚜아이 부롱이 거부할 수 있다. 그는 뚜아이 루마와 겸직하는 것이 보통이지만 추장이 아닌 다른 사람이 영적 지도자일 수도 있다. 집을 새로 지을 때 뚜아이 부롱은 반드시 새로운 터전에 가서 하룻밤을 노상에서 잠을 자야 한다. 그가 악몽을 꾸지 않는다면 새로운 집을 지어도 된다. 그러나 그가 악몽을 꿀 경우에는 아무리 좋게 보이는 터일지라도 건축을 할 수 없다. 악몽이라는 것은 꿈속에서 큰 나무가 쓰러진다든지, 악어, 뱀이 나타나는 것이다.

C. 뚜아이 가와이(Tuai Gawai)

축제를 이끌 지도자를 주민들이 뽑는다. 임시직이지만 경험자가 피선된다. 추수 축제인 하리 가와이(Hari Gawai), 공동 영결식인 가와이 안뚜(Gawai Antu) 때에는 뚜아이 가와이가 뽑힌다. 그는 축제 기간에 지켜야 될 사항을 발표하며 주민과 손님들의 안전과 전체 축제를 이끌어 나가야 한다. 대체로 추장이 뚜아이 가와이를 겸직한다. 마을을 축제 기간 동안 방문하려면 뚜아이 가와이의 허락을 먼저 받아야 한다.

4) 전통적인 집

이반족은 집단생활을 하고 있다. 이반족의 집은 약 100m 정도 일직선으로 지어져 있다. 그래서 루마 빤장(긴 집, Rumah Panjang)이라고 한다.

스란잔 앙꽁 잘롱 원주민의 루마 빤장

아이들이 100미터 달리기를 집 안에서 하는 것을 가끔 볼 수 있다. 집을 지을 때 동향을 선호한다. 아침에 일어났을 때 햇볕이 집마다 골고루 공평하게 들어오게끔 짓는다. 강줄기와 평행되게 집을 짓는다. 목욕하러 강으로 갈 때 거리가 거의 비슷하게 하기 위함이다. 북쪽 문은 일상적으로 출입하는 문이다. 공식적으로 많은 사람이 이반족의 집 루마 빤장으로 들어갈 때는 반드시 북쪽 문을 사용하게 되어 있다. 그리고 남쪽 통로문은 장례식 때 시신이 나가는 곳이다. 남쪽 통로의 문을 사용하는 이유는 강변에 사는 이반족의 공동묘지가 남쪽에 있기 때문이다.

루마 빤장에는 두 개의 외부 계단, 건조대, 실내의 공동 작업장, 공동 통로, 한 개의 방문, 작은 방들, 접대실, 식당, 조리대, 샤워실, 화장실 등이 있다. 2층에는 곡식이나 귀한 것을 보관하는 다락방과 침실이 있다. 대체로 연건평 300㎡는 될 것이다. 재미나는 것은 각 방문 위에는 방 번호 혹은 가장의 이름을 기록해 놓았다는 사실이다. 북쪽 문이나 남쪽 문에서부터 반대쪽을 향해서 1호실, 2호실 대체로 15호실, 좀 많으면 24호실까지 있다. 필자가 본 가장 많은 일련번호는 40호실이다. 80호실을 넘는 롱 하우스도 있다고 한다. 추장 집은 대체로 출입문에 가까운 7호실 아니면 8호실이다. 낮에는 모든 집의 출입문을 개방해 놓는다. 어느 집이나 마음대로 들어가 봐도 실례가 되지 않는다. 실내에는 방문이 없고 커튼을 쳐 놓은 것을 어쩌다가 볼 수 있다.

높은 산의 물을 탱크에 집적하여 각 집으로 파이프를 이용해서 공급하기 때문에 물은 시원하고 깨끗하다. 오염되지 않은 자연수, 청정수이다. 낮 시간에는 더운 편이므로 샤워를 하고 가능하면 움직이지 말고 쉬어야 한다. 외부 손님이 와서 저녁 집회를 할 경우에는 공동 작업장인 루아이(ruai)의 추장 집 앞에 모두 모인다. 징을 쳐서 모임을 알리는 것을 볼 수 있다. 불청객은 공동 작업장에서 잠을 자야 하지만 초청된 손님은 취침 시간에는 통로와 격리되게 방문을 닫고 손님 접대실에서 잠을 자게 되어 있다.

5) 관습

손님이 오면 뜨거운 차나 시원한 음료수를 대접한다. 음료수가 나오기 전에 방 안으로 물건을 옮기지 말아야 한다. 공동작업장에서 음료수가 나오기까지 기다려야 한다. 음료수를 대접받은 후에 방 안으로 짐을 옮긴다. 손님들은 공동작업장에 앉을 때 반드시 부엌 쪽이나 방 쪽을 향해 앉아야 한다. 주민들은 손님이 오면 모두 자리에 앉는 것이 이반족의 풍습이다. 높은 사람이 올 때 일어나면 실례를 범하는 것이다. 겸손하게 앉아 있어야 한다. 손님이 떠날 때에도 모두 앉아 있는 것이 예의이다. 일어나서 잘 가라고 하면 실례이다. 손님과 헤어질 때 이반족이 과일이나 쌀을 손님에게 선물하는 것은 상당한 호의를 가지고 있다는 뜻이다. 무겁지만 호의를 받아들이기 위해 가지고 와야 한다. 그리고 식사시간에 화장실 이야기를 하면 이반족은 인간 취급을 하지 않는다.

또한 아이들의 머리를 쓰다듬지 말아야 한다. 누워 있는 사람의 머리

곁으로 지나가지 말아야 한다. 많은 사람이 모여 있을 때 비집고 지나가려면 오른쪽 손을 길게 뻗고 허리를 굽히고 지나가야 한다. 이상한 음식을 거절하고 싶을 때는 배가 아프다든지 무슨 핑계를 대야 한다. 그냥 먹기 싫다고 하면 실례이다.

손님 접대는 반드시 추장 집에서 해야 한다. 추장이 손님을 잘 대접하지 못할 경우 추장의 자격이 없다. 손님 접대를 소홀히 했다는 소문이 나면 그 롱 하우스의 체면이 대외적으로 안 좋기 때문이다. 식사 준비를 추장 집에서 할 때 여인들은 순번제로 하여 추장 부인의 요리를 돕게 된다. 남자들은 부엌일을 안 하는 것이 원칙이다.

중요한 행사를 할 때 가령 씨를 뿌릴 때, 추수할 때, 여행가기 전 통과의례를 할 때, 집을 지을 때에는 반드시 닭이나 돼지를 잡는다. 닭과 돼지는 이반족에게 중요한 재산이다. 중요 행사 때 먹을 것이 있어야 하기 때문에 이런 동물들을 희생 제물이라는 명목으로 잡는다. 안전을 위해서 동물의 피를 흘려서 제사를 지내는 것이다. 가난한 가족은 닭 한 마리, 형편이 나은 가족은 닭 두 마리, 부자는 돼지를 잡는다. 닭 두 마리는 닭 발이 모두 네 개가 되므로 발이 네 개인 돼지를 잡는 것과 효험이 같다고 이반족은 믿기 때문이다.

샤워는 하루에 두 번 이상 한다. 이상한 것은 손님들이 이반족 마을을 방문했을 때 언제 이반족들이 샤워하는지 알 수 없다는 것이다. 손님들에게 폐를 끼치지 않기 위해 밤에 몰래 일어나서 샤워하는 것 같지는 않은데 아직까지 필자에게는 이것이 수수께끼로 남아 있다. 우기에 이반족 마을을 방문하는 것이 시원하기도 하고 물도 풍부해서 좋다.

6) 음식

이반족의 주식은 쌀이다. 쌀(beras), 밥(nasi)은 이반족이 손수 지은 것이다. 축제 때는 르망(lemang)이라고 하는 밥을 먹는다. 대나무 대롱 속에 잘 씻은 찹쌀을 넣어서 불에 구워 먹는다. 멀리 이동할 때 대나무 대롱 속에 있는 찹쌀밥은 열대지방에서 차가운 기운을 유지할 수 있고 휴대하기도 편하다. 쌀이 귀할 때는 하루 종일 비스킷과 커피를 먹고 마실 때도 있다. 잘 사는 마을은 밥과 반찬이 잘 나온다. 깊은 밀림에서는 다양한 죽순 음식이 나오는데 손님들은 맛있다고 먹지만 이반족은 늘상 먹는 것이라서 다른 반찬을 선호한다. 채소와 물고기 반찬이 이반족에게는 귀한 것이다. 채소를 재배하는 이반족은 드물다. 산에서 채취할 수 있는 연한 나뭇잎을 기름에 튀기거나 삶아서 먹는다. 버섯, 가지, 호박 반찬도 나올 때가 있다. 한번은 필자가 오이 씨앗을 전해 주었는데, 수확이 좋지 않았고 열매도 작았다. 흙과 기후가 다르니 수확에 영향을 미친 모양이다.

이반족 마을을 방문하는 분들은 소도시에서 통조림을 많이 사서 전달해 주면 좋을 것 같다. 마을에 냉장고가 전무하다고 보면 되기 때문에 통조림은 보관하기도 안전하다. 그리고 통조림은 이반족에게는 별미가 되기 때문이다.

과일은 철마다 다르지만 람부딴(rambutan), 두리안(durian), 망고스띤(manggostin)이 제일 많다. 두리안의 속을 모아서 설탕과 기름으로 범벅을 만들어 열처리를 한 후 오래 두고 먹는다. 바람에 떨어진 작은 망고를 잘라서 드레싱 하여 먹기도 한다. 물고기 반찬은 거의 없다고 봐야 한다. 가끔 이깐 마신(ikan masin)이라는 아기 손가락만 한 작은 물고기를 튀겨서 먹는데 맛이 엄청 짜다. 마늘(bawang putih)을 달라고 해서 먹으면 입맛이 당길 때도 있다. 이반족은 대체로 아침을 굶는 사람이 많다. 아침에 차, 커피, 비스킷으로 아침을 대신하기도 하지만 손님이 온 경우에는 따로 아침 식사를 하기도 한다.

7) 주요 생계활동과 교육

이반족의 주산업은 농업이다. 화전을 일구어 벼를 심고 가꾸고 추수를 한다. 산등성이를 개간하여 밭을 일구고 벼를 재배한다. 후추(lada)를 산언덕에 심어 수확을 한다. 후추에는 검은 후추와 흰 후추가 있는데 흰 후추가 더 귀하다. 한국에서 먹는 후추의 대부분은 보르네오에서 수입한 것이다. 보르네오에서 직접 사서 먹는 것이 맛과 향이 더 독특하다. 유럽 사람들이 후추를 음식에 뿌려 먹어 보니 기가 막히게 맛있어서 향료를 유럽으로 가져가서 팔았는데 수입이 100배 이상이 났다는 소문이 있다. 후추와 향료는 유럽에서 재배되지 않고 열대지방에서 재배되기 때문에 그렇게 귀하고 비쌌던 모양이다.

고기잡이를 할 경우 밀림의 강에 있는 작은 물고기를 투망을 사용해서 잡는다. 러뽕 꺼빠양 마을에서는 남자들이 작은 배를 타고 상류로 올라가서 투망을 이용해서 물고기를 잡았는데 함께 해 보니 재미있었다. 팔뚝만한 물고기를 쉴 새 없이 잡아 올렸다. 배 두 척이 상류로 올라가면서 잡았는데 두 시간 동안에 물통 가득 잡았다. 그런데 이것은 개인소득이 아니라 마을 전체용으로 손님을 대접하기 위해 잡은 것이라고 했다. 이런 경우는 특별한 때에 볼 수 있다. 보통 때는 이반족이 한가하게 투망하고 있는 모습을 가끔 볼 수 있을 뿐이다. 고기를 유인해서 잡는 도구도 가끔 보인다. 그리고 이들은 고무 나무를 재배하여 고무액을 채취해서 고무판을 만들어 중국 업자들에게 팔기도 한다.

이반족 아이들은 초등학교까지 교육을 받는다. 경제가 넉넉한 가정은 자녀를 소도시나 대도시로 보내어 중등, 고등 교육과정을 마치게 하는 경우도 있다. 밀림 마을에 초등학교와 기숙사를 함께 지어서 다른 마을로부터 온 유학생들이 숙식을 하도록 한다. 이반족 가운데서 훌륭한 정치 지도자가 나오기도 한다. 어른들 가운데 영어를 유창하게 잘 하는 분들이 가끔 있다. 이들은 영어 공부를 많이 한 사람들이다. 지금 교육 과정보다 두 배나 더 많은 영어 수강을 했다고 한다. 오히려 젊은 사람들은 영어를 잘 못하지만 50~60대 분들 중에서 영어를 잘하는 분이 꽤나 있다. 밀림 속의 이반족 중에는 문맹자들이 많다. 이들은 말씀과 노래와 찬양을 들으면서 외운다. 글은 있어도 읽을 줄 모르니 다른 사람이 읽어 주는 것을 귀담아 들을 수밖에 없다. 요즈음 젊은이들은 학교 교육을 받았기 때문에 문서를 잘 읽는다.

6. 통과의례

1) 출생

아기는 루마 빤장에서 노모의 도움으로 낳는다. 자녀가 출생하면 엄마 머리 곁에 은은한 작은 나무불을 피워서 실내를 훈훈하게 만든다. 아이의 이름을 짓기 위해서 고심을 하다가 기념될 만한 일이 있거나 손님이 방문했다면 그와 관련된 아기 이름을 짓는다.

2) 연애

요즈음 젊은 층은 현대식 연애를 하겠지만 구세대 이반족의 연애 방식은 지금과는 사뭇 다르다. 이반족 마을에서는 남녀가 단둘이서 이야기를 나누다가 타인에게 들키면 벌금을 내야 한다. 그래서 이들은 여러 사람이 있을 때 밀회 약속을 한다. 밀회는 캄캄한 밤에 아가씨가 거처하는 방에서 한다. 아가씨는 총각을 맞이하기 위해 문을 살짝 열어 놓고, 총각이 오면 루마 빤장 다락방에서 밤이 새도록 정담을 나눈다. 그리고 새벽이 되기 전에 총각은 아가씨 집을 빠져나간다. 두 사람의 뜻이 맞으면 아가씨는 자신의 부모에게 총각을 다음 밀회 때 잡으라고 귀띔을 해 준다. 아가씨의 부모는 총각이 빠져나가는 길목에서 총각을 잡고 결혼을 약속받는다.

3) 청혼

이반족에게 결혼은 당사자들만의 일이 아니라 마을 공동 행사이기도 하다. 그러므로 아가씨 마을사람들과 총각 마을사람들은 서로 만나서 이 결혼이 유효할 것인가 먼저 의논을 해야 한다. 한 번은 필자가 밤 9시쯤 루마 빤짱 공동작업장 한 모퉁이에서 30여 명 되는 사람들이 빙 둘러 앉아있는 것을 목격하고 다가가 봤다. 그들은 너무도 조용하게 이야기하고 있었다. 혼사 이야기를 하고 있었다. 한 사람이 질문하고 한 사람이 대답하는 형식이었다. 총각의 아버지가 총각의 뜻을 전달하면서 이 마을 아가씨를 우리 아들이 좋아하여 청혼한다는 것이다. 여러 사람들이 조상들 가운데 총각 집안과 아가씨 집안에 혼사가 있었는지를 따져 보고 혹시나 결혼에 장애되는 것이 없나를 생각해 보고 의논한다. 결국 당사자인 아가씨에게 물어보자고 결론을 내렸다. 이때 청혼을 받는 아가씨는 그 자리에 없었고 방 안에 혼자 있었다. 총각 마을 대표자 1명, 아가씨 마을 대표자 1명이 함께 방으로 들어가서 직접 아가씨의 의견이 어떠한 지 물어보았다. 5분도 안 되어 두 대표가 나왔는데 아가씨가 청혼을 거절한다는 것이었다. 아무 말도 없이 그들은 해산하였고 청혼은 결렬되었다.

4) 혼인

이반족의 혼인식은 밤에 행해진다. 루마 빤장은 띠까이(tikai, tikar)라고 하는 고급 돗자리로 100m 이상 덮인다. 신부는 신랑마을로 갈 때 악사들을 데리고 배를 타고 간다. 멜로디를 내는 엉꺼루몽(engkerumong), 징과 같은 따왁(tawak), 긴 북과 같은 건당(gendang)을 연주하는 악사들이 배에서 신부를 보호한다. 만약 불길한 새들이 날아오면 모든 혼인은 취소되기 때문에 악사들은 계속해서 악기를 연주한다. 새들은 시끄러운 악기 소리와 사람들 소리 때문에 얼씬도 하지 않는다. 그리고 신부와 신부를 보호하는 신부 마을 사람들은 시어머니가 신부를 맞이하러 올 때까지 기다린다.

혼인식은 하루 내지 사흘을 하게 되는 데 주의할 점은 모든 사람이 절대로 잠을 자서는 안 된다는 것이다. 먹고 마시고 쉴 새 없이 이야기하고 춤추고 노래하면서 혼인 예식을 즐긴다. 만일 어떤 사람이 잠을 자다가 악몽을 꾸면 그 결

왼쪽에서부터 엉꺼루몽, 따왁, 건당

혼식은 무효가 되기 때문이다. 신혼여행은 없다. 손님들이 모두 귀가하면 루마 빠장에서 신랑 신부는 첫날밤을 보내게 된다.

5) 이혼

이혼은 이반족에게도 흔하다. 남자가 게으르거나 남자가 해야 할 일을 여자에게 미루면 이혼 사유가 된다. 자녀가 없는 것은 이혼 사유가 안 된다. 자녀 없이도 행복하게 사는 이반족 부부는 많다. 그런데 이반족은 이혼 후에도 함께 살아간다. 단지 부부생활만 같이 하지 않는 것이지 자녀는 함께 양육한다.

6) 장례

이반족은 장례식을 두 번 치른다. 한 번은 가족 단위로 장례식을 치른다. 또 한 번은 마을 단위로 장례식을 치른다. 특히 마을 단위로 행하는 장례식을 가와이 안뚜(gawai antu)라고 한다. 신년 명절보다 더 크게 행하는 공동 영결식이다. 이때 한 가정 당 닭 20마리와 돼지 1마리를 잡고 친척 친구를 초빙하여 대대적으로 장례식을 치른다. 가와이 안뚜는 3년 연속 풍년이 들어야 행할 수 있는데 마을회의에서 결의를 한 후에 행해진다.

이반족은 가와이 안뚜 즉 공동 영결식을 치르지 않은 상태에서는 어떠한 종교도 받아들이지 않는다. 왜냐하면 죽은 사람의 공동 영결식에 대한 부담을 가지고 있기 때문이다. 따라서 이반족이 예수를 영접한다는 것은 이미 공동 영결식이 있었다는 것을 의미한다. 그러므로 공동 영결식이 끝난 직후가 예수 전파하기에 좋다고 생각한다.

공동 영결식은 보통 연말에 행하는데 10년에서 50년 동안 없을 수도 있다. 공동 영결식이 있기 전에 미망인이 재혼하려면 벌금을 내야 한다. 즉 배우자가 사망한 후 6개월 이내에 재혼하려면 벌금을 내야 한다. 그런 과부는 '덜 된 과부'라는 오명(汚名)을 평생 달고 살아야 한다. '덜 된 과부'란 이반족들이 빨리 재혼하는 여자를 비웃는 말이다. 충실한 과부, 즉 충분히 '익은 과부'가 아니라는 것이다. 덜 익은 과일이 미성숙하듯이 과부를 과일에 빗대어 비아냥거리는 것이다. 이들은 과부에 대한 벌금과 오명 때문에 '익은 과부'를 택하는 사람들이 많다. 결국 언제 있을지도 모르는 공동 영결식이 지난 후에 재혼해야 한다는 것이니 평생 과부로 지내라는 말과 다름없다.

7. 맺음말

이반족은 보르네오 밀림에 살고 있는 바다족(Sea Dayak)이다. 조상이 바다족이지만 현재는 밀림의 산 속에서 살아가고 있다. 이들의 거주지와 가족 형태와 삶을 필자의 경험과 지식을 동원하여 살펴보았다. 이들은 철저하게 서로 도우며 평등하게 평화롭게 살아가고 있다. 이들의 문화를 존중하면서 이들의 육체적인 건강과 영적인 평안을 위해 하나님의 말씀과 주 예수 그리스도로 인한 구원의 확신을 소개하는 것이 필요하다. 그러나 이러한 모든 것은 이반족 스스로 하도록 인도하는 것이 좋다.

제 4 부

슬라웨시 섬의 주요 종족과 문화

부기스(Bugis)족과 마까사르(Makassar)족*

1. 거주 지역과 인구

부기스-마까사르 종족은 주로 술라웨시(Sulawesi)의 남쪽에 살고 있다. 이 지역의 이름은 남 술라웨시이다. 북쪽은 서 술라웨시, 동쪽은 보네 (Bone) 만과 동남 술라웨시, 서쪽은 마까사르 해협, 남쪽은 플로레스 (Flores) 해와 접하고 있다. 남 술라웨시의 총 면적은 46,717.48㎢이고, 2012년 현재 인구는 8,214,779명이다. 남 술라웨시에는 네 종족이 살고 있다. 부기스(Bugis), 마까사르(Makassar), 또라자(Toraja), 만다르(Mandar) 종족 등이다.

남 술라웨시에는 22개의 도시가 있다. 맨 북쪽에서 남쪽까지는 루우 띠무르(Luwu Timur), 루우 우따라(Luwu Utara), 따나 또라자(Tana Toraja), 코 따 빨로뽀(Kota Palopo), 루우(Luwu), 엔레깡(Enrekang), 삔랑(Pinrang), 시덴렝 라빵(Sidenreng Rappang), 와주(Waju), 코따 빠레빠레(Kota Pare-pare), 바루

* 술라스뜨리 의이스(Sulastri Euis) / 인도네시아 대학교 한국학과 강사

(Barru), 소삥(Soppeng), 보네(Bone), 빵까제네 끄뿔라완(Pangkajene Kepulauan), 마로스(Maros), 코따 마까사르(Kota Makassar), 신자이(Sinjai), 고와(Gowa), 타깔라르(Takalar), 물루꿈바(Bulukumba), 반따엥(Bantaeng), 제네뽄또(Jeneponto) 등이다.

남 술라웨시의 수도는 마까사르(Kota Makassar)이다. 2010년 현재 인구는 약 1,338,663명이다. 남 술라웨시 정부의 공식 사이트를 참고하면, 다른 도시의 인구는 루우 우따라(Luwu Utara)가 267,779명, 따나 또라자(Tana Toraja)가 431,084명, 시덴렝 라빵(Sidenreng Rappang)가 250,000명, 와주(Waju)가 373,938명, 코따 빠레빠레(Kota Pare-pare)가 115,169명, 바루(Barru)가 158,316명, 소삥(Soppeng)이 222,798명, 보네(Bone)가 696,712명, 빵까제네 끄뿔라완(Pangkajene Kepulauan)이 250,000명, 신자이(Sinjai)가 220,430명이다.

남 술라웨시에 살고 있는 부기스 사람들은 까부빠뗀 불루 꿈바(Kabupaten Bulu Kumba), 신자이(Sinjai), 보네(Bone), 소삥(Soppeng), 와조(Wajo), 디덴렝-라빵(Didenreng-Rappang), 삔렝(Pinreng), 뽈레왈리-마마사(Polewali-Mamasa), 엔레껭(Enrekeng), 루우(Luwu), 빠레빠레(Pare-pare), 바루(Barru), 빵까제넨 섬(Pangkajenen Kepulauan), 마르코스(Marcos)에 살고 있다. 부기스 사람들은 우기(Ugi)어를 사용한다. 그러나 빵까제넨 섬(Pangkajenen Kepulauan)과 마르코스(Marcos)는 이전 가능 지역이라서 거기에 살고 있는 사람들은 일반적으로 부기스어와 마까사르어를 둘 다 사용한다. 그리고 까부빠뗀 엔레껭(Kabupaten Enrekeng)은 부기스와 또라자 종족의 이전 가능 지역이라서 이 지역 주민들은 두리(Duri)라고 불리며 두리어라는 사투리를 사용하고 있다.

마까사르 사람들은 까부빠뗀 고와(Kabupaten Gowa), 타깔라르(Takalar), 제네뽄또(Jeneponto), 반따엥(Bantaeng), 마르코스(Marcos), 빵까제네(Pangkaje-ne)에 살고 있다. 마까사르 사람들은 망아사라(Mangasara)어를 사용한다. 그리고 슬라야르 섬(Kepulauan Selayar)의 주민들은 사투리를 사용해도 마까사르 사람으로 고려된다.

또라자 사람들은 원래 중 술라웨시에 살고 있었지만, 남 술라웨시에 살고 있는 사람들도 있다. 또라자 사람들은 까부빠뗀 타나-또라자(Kabupaten Tana-Toraja)와 마마사(Mamasa)에 살고 있다. 이들은 보통 또라자 사단(Toraja Sa'dan) 사람이라고 불린다.

만다르 사람들은 까부빠뗀 마제네(Kabupaten Majene)와 마무주(Mamuju)에 살고 있다. 이 종족은 만다르어라는 특별한 언어를 사용하고 있지만 문화는 부기스-마까사르 종족과 비슷하다.

2. 생활과 문화

1) 외모와 성격

부기스-마까사르 사람들의 외모는 다른 인도네시아 사람들과 비슷하다. 얼굴이 동그랗고 피부가 좀 검은 편이다. 화를 잘 내는 편이고 원하는 것을 얻기 위해 열심히 노력한다. 부기스-마까사르 사람들은 가족을 위해 무엇이든지 하고자 하여 죽음도 개의치 않는다. 그렇지만 부기스-마까사르 사람들은 친절하고 예의도 바르다. 그래서 친하게 되면 자신의 속마음을 모두 보여 준다.

땜빼 호수에서 민물 고기잡이로 생계를 이어가는 부기스족

2) 생계

남 술라웨시 주민들은 대부분 농부이다. 다른 지역에 사는 사람들처럼 그들도 쌀과 농작물을 심는다. 심는 방법도 똑같이 전통적인 방법을 사용한다. 그러나 바닷가 근처에 사는 부기스-마까사르 사람들은 대부분 어부이다. 그 외에 상인이 되는 사람들도 많다. 농수산물을 배분하는 사람들이 바로 상인이다. 따라서 제2차 세계대전 전에는 남 술라웨시에 식품이 많아서 쌀과 옥수수를 다른 지역에도 보냈다.

부기스 사람들의 경우에는 농부가 가장 많다. 그런데 요즘은 교육을 받은 사람이 많아서 지방 정부에서 일하는 사람도 많다. 따라서 경제도

좋아졌다. 그리고 남 술라웨시가 바다와 가까워서 옛날부터 많은 부기스
-마까사르 사람들은 선원이 되었다. 그래서 인도네시아에서 부기스와
마까사르 사람들은 선원으로 유명하다. 이들은 대부분 선원처럼 강하고,
일할 때 매우 열심히 한다.

3) 풍습과 종교

부기스-마까사르 사람들, 특히 지방에 사는 사람들은 아직도 빵아데
렝(Panngaderreng)이라는 성스러운 풍습을 지키고 있다(마까사르어: 빵아다깡,
Panngadakkang). 성스러운 풍습의 기본요소는 다섯 가지이다. 아데(Ade'),
바차라(Bicara), 라빵(Rapang), 와리(Wari'), 사라(Sara') 등이다.

아데 아깔라비넹엥(Ade' akkalabinengeng)은 결혼, 직계비속, 가정 등에
관련된 규칙이다. 그런데 아데 따나(Ade' tana)는 나라와 정부에 관련된
규칙이다. 비차라(Bicara)는 법정에 관련된 규칙이다. 라빵(Rapang)은 유추
를 뜻한다. 라빵은 옛날 사건과 지금 진행되고 있는 사건의 유사성을 통
해 어떤 법률을 만드는 것이다. 와리(Wari')는 사람이나 물건 그리고 사
건이나 행동 등을 범주화해서 구분하는 것이다. 사라(Sara')는 이슬람법에
관련된 규칙이다.

부기스-마까사르 종족은 옛날에는 어떤 신을 믿었다. 이들은 신을 여
러 가지 이름으로 불렀다. 빠또또-에(Patoto-e), 데와따 스와-에(Dewata
Seuwa-e), 뚜리에 아라나(Turie a'rana) 등으로 불렀다. 까장(Kajang)에 살고
있는 아마-또와(Amm-Towa) 사람들과 시덴렝-라빵(Sidenreng-Rapang)에 살고
있는 또 로땅(To Lotang) 사람들에게는 아직도 이와 같은 종교 문화가 남
아 있다.

부기스-마까사르 사람들은 이러한 신을 믿었기 때문에 17세기 초에 이슬람이 남 술라웨시에 전해졌을 때 이슬람의 교리를 쉽게 이해할 수 있었다. 따라서 이슬람 종교는 쉽게 인정되었다. 이슬람 종교가 쉽고 빠르게 인정을 받은 또 다른 이유는 부기스-마까사르 사람들이 이슬람 종교를 가지고 있는 말레이 상인들과 자주 연락하였기 때문이다. 게다가 부기스-마까사르 사람들은 이슬람 사람들이 사는 지역에도 자주 방문을 하였다.

요즘 남 술라웨시 사람들의 종교는 대부분 이슬람(90%)이고, 나머지 10%는 기독교나 가톨릭이다. 종교가 기독교나 가톨릭인 사람들은 대부분 말루꾸(Maluku), 미나하사(Minahasa), 또라자(Toraja)에서 온 사람들이다. 그들은 대부분 도시, 특히 우중 빤당(Ujung Pandang)에 살고 있다.

4) 교육

남 술라웨시의 교육은 1965년까지 인도네시아의 다른 지역과 비교하면 많이 뒤처져 있었다. 그럼에도 불구하고 교육을 발전시키기 위한 노력을 많이 함으로써 지난 20년 동안에 남 술라웨시에는 국립학교와 사립학교가 많이 설립되었다. 2009년 현재 마까사르 도시에는 초등학교가 459개, 선생은 6,542명, 학생은 145,749명, 중학교는 171개, 선생은 4,630명, 학생은 59,101명, 고등학교는 112개, 선생은 4,817명, 학생은 65,277명 있다.

5) 음식

부기스-마까사르의 전통적인 음식은 바로 쪼또 마까사르(Coto Makassar)

이다. 그 외 음식으로는 콘로(Konro), 숩 사우다라(Sop Saudara), 빨루 마라(Pallu Mara), 빨루 바사(Pallu Basa), 랑가 로꼬(Langga Roko), 빨루 부뚱(Pallu Butung), 카뿌룽(Kapurung), 오딱 오딱(Otak-otak), 삐상 이조(Pisang Ijo), 삐상 에뻬(Pisang Epe), 바롱꼬(Barongko) 등이 있다. 음식에 대한 자세한 설명은 다음과 같다.

쪼또 마까사르(Coto Makassar)는 내장과 소고기가 들어있는 수프이다. 보통 한 그릇에 놓고 쌀로 만든 끄뚜빳(ketupat)과 비슷한 부라사(burasa)라는 음식과 같이 먹는다. 꼰로(Konro)는 갈비 수프이다. 여러 가지 양념이 들어 있어서 국물 맛이 강하다. 소우다라국(Sop Saudara)은 소고기 수프이다. 버미첼리(vermicelli, 아주 가느다란 이탈리아식 국수. 잘게 잘라서 수프에 넣어 먹음), 감자 프리터(fritter, 감자를 으깨고 소금과 후추로 양념하여 둥근 모양으로 만들어 튀긴 간식), 내장, 삶은 계란, 밥, 사바히(milkfish, 아시아 남동부 해역의 청어 비슷한 물고기) 등과 같이 먹는다. 빨루 마라(Pallu Mara)는 생선 수프이다. 국물 색이 노랗고 특별한 양념이 들어가서 맛이 상큼하다. 빨루 바사(Pallu Basa)는 쪼또 마까사르와 비슷한데 국물이 좀 더 진하다. 코코넛 밀크와 구운 코코넛이 들어가기 때문에 고소한 맛이 느껴진다.

랑가 로꼬(Langga Roko)는 바로낭(baronang)이라는 생선으로 만든 음식이다. 생선에 여러 가지 양념을 바르고 바나나 잎으로 싸서 구운 다음에 먹는다. 빨루 부뚱(Pallu Butung)은 후식이다. 쌀가루, 코코넛 밀크, 설탕, 소금, 바닐라를 넣고 삶은 다음에 찐 바나나를 놓고 섞는다. 이 음식은 보통 라마단 때 금식 후에 많이 먹는다. 까뿌룽(Kapurung)은 사구 가루로 만든 음식이다. 까뿌룽은 보통 닭고기나 생선과 같이 요리한다. 요즘 까뿌룽의 인기가 점점 많아지고 있다. 마까사르 음식 전문점에 가면 보통

이 음식이 있다. 오딱-오딱(Otak-otak)은 고등어로 만든 음식이다. 먼저 고등어와 여러 가지 양념을 섞는다. 그리고 바나나 잎으로 싸서 굽는다. 콩 소스에 찍어 먹으면 더 맛있다.

삐상 이조(Pisang Ijo)는 마까사르의 유명한 후식이다. 원래 뜻은 녹색 바나나인데 바나나 색깔이 녹색은 아니다. 바나나를 녹색 밀가루 반죽으로 싸는 것이다. 녹색 밀가루 반죽의 재료는 밀가루, 물, 식품 착색제나 판다누스 잎의 진액이다. 소스를 만드는 방법은 코코넛 밀크, 쌀가루, 설탕, 소금, 그리고 판다누스 잎을 섞어서 푹 삶는 것이다. 삐상 에뻬(Pisang Epe)는 구운 바나나를 노란 설탕으로 만든 소스에 찍어 먹는 음식이다. 바롱꼬(Barongko)도 후식이다. 먼저 바나나를 으깨어 넣은 후 달걀, 코코넛 밀크, 설탕, 소금 등을 섞는다. 그리고 바나나 잎으로 싸서 찐다. 잘 삶은 후에 냉장고에 넣는다.

6) 집

부기스-마까사르의 전통적인 집은 두 가지가 있다. 하나는 왕실 혹은 왕가가 사는 사오라자(Saoraja) 혹은 살라사라(Sallasa)이고, 또 하나는 일반인이 사는 볼라(Bola)이다. 부기스-마까사르의 전통적인 집은 바닥이 땅에서 일정한 높이 위에 있다. 이 집은 나무로 만들며 정사각형 모양으로 되어 있다. 사오라자는 볼라보다 더 넓다. 지붕도 더 높고 기둥(pillar)도 다르다. 그러나 이 두 집은 세 부분으로 나뉘어 있는 점이 같다. 세 부분에 대한 설명은 다음과 같다.

▸ 라께앙(Rakkeang)은 천장 위 공간이다. 옛날에는 보통 수확한 쌀을

여기에 보관하였다.

‣ 알레 볼라(Ale Bola)는 집 가운데이다. 여기에 집의 중심이 있다. 사람들은 여기에서 일상적인 활동을 하였다.

‣ 아와 볼라(Awa Bola)는 집과 지면 사이의 공간이다. 보통 여기에 농사 혹은 사냥 기구들을 보관한다.

마까사르-부기스족 집

3. 결혼과 가족 관계

부기스-마까사르의 결혼 문화는 다음과 같다.

부기스족 결혼식

1) 아씨알랑 마롤라(Assialang marola)는 마까사르어로 빠씨알레앙 바지나(Passialleang baji'na)이다. 어머니나 아버지 쪽의 사촌 사이끼리 결혼하는 것이다.
2) 아씨알라나 메망(Assialanna memang)은 마까사르어로 빠씨알레아나(Passialleanna)이다. 어머니나 아버지 쪽의 육촌 사이끼리 결혼하는 것이다.
3) 라빠데뻬 마벨래(Ripaddeppe' mabelae)는 마까사르어로 나빠깜바니 벨라야(Nipakambani bellaya)이다. 어머니나 아버지 쪽의 팔촌 사이끼리 결혼하는 것이다.

보통 사촌, 육촌, 팔촌 사이의 결혼이 좋다고 하지만, 그렇다고 꼭 그렇게 해야 하는 것은 아니다. 사촌이 아닌 다른 사람과 결혼하는 사람들도 많다. 그러나 결혼하면 안 되는 사이도 있다. 다음과 같은 경우는 금지되고 있다.

1) 부모와 자식 사이의 결혼
2) 친형제 사이의 결혼
3) 며느리와 시아버지, 사위와 장모의 결혼
4) 조카와 삼촌, 고모 혹은 이모 사이의 결혼
5) 할아버지나 할머니와 손자 사이의 결혼

부기스-마까사르의 결혼 풍습과 그 절차는 다음과 같다.

1) 마뿌체-뿌체(Mappuce-puce)는 마까사르어로 아꾸시싱(Akkusissing)
   이다. 남자의 가족이 여자의 집을 방문해서 결혼 가능 여부를 확
   인한다.
2) 마쑤로(Massuro)는 마까사르어로 아쑤로(Assuro)이다. 남자의 가족
   대표가 여자의 집에 가서 결혼 날짜와 지참금, 결혼식 등에 대해
   서 이야기한다.
3) 마두빠(Madduppa)는 마까사르어로 아문뚤리(Ammntuli)이다. 결혼
   소식을 친척에게 알려 준다.

결혼하는 날에는 마빠엔레 발란자(Mappaenre' balanja)라는 행사를 한다
(마까사르어 : 아빠나이 레꼬, Appanai leko). 신랑과 그의 친척들이 여러 가지
음식, 옷, 지참금을 가지고 오고, 결혼식은 여자 집에서 한다. 이 결혼식
은 부기스어로는 아가우껭(Aggaukeng)이고, 마까사르어로는 빠가우깡(Pa'
gaukang)이다.

결혼식에 초대받은 사람들이 신랑, 신부에게 선물이나 돈을 준다. 이
런 것을 솔로렝(Soloreng)이라고 한다. 옛날에는 솔로렝으로 논이나 농장,
혹은 경작용 동물 등을 주었다. 솔로렝을 주는 사람은 신랑, 신부의 삼

촌이다. 솔로렝은 경쟁이 되기도 한다. 만약에 신랑의 삼촌이 신부의 삼촌보다 솔로렝을 많이 주지 않으면 남자의 가족은 수치를 느끼게 되어 나중에 관계가 나빠질 수도 있다.

결혼식 후에 신혼부부는 시집에서 당분간 지낸다. 그때 신부는 신랑의 가족에게 줄 선물을 가져가야 한다. 그리고 신랑도 처가를 방문해서 신부의 가족에게 선물을 줘야 하고 처가에서 며칠 동안 지내야 된다. 시집과 처가에서 지내고 난 다음에는 자기 집에서 살 수 있다.

풍습대로 하지 않는 결혼은 실라리앙(Silariang)이라고 부른다. 이것은 남자가 여자를 데리고 도망간다는 뜻이다. 보통 이렇게 결혼하는 이유는 여자의 가족이 남자의 프러포즈를 거절했거나 지참금이 너무 비싸서 남자가 감당할 수 없기 때문이다.

이러한 남자-여자를 쫓는 여자의 친척들을 또마시리(Tomasiri)라고 부른다. 이때 남자가 잡히면 피살될 수도 있다. 그래서 도망친 남자는 보통 사회에서 존경받는 사람에게 가서 보호를 부탁한다. 이후 존경받는 사람의 중개로 여자의 가족이 화가 풀려서 결혼을 허락하면 남자 가족은 여자 가족을 방문해야 한다. 이런 상황(여자 가족이 신랑 신부를 받아들이는 것)을 부기스어로는 마데쩽(Madecceng), 마까사르어로는 아바지(Abbadji)라고 한다.

4. 사회 체계

프리데리시(H.J. Friedericy, 남술라웨시에 있었던 네덜란드 정부의 관리자)는 부기스-마까사르의 사회계층에 대한 논문을 쓴 적이 있다. 프리데리시에 의하면, 네덜란드가 남술라웨시를 식민지화하기 이전에도 부기스-마까사르 종족에게는 다음과 같은 세 종류의 사회계층이 있었다고 한다.

1) 아나까룽(Anakarung)은 왕의 친척들이다. 마까사르어로 아나 까라엥(ana' karaeng)이다.
2) 또-마라데까(To-maradeka)는 평범하고 자유로운 사람들이다. 남술라웨시 주민들 대부분은 이 그룹에 들어 있다. 마까사르어로 뚜-마라-데까(Tu-mara-deka)이다.
3) 아따(Ata)는 노비이다. 이들은 전쟁 중에 잡힌 사람, 빚을 못 갚는 사람, 관습을 안 지키는 사람, 혹은 관례에 따르지 않는 사람 등이다.

원래는 두 개의 사회 계층이 있었지만, 이후 남 술라웨시에 있는 원주민 조직이 아따라는 계층을 만들었다. 하지만 20세기 초에 네덜란드 정부와 종교계에서 계층 구분을 반대함으로써 아따는 없어졌다.

그리고 제2차 세계대전이 끝난 다음에는 아나까룽과 또-마라데까의 차이가 없어지기 시작했다. 아나까룽의 칭호로서 까라엔따(Karaenta), 뿌아따(Puatta), 안디(Andi), 다엥(Daeng) 등이 아직 사용되고 있지만 큰 의미는 없다. 옛날에는 그 칭호를 갖고 있는 사람들이 존경을 받았는데 지금은 다른 사람들과 똑같이 여겨진다.

5. 맺음말

남 술라웨시에 있는 부기스-마까사르 종족은 옛날부터 그들의 성격과 문화의 독특성 때문에 유명하다. 마까사르 도시는 인도네시아의 큰 도시 중 하나이다. 마까사르에는 아름다운 바다가 있고 맛있는 해산물도 많다. 요즘은 부기스-마까사르 사람들이 마까사르가 아닌 다른 도시로 이사 간 경우도 많다. 특히 자와 섬 도시로 많이 간다. 그럼에도 부기스-마까사르의 특별한 풍습은 지금도 보존되고 있어 많은 사람들의 흥미를 끌고 있다.

Koentjaraningrat, *Manusia dan Kebudayaan di Indonesia*. Jakarta: Djambatan, 2007.

http://arsitekturtoa.blogspot.com/

http://endic.naver.com/search

http://portalbugis.wordpress.com/shopping/makanan-khas/

http://sulselprov.go.id/hal-profil-provinsi-sulawesi-selatan.html#ixzz3GGT2dATI

id.wikipedia.org

www.makassar.us

www.makassarkota.go.id

미나하사(Minahasa)족*

1. 거주 지역과 인구

미나하사(Minahasa)족은 북 술라웨시(Sulawesi)에 있는 가장 큰 민족이다. 미나하사의 옛 이름은 미나에사(Minaesa)였다. 네덜란드가 술라웨시에 들어온 후 미나에사를 미나하사로 불렀던 것이다. 미나에사라는 이름은 이미 일어난 것을 의미하는 미나(Mina)라는 단어와 하나를 의미하는 에사(Esa)라는 단어의 합성어이다. 따라서 미나에사라는 이름은 조상들이 만든 숭고한 합의를 의미한다. 그들은 미나하사족의 후손이 시토우 티모우 투모우 토우(Sitou Timou Tumou Tou)라고 하는 미나하사족의 이념에 따라 생활하고자 한다. 시토우 티모우 투모우 토우 이념은 미나하사족의 후손이 나중에 어디에서든지 서로 사랑하고 서로 잘 도와주고 서로 잘 이해하기를 기원하고 있다.

미나하하사는 북 술라웨시의 북동쪽에 위치한다. 미나하사는 북쪽으

---

* 가닉 쁘라띠위(Ganik Pratiwi R) / 번역가

로 상이르 탈라우드(Sangir Talaud), 그리고 서쪽으로 볼랑 망온도우(Bolaang Mongondow)와 접해 있다. 미나하사의 면적은 5,273㎢이다. 미나하사의 인구는 현재 백만 명이 넘는다. 미나하사에는 중요한 화산들이 네 개가 있다. 그 화산들은 칼라밭(Kalabat) 산, 로콘(Lokon) 산, 마하우(Mahawu) 산, 그리고 소푸탄(Soputan) 산이다. 그리고 미나하사에 있는 강은 톤다노 (Tondano) 강, 라노야포(Ranoyapo) 강, 포이가르(Poigar) 강 등이다. 또한 미나하사에는 다른 지역에서 거의 발견되지 않는 희귀 동물과 식물이 있다. 희귀 동물로는 말레오(Burung Maleo) 새, 바비루사(Babirusa, 돼지 사슴), 아노아(Anoa, 작은 버팔로), 탕카시(Tangkasi, 안경 원숭이) 등이다.

미나하사족은 자기 자신을 마나도(Manado) 사람이나 토우웨낭(Touwe-nang), 미나하사 사람, 그리고 카와누와(Kawanua)라고 부른다. 미나하사족은 9개의 작은 그룹 즉, 바본테후(Babontehu), 반틱(Bantik), 파산 라타한 (Pasan Ratahan), 포노소칸(Ponosakan), 톤세아(Tonsea), 톤틈보안(Tontemboan), 톤다노(Tondano), 톤사왕(Tonsawang), 톰불루(Tombulu) 등으로 구성되어 있다.

2. 기원

미나하사족은 약 기원전 천 년부터 북 술라웨시에 있는 미나하사 지역에서 살았다. 그런데 미나하사족은 대만 출신으로 추정되고 있다. 왜냐하면 그 당시에 대만에서 온 오스트로네시아 민족의 후손이 술라웨시에 많이 있었고 미나하사어가 대만에서 사용하는 언어와 비슷하기 때문이다.

미나하사족이 사는 마나도에는 온천이 많아 마을 곳곳에 유황 온천이 있다.

　한편 배크만(A.L.C Baekman)과 반데르작(B Van Der Jack)과 같은 연구자들은 미나하사족이 몽고족의 후손이라고 했다. 그리고 미나하사족과 몽고족의 유사점을 샤마니즘 의식에서도 찾았다. 그런데 미나하사족의 조상이 된 몽고족은 대만에서 온 사람들이다. 또한 미나하사족의 조상에는 대만 사람뿐만 아니라 스페인, 포르투갈, 네덜란드 사람들도 있다. 스페인의 영향은 파퉁 쿠렝켕(Patung Kurengkeng)과 사라운(Saraun)이라는 미나하사족의 전통 의상에서 찾을 수 있다. 그리고 스페인은 미나하사족에게 기독교적인 영향을 주었다. 스페인의 기독교 선교사들이 미나하사에 많이 가서 선교 활동을 했기 때문이다. 그런데 네덜란드가 미나하사에 들어온 후에는 스페인의 기독교 영향이 점점 감소하게 되었다. 왜냐하면 네덜란드의 영향 때문이다. 네덜란드는 미나하사족에게 신교도 영향을 주었을 뿐만 아니라 미나하사의 언어, 정부 조직, 교육 제도 등에도 영향을 미쳤다.

미나하사족에게는 그들의 조상이 루미무웃(Lumimu'ut)이라는 땅의 여신과 토아르(Toar)라는 태양의 신이라는 전설이 있다. 옛날에 루미무웃이라는 여자 병사가 있었다. 그녀는 하느님의 후손이다. 그녀는 아주 예쁘고 항상 젊어 보였다. 그녀에게는 토아르라는 아들이 있었다. 그 아들이 청소년이 되었을 때 세계를 여행하기 위해서 어머니와 헤어졌다. 그때 루미무웃은 아들에게 긴 지팡이를 주었다. 그리고 아들에게 이와 같은 똑같은 지팡이를 가진 사람들과 결혼하면 안 된다고 했다.

몇 년 후에 루미무웃은 토아르를 우연히 만났다. 그런데 두 사람은 서로 알아보지 못했다. 왜냐하면 루미무웃은 나이가 많지만 여전히 예쁘고 젊어 보였고 토아르는 아주 잘 생긴 남자가 되었기 때문이다. 두 사람은 결혼했다. 어느 날 루미무웃은 토아르가 자기와 같은 지팡이를 가지고 있다는 사실을 알고 깜짝 놀랐다. 그리고 그녀는 토아르가 자기 아들이라는 사실을 알게 되었다. 루미무웃과 토아르는 창피해서 아주 먼 곳으로 도망갔다. 두 사람은 북 술라웨시에 도착했다. 루미무웃과 토아르는 여기에서 아기를 많이 낳고 행복하게 살았다. 이처럼 이 전설은 루미무웃과 토아르의 후손들이 미나하사족이 된 것임을 이야기하고 있다.

3. 언어

미나하사 사람은 인도네시아어와 믈라유-마나도(Melayu Manado)어를 사용한다. 믈라유-마나도어는 미나하사족의 언어이다. 그런데 최근에는 믈라유-마나도어를 사용하는 미나하사 사람이 그리 많지 않다. 그래서 미나하사에서는 믈라유-마나도어를 보존하기 위해 노력하고 있다. 믈라유-마나도어에는 9개의 작은 언어 그룹 즉, 톰불루어, 톤세아어, 톤다노어, 톰틈보안어, 톤사웡어, 파산어, 포포사칸어, 반틱어 등이 있다. 이 중에서 가장 많이 사용되는 언어는 톰불루어이다. 톰불루어는 예전에 시나 속담에 많이 사용되었다.

4. 생계 수단

미나하사족 대부분은 어부와 농부이다. 미나하사는 바다에서 가까워서 대부분의 사람들은 어업을 통해 생계를 유지하고 있다. 주요 거래 상품은 가다랑어이다. 그리고 미나하사는 비옥한 토양을 가지고 있어서 농산물을 많이 생산한다. 대표적인 농산물은 야자, 쯩께(Cengkeh, 정향), 커피, 그리

다 익은 정향

고 팔라(Pala, 육두구)이다. 그리고 요즘 미나하사 사람들은 초콜릿, 바닐라, 그리고 생강 등을 재배하면서, 농수산업 외에 중소기업을 운영하기도 한다.

박쥐, 뱀, 들쥐 잡아먹기를 즐기는 미나하사족. 흰꼬리 긴 들쥐를 들고 있다.

5. 종교

미나하사족의 종교는 기독교, 가톨릭교, 이슬람교 등이다. 그런데 미나하사 사람들은 아직도 전통적인 신앙을 가지고 있다. 결혼식, 출생 의식, 장례식 등에서 그 전통적 신앙을 볼 수 있다. 그리고 미나하사족은 보름달에 예식을 올린다. 예식의 장소는 오뽀오뽀(Opo-opo) 신의 무덤, 큰 돌, 큰 나무, 그리고 와투 피나브틍안(Watu Pinabetengan)이라는 신성한 장소에서 이루어진다. 예식을 진행하는 사람은 왈리안인데, 보통 미나하사 사람들이 존경하는 사람이다.

미나하사족은 신비한 것을 많이 믿는다. 그 중에 하나는 신을 믿는 것이다. 신은 미나하사 말로 오뽀(Opo) 아니면 음풍(Empung)이다. 미나하사 신화에서 가장 높은 신은 오뽀 와일란 왕코(Opo Wailan Wangko)이다. 미나하사 사람들은 오뽀 왈리안 왕코가 세상에 있는 모든 것을 창조하였다고 믿는다. 또한 오뽀가 유령을 쫓아낼 수도 있다고 믿는다.

6. 전통 의상

예전에는 미나하사 여자들은 크바야(Kebaya)를 입었다. 미나하사 여자들이 입은 크바야를 우양(Wuyang)이라고 불렀다. 우양은 나무껍질로 만든 옷이었다. 그리고 미나하사 남자들은 바주 카라이(Baju Karai)라는 옷을 입었다. 바주 카라이는 야자나무 잎으로 만든 검은 색 옷이었다. 그런데 유럽과 중국의 영향으로 미나하사족의 전통 의상도 달라졌다. 미나하사족의 유명한 전통 의상은 두 가지가 있다.

● **바주 이칸 두융(Baju Ikan Duyung)**
바주 이칸 두융(Baju Ikan Duyung)은 보통 결혼식 때 입는다. 신부는 흰색 크바야를 입는다. 그리고 아래에 입는 것은 사롱 천이다. 그 사롱 천의 무늬가 물고기 비늘 모양(Motif Sisik Ikan)이라서 바주 이칸 두융이라고 한다.

● **부사나 프무카 아다트(Baju Pemuka Adat)**
부사나는 프무카 아다트(Pemuka Adat)는 미나하사족의 지도자 옷이다. 이 옷은 검은 색 와이셔츠와 비슷한데 와이셔츠의 무늬가 꽃이다. 모든 무늬의 색깔은 황금빛의 노란색이다. 남자들이 보통 이 옷을 입을 때 벼꽃 무늬 빨간색 모자와 같이 쓴다.

7. 전통 가옥

미나하사족의 전통 가옥은 왈레(Wale) 혹은 발레(Bale)라고 불린다. 미나하사족의 전통 가옥은 루마 팡궁(Rumah Panggung)이라고 한다. 이 집은 지면과 떨어져 있어서 계단을 통해 올라가야 한다. 이 집에는 계단이 두 곳에 있고 기둥은 열여덟 개 있다. 또한 이 집은 스툽(Setup, 발코니), 르로앙안(Leloangan, 거실), 포레스(Pores, 실내), 그리고 방으로 이루어져 있다. 맨 앞부분은 손님을 환영하거나 가족 예식이 있을 때 사용한다. 맨 뒷부분은 빨래하는 곳이다. 그리고 맨 위는 다락방인데 미나하사 사람들은 보통 이 곳에 수확물을 보관한다. 또한 집 밑은 보통 창고나 개집으로 사용한다.

8. 전통 예식

미나하사의 전통 예식은 여러 가지이다.

- **모노데아가(Monondeaga)**
  모노데아가(Monondeaga)는 볼랑 몽온도(Bolaang Mongondow) 지역의 전통 예식이다. 이 예식은 첫 생리를 한 여자를 위해 이루어진다.

- **무푹 임 베네(Mupuk Im Bene)**
  무푹 임 베네(Mupuk Im Bene)는 제천의식과 비슷하다. 미나하사 사람들은 이 제천의식을 거행할 때 음식을 많이 준비한다.

● 므티푸(Metipu)

므티푸(Metipu)는 하느님께 존경을 표하기 위한 예식이다. 미나하사 사람들은 이 예식을 올릴 때 보통 여러 가지 향기로운 잎을 태운다.

● 와투 피나으통안(Watu Pinawetengan)

와투 피나으통안(Watu Pinawetengan)은 미나하사족의 단일성과 통합을 상징하는 예식이다. 이 예식에서 사람들은 큰 원을 만들고 서로 손잡고 다 같이 로요르즈 엔도(Royorz endo)라는 노래를 부른다.

● 장례식

예전에 미나하사족은 죽은 사람을 매장하기 전에 먼저 워카(Woka, 어린 야자 잎)로 쌌다. 그런데 9세기부터 와루가(Waruga, 전통 무덤)를 사용했다. 죽은 사람의 머리는 북쪽으로 향했다. 왜냐하면 미나하사 사람들은 자기의 조상이 북쪽에서 왔다고 믿었기 때문이다. 그러나 1860 년부터 네덜란드는 죽은 사람을 와루가에 넣는 것을 금지했다. 그리고 기독교가 미나하사에 들어온 후부터는 지금까지 죽은 사람은 땅에 매장했다.

● 결혼식

요즘 미나하사족의 결혼식은 예전과 많이 다르다. 미나하사족의 결혼식은 신랑 집이나 신부 집에서 할 수 있다. 결혼식을 하기 전에 신랑과 신부는 만디 아다트(Mandi Adat)를 해야 한다. 만디 아다트(Mandi Adat)는 결혼하기 전에 신랑과 신부가 관습적으로 샤워하거나 목욕하는 것이다. 만디 아다트는 루멜레(Lumele)라고도 한다. 어른들은 9가지 꽃을 섞은 물을 신랑과 신부의 목부터 발끝까지 뿌린다. 그리고 기독교인들은 보통 교회에 가서 축복을 받는다.

미나하사족의 전통 결혼식 때 왈리안(Walian)은 하느님께 먼저 기도한다. 이 절차의 이름은 수믐풍(Sumempung) 혹은 수맘보(Sumambo)이다. 그 다음에 신랑과 신부는 타왕나무를 잡고 서로 약속을 한다. 이 절차의 이름은 피낭 따뚱에은(Pinang Tatenge"en)이다. 그 다음에 장작을 쪼개고, 신랑과 신부는 밥과 생선을 같이 먹는다. 그 후 손님들은 다 같이 전통 노래를 부른다.

9. 전통 예술

미나하사족에게는 전통 춤이 많이 있다. 마엥켓(Maengket) 춤, 카트릴리(Katrili) 춤, 카바사란(Kabasaran) 춤 등이 있다. 그런데 그 중에서 가장 대표적인 춤은 마엥켓(Maengket) 춤이다. 마엥켓 춤은 수확한 후 하느님께 감사를 표하는 것이다. 춤의 동작은 간단하다. 마엥켓 춤의 종류는 세 가지이다. 첫 번째는 마오웨이 캄베루(Maowey Kamberu) 춤이다. 두 번째는 마람박(Marambak) 춤이다. 그리고 세 번째는 라라야안(Lalayaan) 춤이다.

미나하사족의 전통 악기는 콜린탕(Kolintang)과 무식 밤부(Musik Bambu)이다. 콜린탕은 그룹으로 연주하는데 한 그룹은 5~6명 정도이다. 미나하사 사람들은 미나하사의 전통 노래를 할 때 콜린탕을 연주한다. 콜린탕은 지금 세계에서 아주 유명하다. 무식 밤부는 대나무로 만든 전통 악기이다. 무식 밤부는 그룹으로 연주하는데 한 그룹은 30~40명 정도이다.

미나하사족의 전통 노래는 에사 모칸(Esa mokan), 루리 위사코(Luri wisako), 오 이나 이 케케(O ina ni keke), 오포 와나나타스(Opo wananatas), 사 아쿠 이카 그낭(Sa aku ika genang), 말스 미나하사(Mars Minahasa), 시 파토카안(Si Patokaan) 등이다.

카카오 열매를 말리고 있는 모습

Koentjaraningrat, *Manusia dan kebudayaan Indonesia*, Jakarta: Djambatan, 1990.

https://www.academia.edu/8377353/Makalah_Mengenal_Kebudayaan_Minahasa_Sulawesi_Ut
        ara_

http://www.minahasa.net/

http://infominahasa.weebly.com/uploads/9/4/6/7/9467792/rangkuman_toar_lumimuut.pdf

http://www.theminahasa.net/history/stories/indexid.html

<h1 style="text-align:center">또라자(Toraja)족*</h1>

1. 거주 지역과 인구

또라자 도시 입구

　　술라웨시 섬 남부 지역의 또라자(Toraja)는 독특한 장례식 문화로 유명한 곳이다. 해발 700~1,500m의 산악지역에 위치한 곳으로서 논농사를 주업으로 하면서 알룩또돌로(Aluk Todolo)와 똥꼬난(Tongkonan)으로 유명한 또라자 사람들이 살고 있는 곳이다. 일반적으로 또라자라고 부르며 또라자의 정식 명칭은 타나 또라자로서, 높은 지역에 살고 있는 사람들이라는 의미를 가지고 있다. 또라자는 행정 지역으로 막깔레(Makaie)와 란떼빠오(Rantepao)로 구분된다. 현재 또라자 지역 인구는 약 50만 명 정도이며, 타 지역으로 나가서 생활하고 있는 또라자 사람들을 전부 합하면 약 2백만 명 정도 된다고 한다.

* 김길녀 / 시인

또라자 민속촌의 똥꼬난

2. 또라자족의 생활과 문화

1) 종교

95% 가량이 기독교(청교도)인이고, 3~4% 정도가 이슬람교인이며, 1% 정도는 알룩또돌로라고 하는 토속 신앙을 가지고 있다. 네덜란드가 인도네시아를 340년간 지배했지만 또라자 지역을 지배한 기간은 100년 정도이다. 기독교는 네덜란드인들이 전파한 종교로서 과거의 토속 신앙인

알룩또돌로와 결합하여 독특한 장례문화가 탄생하게 되었다.

토속 신앙 알룩또돌로에 의하면, 행복은 똥꼬난 동쪽에서 온다고 믿고 행복을 다루는 모든 의식은 오전이나 연기가 위로 올라갈 때 치른다. 결혼식(람부뚜까)이 대표적이다. 그리고 불행은 똥꼬난 서쪽에서 온다고 믿고 행사는 오후나 저녁 시간 연기가 내려갈 때 치른다. 일몰과 함께 불행, 슬픔을 함께 하는 것이다. 장례식(람부솔로)이 대표적이다.

사람, 동물, 식물의 탄생과 생활에도 동일한 의미를 부여한다. 그런 이유로 건물이나 집 구조를 수평적으로 짓는다. 똥꼬난 지붕은 긴 배 모양이고, 길게 이어진 집안의 내부는 수직 형태가 아닌 수평으로 한 공간임을 알 수 있다.

1969년 알룩또돌로 토속 종교는 인도네시아 정부에 의해 공식적으로 인정되어 지금까지 유지되고 있다. 알룩또돌로가 근거한 우주관은 하늘, 땅, 지하이다. 동쪽은 지구의 좋은 곳, 서쪽은 죽음과 슬픔, 남쪽은 지구의 뒷모습, 북쪽은 지구의 머리를 나타낸다. 따라서 동쪽은 신의 창조, 서쪽은 조상의 영혼인 알룩또돌로, 남쪽은 현재 인간들이 사는 곳, 북쪽은 우주 창조를 뜻한다. 이들은 이 법칙을 어기면 불행이 온다고 믿는다. 알룩또돌로는 광범위하게 힌두교 영역에 속한다. 오래 전 또라자 철학자에 의해 소개되었으며, 동물을 믿는 것에 기초하였다. 따라서 신앙과 관습의 차이는 불분명하다.

또라자 사람들은 숭배의 의미로 물소, 돼지. 닭 세 종류의 동물을 바치면서 장례식과 추수 감사제를 지낸다. 3대 원칙인 우주 창조자(뿌안 마뚜아), 신(띠아따), 조상들의 영혼(알룩또돌로)은 후손들을 축복하고 돌보고 관리하면서 영향을 준다고 믿는다. 이들은 3이란 숫자에 큰 의미를 부여

한다.

2) 장례식과 결혼식

또라자 사람들은 토속 신앙인 알룩또돌로의 영향에 의해 사람이 죽으면 그 영혼이 물소와 돼지의 영혼의 힘을 빌려서 천국에 갈 수 있다고 믿는다. 일반적으로 사람이 죽으면 많은 물소와 돼지를 구입할 장례 비용이 마련될 때까지 그 시신을 집안에 보관한다. 장례를 치르기 전까지는 사람이 죽지 않고 다만 아프다고 여겨서 죽은 사람을 집안에 두고 같이 생활한다. 짧게는 며칠에서 길게는 몇십 년까지 시신을 집안에 두고 함께 생활한다고 한다. 시신 보관을 위해서 또라자에서 구할 수 있는 특유의 약품을 주기적으로 발라주는데, 시신 썩는 냄새가 전혀 나지 않는다고 한다. 또라자 사람들이 타 지역에서 사망할 경우 약 95% 정도는 그 시신을 또라자로 운반하여 와서 똥꼬난을 사용하는 친지의 집에 보관하였다가 또라자 특유의 장례를 치른다.

장례식 때에는 물소를 최소한 25마리 이상 잡아야만 어느 정도 인정이 되는 규모의 장례를 치르게 된다. 많게는 100마리 이상 잡는 경우도 있다. 물소의 가격은 무게에 따라 다르지만, 한 마리당 2천만 루피아에서 4천만 루피아 사이라고 하며, 얼룩무늬나 백색의 물소는 그 가격이 훨씬 비싸다. 장례식 때 잡은 물소의 가죽은 자카르타 등으로 판매되며, 고기는 장례식에 참석한 사람들에게 무상으로 나누어 준다. 물소 뿔은 똥꼬난의 중심 가옥 전면에 차곡차곡 걸어둔다. 걸어 두는 물소 뿔이 많을수록 그 똥꼬난의 사회적 지위가 올라가는 것으로 여긴다.

현대식 콘크리트 무덤(민속촌)

또라자 사람들은 결혼식보다 장례식에 더 큰 의미와 비중을 둔다. 또라자 사람들이 알룩또돌로 형식의 장례를 치를 때 교회의 목사가 장례식에 와서 설교를 한다. 결혼식은 먼저 교회에서 가까운 곳에 살고 있는 친지들만이 참석한 가운데 식을 올리고 이후 신부의 집으로 이동하여 많은 친지(같은 똥꼬난을 사용)나 지인들이 참석한 가운데 알룩또돌로 형식의 결혼식을 다시 치른다. 장례식이나 결혼식에 참석하는 사람은 거의 천 명에 이른다. 장례식이나 결혼식 전에 화려한 치장을 한 소녀들이 금색 칠을 한 칼을 들고 앞에 서고, 뒤에는 여러 명의 치장한 남자들이 길잡이를 하며, 행사의 시작을 알린다. 결혼식에 참석한 사람들은 신랑과 신부를 기다리는 동안 간단한 음료를 마시거나 게임을 하면서 시간을 보낸다. 두 행사 모두 축제와 같다.

3) 또라자의 다양한 무덤

A. 매다는 무덤(Hanging Grave)

초기 무덤으로서 동굴이나 돌출된 바위의 천정으로부터 끈을 이용하여 관을 공중에 매다는 무덤의 형태이다. 나중에는 관을 동굴의 틈에 두는 형식이 가미되기도 하였다. 약 250년에서 길게는 1천 년 전 무덤으로, 관 안에 장례를 치른 가족의 시신을 계속 추가로 안치하였다. 오래된 관이 공중에서 떨어지기도 하고, 동굴 틈에 둔 관이 부패하여 유골이 밖으로 나오기도 하나, 이들 유골을 매장하거나 별도로 보관하지는 않고 동굴 안에 그대로 둔다. 지금도 그 유골들을 볼 수 있다.

B. 바위무덤(Stone Grave)

큰 바위의 일정 부분을 선택하여 작은 입구를 만들고 이를 통하여 안쪽에 가로, 세로, 높이, 각각 약 3m 가량의 공간을 만든다. 그곳에 장례를 치른 가족의 시신을 안치한다. 초기에는 관을 사용하지 않고 천에 싸서 시신을 안치하여 무덤 입구가 작았다. 근래에는 관을 사용하면서 바위 무덤의 입구가 관이 들어갈 수 있을 정도로 커졌다. 장례를 치른 후 시신을 운반하는 똥꼬난 형태의 상여도 무덤 인근에 그대로 둔다. 또라자 사람들은 시신이나 상여를 땅에 묻거나 불에 태우지 않고 자연적으로 부패하여 소멸하도록 한다. 바위 무덤은 바위 주인이 있어서 사용하려면 약간의 돈을 지불해야 한다. 대부분 소유주의 친척들이 이용한다고 한다.

바위무덤과 똥꼬난 상여들

C. 현대식 무덤

근현대로 오면서 동굴무덤이나 바위무덤 공급이 한계에 이르자, 작은 바위 위나 바위 근처 등에 콘크리트로 바위 무덤 형태의 무덤을 만들고 지붕은 똥꼬난 모양을 한다. 무덤 하나에 가족 시신을 모두 안치한다.

D. 아기무덤(Baby Grave)

또라자 사람들은 이가 나지 않고 말을 할 수 없는 나이(첫 돌 이전)의 영아가 사망한 경우 '따르라 트리'라고 하는 나무에 구멍을 파고 그 속에 영아의 시신을 넣어 두었다. 그 이유는 사망한 영아가 천국으로 보내 달라고 말을 할 수 없기에 수액이 많은 나무에 넣어 두면 그 수액이 모유의 역할을 하고 나무의 무덤이 여성의 자궁 역할을 하여, 사망한 영아가 천국으로 갈 수 있기 때문이다. 아기 무덤의 위치는 부모의 지위에 따라 다르다. 귀족의 자녀인 경우 하늘에 가까운 나무의 가장 높은 곳에 두고 평민은 가장 아래쪽에 두었다. 아기의 장례 때 귀족은 돼지를 잡아 바치고, 평민은 닭이나 달걀을 바쳤다. 약 25년 전까지는 아기 무덤이 있었으나, 지금은 나무의 빠른 고사를 염려해 이 장례식 문화는 없어졌다. 현재는 약 다섯 군데 정도의 아기무덤 나무가 존재한다고 한다. 지금은 영아도 현대식 가족 무덤에 안치한다.

<blockquote>
엄마 대신 젖을 주고
엄마 대신 눈빛 맞추고

엄마 대신 자장가를
불러주는 천국행 사다리

아기를 키워주는 나무 무덤
– 졸시 <따르라트리>
</blockquote>

5) 무덤에 따르는 상징물들

A. 란떼(Rante)와 심부앙(simbuang)

과거 또라자 사람들은 알룩또돌로 형식의 장례를 치를 때에 똥꼬난에서 물소를 바치는 장례 외에 란떼라는 곳에서 또 한 번의 장례를 치렀다. 여기서 또 물소를 바치는 장례를 치르고 바위 무덤 앞에 세우는 따우따우(Tau Tau)라는 목각 인형과 의미가 유사한 커다란 돌기둥을 세웠다. 이 돌기둥을 심부앙이라고 한다. 근대에 들어오면서 두 번 치르는 장례식이 비용과 시간상 불합리하다고 하여 란떼에서 장례를 치르는 일은 거의 사라졌다. 또라자 지역의 마을마다 크고 작은 돌기둥이 세워져 있는 란떼를 볼 수 있다.

또라자에 살고 있는 물소들은 람부솔로 때면 고인과 함께 저승길을 동행해야 한다.

B. 목각 인형(Tau Tau)

또라자 사람들의 신분은 귀족, 평민, 천민 등으로 구분된다. 평민 이상 주로 귀족의 장례식에서 물소를 최소 25마리 이상 잡을 경우 고인을 상징하는 목각인형을 제작하여 무덤의 밖에 세워 둔다. 이 인형을 따우 따우라고 부른다. 과거에는 단순한 목각인형 형태였으나, 최근에는 고인의 생전 모습과 유사한 인형을 세우거나, 목각인형 대신 영정 사진을 무덤 앞에 두는 경우도 많다. 무덤 근처의 가게에서 이러한 형태의 인형을 관광 상품으로 팔기도 한다.

인도네시아 술라웨시 섬 따나 또라자
천 년 된 동굴묘지
헝클어진 바위틈

따우따우라 불리는 목각인형들
말간 얼굴로 두 손 내밀어
이국의 여자를 부르네
　　　　- 졸시 <죽기 좋은 장소>

심부왕

6) 동굴 무덤이나 바위 무덤이 탄생하게 된 배경

또라자 사람들은 대부분 벼농사를 짓는다. 비가 많이 오는 지역이라 고산지대에서도 계단식 논을 만들어 벼를 심는데 1년에 2모작을 한다. 인도네시아의 다른 지역은 대부분 3모작을 한다. 초기에 정착한 또라자 사람들의 조상은 논이나 밭에 무덤을 만들 경우, 후손들이 농사지을 땅이 부족할 것을 염려하여 동굴과 바위에 무덤을 만들게 되었다고 한다.

7) 또라자의 역사와 똥꼬난(Tongkonan)의 탄생 배경

또라자 사람들은 인도차이나 반도에서 쁘라우(prau)라고 불리는 배를 타고 술라웨시 섬으로 온 것으로 알려졌다. 술라웨시 섬 남부 서쪽의 사당강을 배를 타고 거슬러 올라온 이들은 현재의 응르깡에서 내려 육로로 또라자로 이동하였다. 이때 타고 온 배도 끌고 왔다. 집단으로 이주한 이들은 거주지마다 자신들이 타고 온 쁘라우 형태의 집과 곳간을 짓게 되었다.

전설처럼 전해 오는 이야기에 따르면, 이들은 언젠가는 배를 타고 고향으로 돌아갈 꿈을 꾸었다고 한다. 이들은 배의 제작법을 잊지 않기 위해서 또 고향에 대한 그리움을 달래기 위하여 배의 모양인 똥꼬난을 만들기 시작했다. 이것이 오늘날 또라자 특유의 거주 공간이자 행사 장소와 화합의 장소로 사용되고 있는 똥꼬난이 탄생하게 된 배경이다.

주거 공간으로 사용되는 똥꼬난은 목재를 사용하여 만드는데, 지붕은 대나무를 이용하여 배 모양으로 만든다. 지금은 똥꼬난 지붕을 양철로 만든다. 1층에서는 주로 물소와 개를 기르고, 2층에서는 사람들이 생활한다. 가운데는 부엌과 거실로 사용하고 나머지 두 곳은 부모의 침실과 아이들의 침실이다. 돼지우리와 화장실은 옥외에 설치한다. 똥꼬난은 집 안에 화장실이 없다. 최근에는 똥꼬난은 그대로 두고, 바로 옆에 화장실 같은 시설을 갖춘 편리한 현대식 집을 지어 생활하는 경우가 많다. 쌀을 보관하는 용도의 똥꼬난은 주거 공간보다 소규모로 만드는데, 지지목은 쥐들이 올라오지 못하도록 둥글고 미끌미끌한 나무를 사용한다. 똥꼬난의 똥꼰은 회합이라는 뜻이며, 안은 앉는다는 뜻이다. 똥꼬난의 전면 상단에 있는 물소 머리 형태의 조각은 조직의 리더를 뜻하며, 그 위에 있는 닭 머리 모양의 조각은 법적인 정의를 의미한다.

> 멀리 오면서 두고 온 고향 바다
> 깊은 산 속
> 살아서도 죽어서도
> 바다와 함께 영원을 사는 또라자 족

지붕으로
상여로
무덤으로

살아 있는 전설의
슬픈 배 이름이여!
　　　-졸시 <똥꼬난>

따우 따우

8) 전통 음식

또라자의 전통음식으로 빠삐용이 있다. 굵은 대나무 통 속에 물소나 돼지, 닭고기와 야채를 넣고 3~4시간 불에 구워서 익힌다. 다 익은 음식을 접시에 담아서 먹는다. 시간이 많이 걸리므로 식당에서는 미리 주문하여야 한다. 고기마다 들어가는 야채가 다르고 독특한 양념을 한다.

빠삐용(음식)

9) 주요 경제 활동

물소와 돼지를 길러서 얻는 수입이 가장 많다. 그 다음으로 커피, 카카오 등을 팔아서 얻는 수입이 있다. 1년 내내 관광 시즌이다. 유럽인들이 많이 오지만 관광으로 버는 수입은 적다. 또라자족 수입의 50%는 타지역에서 일하는 또라자 사람들이 벌어 오는 것이다.

10) 기타

또라자 사람들의 생활 만족도는 매우 높다. 오래 전엔 수명이 길었으나 지금은 오히려 줄었다고 한다. 남자의 키는 평균 160㎝, 여자는 150㎝ 정도이고 마른 편이다. 매운 음식을 잘 먹으며 성격이 급하다. 한국인들의 습관과 비슷한 면이 많은 것으로 알려져 있다. 지역어가 있지만 표준어인 바하사 인도네시아어를 사용한다. 여행할 경우 인니어보다 영어가 편하면 여행사에 영어를 잘하는 가이드를 부탁하면 된다. 결혼식이나 장례식은 주로 주말에 이루어지므로 여행 일정을 정할 때 참고하면 좋다. 건기에 여행하면 좋다. 우기에는 거의 매일 비가 오고 비포장 길이 많아서 매우 불편하다.

또라자 결혼식

3. 맺음말

또라자는 인도네시아의 에덴동산으로 불리며, 족자카르타와 발리 다음으로 중요한 관광지로 통한다. 삶과 죽음의 경계가 없는 도시로 느껴졌다. 버킷리스트에 추천하고 싶은 곳이기도 하다. 토속 신앙을 지키며 욕심 없이 살아가는 사람들. 공장이 없고 택시도 없으며 있는 것보다는 없는 것이 더 많아서 평화로운 도시이다. 죽기 좋은 장소가 살기도 좋은 곳임을 온몸으로 느낄 수 있는 또라자. 여행 내내 스스로 유배자가 되어 세속으로부터의 완전한 자유를 느낄 수 있었다. 깊은 산 속에서 바다를 그리워하며 바다를 이고 사는 사람들. 천 년된 똥꼬난 지붕에서 바람의 시간을 밟아가는 풀들의 속삭임이, 이국의 여자를 오래도록 머물게 하였다. 그리움을 전하듯 먼 곳으로 향한 똥꼬난의 지붕과 유난히 파란 하늘의 떠돌이 구름들. 나의 몸과 마음이 말갛게 얼굴을 내밀던 시간들. 다시 한 번 더 그곳으로 가고 싶다는 열망으로 나날의 삶이 풍요로우리라 믿는다. 권태와 우울이 키우던 또 다른 나는 그곳에 두고 왔다. 숲 속 마을의 오래된 똥꼬난 지붕에서 전해지던 느낌 좋은 아득함. 동굴 속에서 손 흔들던 따우 따우의 그 몸짓에 주황색 라다꽃의 안부를 부친다.

사진 김길녀 / namoo0208@hanmail.net

제 5 부

발리, 롬복, 암본, 빠부아 섬의 주요 종족과 문화

발리(Bali)족*

1. 거주 지역

발리(Bali)라는 이름은 세계적으로 유명하지만 발리가 인도네시아 안에 있다는 사실도 모르는 사람이 꽤 많다. 그만큼 발리가 휴양지로 유명하다. 발리는 인도네시아의 한 주이며 자바 섬과 롬복 섬 사이에 위치해 있다. 발리 주에는 가장 큰 섬인 발리 섬과 몇 개의 작은 섬들이 있다. 발리 섬 근처에는 누사 프니다(Nusa Penida) 섬, 누사 름봉안(Nusa Lembong-an) 섬, 누사 츠닝안(Nusa Ceningan) 섬, 스랑안(Serangan) 섬이 있다. 발리 주의 수도는 덴파사르(Denpasar)이며 이는 발리 섬의 남쪽에 있다. 발리족의 인구는 2010년 기준으로 약 3백 90만 명이고 90%는 발리 섬에 거주하고 있다. 나머지는 자바 섬, 롬복 섬, 보르네오 섬 등에 거주한다.

발리 섬의 넓이는 5,808.8㎢이다. 서쪽으로부터 동쪽까지 이어진 산맥이 있어 발리 섬을 북쪽과 남쪽으로 나누고 있다. 북쪽은 대부분 산인

* 뿌뚜 쁘라마니아(Putu Pramania) / 인도네시아 대학교 한국학과 강사

반면에 남쪽은 평야이다. 이와 같은 지리적인 영향과 역사적인 영향으로 인해 발리족은 둘로 나뉘었다.

1343년에 마자파힛(Majapahit) 왕국이 발리에 들어와서 발리족을 지배하려고 하였다. 그러나 그 당시 발리에 있는 브다훌루(Bedahulu) 왕국에는 아주 강한 빠티(Patih)가 있었다. 그 이름은 끄보 이와(Kebo Iwa)이다. 끄보 이와는 자신이 발리 땅에 있는 동안 아무도 발리를 정복할 수 없을 것이라고 장담하였다. 그렇기 때문에 발리를 정복하려던 마자파힛 왕은 속임수를 썼다. 마자파힛 왕은 끄보 이와 같은 강한 수상에게 어울리는 여자를 소개시켜 주겠다며 마자파힛 왕국으로 초대를 하였다. 이 제안을 받은 끄보 이와는 브다훌루 왕에게 허락을 받고 마자파힛 왕국에 갔다. 끄보 이와가 마자파힛 왕국에 도착하자 마자파힛 왕국의 수상인 가자 마다(Gajah Mada)는 마자파힛 왕께서 우물을 파 달라는 부탁을 하였다고 전했다. 힘이 세기로 유명한 끄보 이와는 물 부족 상태인 마자파힛에 큰 도움이 될 수 있을 것이라고 생각하여 그 부탁을 들어주기로 하였다. 그러나 그 부탁은 속임수이었다. 끄보 이와가 땅을 파고 있을 때 가자 마다가 그를 빨리 묻으라는 명령을 내렸고 그로 인해 끄보 이와는 죽었다.

끄보 이와가 죽은 다음에 마자파힛 왕국은 발리를 정복했다. 발리족은 마자파힛 왕국으로 인해 발리 아가(Bali-Aga) 및 발리 마자파힛(Bali-Majapahit)으로 나뉘었다. 발리 아가 사람들은 주로 북쪽 산에 살았고, 발리 마자파힛 사람들은 남쪽에 있는 평야에 살았다. 발리 아가족은 마자파힛의 영향을 크게 받지 않아서 스스로 발리족의 원주민이라고 주장하였다. 따라서 발리 아가족은 '발리 물라(Bali Mula)'라고도 하는데, '물라'는 시작이라는 뜻을 가지고 있다.

발리 여인들의 아름다운 모습

2. 언어

발리족은 발리어와 인도네시아어를 사용한다. 어휘와 문법의 측면에서 발리어는 인도네시아어와 비슷하다. 발리어는 전체적으로 산스크리트어와 고대 자바어의 영향을 많이 받았다. 발리어에는 경어법이 있으며, 이는 총 3가지로 나눌 수 있다. 제일 높은 것은 발리 알루스(Bali Alus)라고 하여 공식적인 자리 혹은 높은 계층이나 나이가 많은 사람에게 사용한다. 두 번째는 발리 마댜(Bali Madya)이고, 세 번째는 발리 카사르(Bali Kasar)이다. 발리 마댜는 계층이 높은 사람이 아래 계층에게 사용하며, 발리 카사르는 아래층에 있는 사람들끼리 사용한다.

또한 발리족은 대부분 힌두교를 믿는다. 적은 소수만이 이슬람교, 기독교, 불교를 믿는다. 힌두교의 경전은 베다(Veda)이다. 힌두교인은 상 향 위디(Sang Hyang Widhi)라고 불리는 하느님을 믿는다. 상 향 위디는 3주신의 모습으로 나타난다. 3주신은 트리무르티(Trimurti)라고 하는데, 창조 신 브라흐마(Brahma), 보호 신 비슈누(Visnu), 파괴 신 시바(Siva) 등을 의미한다. 각 신들은 상징을 가지고 있다. 브라흐마는 'A', 비슈누는 'U', 시바는 'M'이다. 이를 합치면 'AUM' 혹은 'OM(옴)'이 되는데, 이는 힌두교에서 신성시되는 주문이다. 이 3주신 외에도 애니미즘의 영향으로 인해 다양한 신 및 조상을 숭배한다. 따라서 힌두교를 믿는 사람들은 집안이나 사무실 곳곳에 꽃이나 과일로 장식된 스사젠(Sesajen)을 놓고 숭배한다. 스사젠은 감사의 마음을 표현하거나 소원을 빌 때 올리는 봉헌물 같은 것이다. 주로 코코넛 잎으로 만들며, 과일이나 꽃을 사용해서 장식을 한다. 발리에서는 스사젠을 쉽게 찾아볼 수 있다.

녀삐 전날 제단에 슴바양하고 있는 힌두교 삐망꾸

힌두교인들은 '푸라(Pura)'라는 사원에서 기도한다. 그래서 발리 섬이 푸라로 가득하다. 집뿐만 아니라 학교, 사무실, 마을, 시장 등과 같은 공공장소에서도 푸라를 쉽게 찾아볼 수 있다. 발리 섬에서 가장 큰 푸라는 푸라 브사키(Pura Besakih)이다. 이 푸라 브사키는 유명한 관광지가 되고 있다.

발리에서는 학생들이 입학하면 신입생들만 단체로 버두굴 사원에 와서 숨바양을 드린다.

3. 사회

힌두교는 모든 면에서 발리족에게 큰 영향을 미치고 있다. 발리족 사회에서는 단란함과 관용을 가장 중요하게 생각한다. 이는 우파니샤드(Upanishad)에 나오는 '탓 투암 아시(Tat Tvam Asi)'라는 말에서 유래되었다. 글자 그대로의 뜻은 '너는 그것이다(You are that)'이다. 여기에서 '그것'

이라는 말은 다른 사람, 곧 몸 또는 눈으로 볼 수 있는 것이 아니라 '아트만(Atman)'을 가리킨다. 모든 것이 상 향 위디(Sang Hyang Widhi)에 의해 창조되었으며, '나는 너이다' 또는 '모든 생물은 같다'라는 의미이다. 따라서 다른 사람을 도와주거나 다치게 하면 자신을 도와주거나 다치게 하는 것과 다름이 없다. 이러한 개념 때문에 발리족은 모두 한 가족이라 생각하여 강한 연대의식을 갖고 있다.

또한 발리족은 부계 사회이므로 혈연관계 및 상속이 아버지 계통을 중심으로 이루어진다. 그래서 아들은 가족을 유지하는 역할을 하며 집 안에 있는 상가흐(Sanggah), 즉 기도하는 곳을 계속 관리해야 할 의무를 가진다. 어떤 가정에 아들이 없다면 딸 한 명이 자신의 가족이 될 용의가 있는 남자와 결혼해야 한다. 그래서 그 딸 한 명이 가족에 남아 남편과 함께 상가흐를 관리할 수 있다. 여자가 남자 집으로 시집가는 것이 아니라 이렇게 반대로 하는 것을 발리에서는 '슨타나(Sentana)'라고 한다. 그러나 슨타나를 원하는 남자를 만나는 것은 쉽지 않다. 남자는 자신의 집에 있는 상가흐를 관리하여야 하기 때문이다.

발리 사회를 묶는 공동체는 친족 관계 외에 '반자르(Banjar)'가 있다. 반자르는 한 마을 안에 있는 작은 사회 공동체를 말하는데 행정적 또는 관습적으로 사람들을 관리한다. 반자르의 대표자는 '클리안 반자르(Klian banjar)'라고 하며 반자르 사람들에 의해 추대된다. 이 대표자는 행정뿐만 아니라 관습에 관련된 문제들을 관리해야 할 의무가 있다. 반자르 조직은 폐쇄적이지 않고 엄격하지도 않다. 반자르 안에서 태어난 사람들뿐만 아니라 반자르 근처에 사는 외부인도 한 반자르에 가입하여 회원이 될 수 있다. 반자르 회원이 되기 전에 대표자는 보통 그 사람의 주민등록증,

직업 등에 대해 알아본 후 반자르의 규칙을 위반하지 않았으면 반자르 회원이 되게 한다. 반자르 대표자는 외부인인 경우 잘 관리해야 한다. 도둑, 마약 밀매범 등과 같은 사람이 없게끔 반자르 주민들을 잘 파악해야 한다. 만약에 이러한 사람을 발견하면 반자르 대표자는 그 사람을 쫓아낼 수 있다.

한 반자르 안에는 마을회관 같은 모임의 장소가 있다. 이는 '발레 반자르(Bale Banjar)'라고 한다. 발레 반자르는 회의 장소일 뿐만 아니라 발리 춤이나 악기를 연습하는 장소이기도 하다. 그리고 결혼식이나 장례식이 있을 경우에도 사용할 수 있다.

반자르 외에 '스카(Seka)' 및 '수박(Subak)'이라는 모임들이 있다. 스카는 동호회라고 볼 수 있으며 특수한 분야에 있는 사람들의 모임이다. 예를 들면, '스카 트루나(Seka Truna)'는 젊은 남자들의 모임, '스카 다하(Seka Daha)'는 젊은 여자들의 모임, '스카 바리스(Seka Baris)'는 바리스 춤을 추는 사람들의 모임이다. 한편 수박은 논밭의 관개 조직을 관리하는 모임이다. 수박은 반자르와 별도로 운영된다. 같은 수박 조직에 있는 사람들이 같은 반자르에 있는 것이 아니기 때문이다. 수박의 회원은 한 수박이 관리하는 댐에서 물을 받는 논밭 주인 또는 논밭 경작자들이다. 따라서 반자르 사람들은 자신의 논밭 위치에 따라 그 곳에 있는 수박에 가입하게 된다. 수박이 있으므로 모든 논밭은 공평하게 물을 받을 수 있다.

발리족의 사회에 대해 언급할 때, '카스트(Caste) 제도'를 빼놓을 수 없다. 카스트 제도는 인도뿐만 아니라 발리에서도 찾아볼 수 있다. 그런데 인도에서는 카스트 제도가 일상생활의 모든 측면에 영향을 끼치지만 발리는 그렇지가 않다. 발리의 카스트 제도는 힌두교의 문화적 적용이라고 할 수 있다.

발리에는 원래 베다(Veda)에 나오는 '차투르 와르나(Catur Warna)'라는 제도가 있다. '차투르'는 '넷(4)'이라는 뜻이고, '와르나'는 '선택'이라는 뜻이다. 즉, 일에 관련된 능력, 재주, 교육 배경 등에 따라 네 가지의 선택 또는 기능적 분류가 이루어진다. 차투르 와르나에 속한 기능은 '브라마나(Brahmana), 사트리아(Ksatria), 와이샤(Vaisya), 수드라(Sudra)' 등이다. 이 분류에 따르면, 모두 동등한 위치에 있기 때문에 누가 더 높고 낮은지를 따지지 않는다.

'브라마나'는 흰색으로 상징되어 종교 분야에서 일하는 사람들을 가리킨다. '사트리아'는 빨간색으로 상징되어 나라를 지도하고 보호하는 분야에서 일하는 사람들을 가리킨다. '와이샤'는 경제, 사업 등과 같은 사회 복지를 위해 일하는 사람들이며 노란색으로 상징된다. 마지막은 '수드라'인데, 이는 노동에 관련된 일을 하는 사람들을 가리키며 그 색깔은 검은색이다. 이처럼 발리의 차투르 와르나 제도는 능력이나 재주에 따라 사람들의 일하는 분야를 기능적으로 분류하고 있었다.

그러나 네덜란드 식민지 시대를 겪으면서 이 제도의 개념은 점차 바뀌었다. 네덜란드는 사트리아 계층에 있는 사람들을 높은 위치에 있다고 하였다. 땅에 대한 권력도 사트리아 계층에 있는 사람들에게 주어 모든 것이 그들의 소유물인 것처럼 하였다. 그때부터 사트리아는 높은 계층으로 여겨져서 차투르 와르나의 개념은 바뀌게 되었다. 기능적 분류 제도는 혈연관계에 따른 '차투르 왕사(Catur Wangsa)'라는 폐쇄적인 제도로 바뀌었다. 그렇기 때문에 지금도 발리족의 카스트는 혈연관계에 따라 결정되는데, 그 표시는 이름에서 나타난다.

예전에 카스트 제도는 사회생활에 큰 영향을 주었다. 아무리 가난하고 능력이 없어도 높은 카스트의 자손이면 좋은 대접을 받았다. 카스트가 다른 사람들끼리 결혼하거나 딸이 자신의 가족보다 더 낮은 카스트에 있는 남자와 결혼을 하면 가족의 수치가 된다. 그러나 현대에 이르러서는 다시 차투르 와르나 원칙에 따르는 사람들이 점점 늘어나고 있다. 나이 많은 사람들은 아직도 높은 카스트에 있는 사람들을 존대하지만 젊은 사람들은 개의치 않는 경향이 있다.

4. 생계

발리족의 대부분이 농사로 생계를 유지한다. 그러나 발리 섬의 환경 및 토지 특성이 지역마다 다르기 때문에 각 지역의 식물 종류도 다르다. 발리 북쪽의 경우는 발리 남쪽보다 평야가 적은데다가 강수량도 낮아 이 지역에서는 벼 외에 커피, 코코넛, 과일을 경작한다. 한편 발리 남쪽은 평야가 넓고 강수량도 충분하기 때문에 대부분 논과 밭에서 농사를 한다.

농사 외에는 농장에서 주로 소와 돼지를 키운다. 보통 여자들이 살림하면서 부업으로 돼지를 키운다. 돼지를 키우는 것이 소를 키우는 것보다 빠르고 쉽기 때문에 발리에서는 거의 집집마다 돼지를 키운다. 한편 소는 농사를 지을 때 도움이 많이 돼서 키운다. 또한 소는 특별한 지역에서만 키운다. 가령 타바난(Tabanan)이라는 지역은 산맥이고 강수량도 충분하기 때문에 농사짓지 않는 땅이 많다. 그래서 소를 먹이기 위한 풀을 많이 키울 수 있다. 돼지와 소 외에는 양, 말, 닭을 키우기도 하지만 많지는 않다. 그리고 소고기와 돼지고기는 해외에 수출하기도 한다.

또한 발리는 관광지로 유명하기 때문에 관광사업도 발리족의 한 생계 수단이 되었다. 국내 및 해외에서 온 관광객이 많고 호텔, 여행사, 미용실 등도 많이 생겼다. 이것은 발리에 사는 사람들에게 일자리가 되었다. 특히 덴빠사르(Denpasar), 기아냐르(Gianyar), 방리(Bangli) 및 타바난(Tabanan) 같은 곳이다. 그 외에 수공예품 사업도 발달하였다. 다양한 기념품, 동상, 전통 옷감, 금이나 은으로 만든 악세서리 등이 많이 판매된다.

5. 문화와 풍습

발리족은 강한 연대의식을 가지고 있으므로 이웃이나 주변 사람이 좋은 일이든 나쁜 일이든 서로 축하하거나 잘 도와준다. 이는 반자르(Banjar)라는 공동체에서 잘 나타난다. 발리족에게 반자르는 정말 중요한 공동체이다. 같은 반자르에 있는 사람들이 강한 연대성으로 상부상조한다. 누군가에게 결혼식, 장례식 등과 같은 큰 의식이 생기면 반자르 사람들은 그 사람의 집에 가서 의식 준비를 도와준다. 큰 의식에 필요한 '스사젠(sesajen)'을 만드는 데에 손이 많이 필요하기 때문에 한 가족이 혼자 할 수 없다. 그렇기 때문에 이웃 사람들의 도움이 필요한데, 이때 집주인은 주로 식사를 제공한다. 나중에 다른 이웃이 도움을 필요로 하면 집주인도 마찬가지로 그 이웃을 도와줘야 한다. 그렇다고 한 가족의 모든 식구가 도와줘야 하는 것은 아니다. 가령 아버지가 참석하지 못한다면 어머니 또는 아들이나 딸이 대신할 수 있다. 이만큼 발리 사회에서는 서로 도와주는 것이 중요한데, 이를 '응우어핀(Nguopin)'이라고 한다. 만약에 한 가족이 모두 바빠서 도와주지 못하면 돈으로 도움을 줘도 된다. 하지만 한 번도 나타나지 않고 계속 돈만 주면 같은 반자르 사람들 사이에서 안 좋은 말을 듣게 될 수도 있다. 심지어는 적극적으로 반자르 활동에 참석하지 않는 사람이 큰 의식을 하게 될 경우 반자르 사람들이 돈으로만 도와줄 수도 있다. 따라서 이와 같은 대접을 받고 싶지 않으면 반자르 활동에 적극적으로 참석해야 한다.

발리족의 문화 중에 특별한 것으로 장례식 문화를 들 수 있다. 이 장례식을 응아벤(Ngaben)이라고 한다. 즉 신체를 화장하는 것이다. 힌두교에서는 인간이 영혼과 육체를 가지고 이 세상에 태어난다고 믿는다. 인간이 죽을 때에는 육체만 죽고 영혼은 영원히 있을 것이라고 믿는다. 따라서 영혼이 육체를 떠날 때 영혼을 정화하라는 의미에서 장례식을 하는 것이다. 이 장례식은 많은 준비를 필요로 한다. 중요한 전통의식으로 보기 때문에 사람이 죽은 지 며칠 후에 하는 경우도 있다. 장례식을 하기 전에 좋은 날짜를 잡는 등 준비를 많이 해야 하기 때문이다. 그러나 가급적이면 사람이 죽은 후 빨리 하는 것이 좋다고 생각한다.

장례식을 하기 전에 목사 또는 브라마나 카스트인이 신체를 깨끗하게 씻은 다음 발리의 전통 옷을 입힌다. 그 후에 가족과 지인들이 같이 기도하고 마지막으로 인사를 드린다. 그리고 신체를 화려한 '바데(Bade)'라는 것에 싣고 가족 및 마을 사람들이 다 같이 그것을 메고 화장하는 장소로 간다. 가는 길에 삼거리나 사거리를 지나면 거기에서 세 바퀴 돌고 가야 한다. 이는 영혼이 다시 집으로 오는 길을 찾을 수 없게 하는 것이다.

발리에서는 카스트가 높으면 높을수록 장례식을 더 크게 하고 바데도 더 화려하다. 또한 바데를 메고 화장하는 장소로 가는 의식에서는 죽은 사람이 살아 있는 동안 다른 사람을 어떻게 대했는지 알 수 있다고 한다. 많은 사람들이 부드럽게 바데를 메고 간다면 죽은 사람이 좋은 사람이었다는 것을 뜻한다. 반면에 거칠게 메고 간다면 죽은 사람을 싫어하는 사람이 많다는 것을 뜻한다고 한다.

힌두교인 발리족의 또 하나의 특이한 문화는 '뽀똥 기기(Potong Gigi)'라는 의식이다. 이는 '치아를 깎다'라는 뜻이며 남자와 여자가 성인이 되었음을 의미한다. 여자의 경우는 생리가 시작된 후에 할 수 있고 남자의 경우는 목소리가 변한 후에 할 수 있다. 이 때 앞의 윗니 여섯 개를 살짝 깎는다. 이는 힌두교의 '삿리푸(Sad Ripu)'로서, 인간이 태어날 때부터 가진 여섯 가지의 나쁜 성질을 정화하는 의미를 가지고 있다. 삿리푸에 속한 여섯 가지의 나쁜 성질은 욕망, 욕심, 분노, 도취, 혼동, 질투 등이다. 이 여섯 가지의 성질을 통제하지 못한다면 성인이 되는 사람 또한 그 주변 사람들을 위협할 수 있다. 그렇기 때문에 부모님은 성인이 될 아이들에게 이에 대해 잘 알려 줘야 하는 의무를 가진다. 보통 결혼을 하기 전에 이 의식을 해야 하고 형제나 친척들과 같이 할 수 있다.

6. 전통가옥

발리족의 전통가옥은 아스타 코살라 코살리(Asta Kosala Kosali), 즉 건축의 풍수지리를 설명하는 베다의 한 부분을 따른다. 발리족은 조화로운 인생이 세 가지 인간관계에 따라 이루어진다고 믿는다. 즉 인간 대 인간, 인간 대 환경, 인간 대 하느님의 조화가 잘 이루어져야 조화로운 인생을 얻을 수 있다.

발리 전통가옥은 가푸라 찬디 븐따르(Gapura Candi Bentar)라고 한다. '가푸라'는 집 정문을 가리키는 말이다. 이는 좌우측이 같은 모양으로 되어 있고 중간에 사람이 지나갈 계단이 있다. 이러한 가푸라는 흔히 힌두교 사원에서 볼 수 있으나 전통가옥에서도 간단한 모양의 가푸라를 볼 수 있다.

발리족의 전통가옥은 여러 개의 건물로 이루어져 있다. 침실, 부엌, 화장실 등이 모두 따로따로 있다. 전통가옥의 구조는 다음과 같다.

1) 상가흐(Sanggah), 즉 기도를 하고 조상들을 예배하기 위한 가족의 사원이다. 보통 집의 북동쪽에 위치한다. 상가흐 근처에는 또 다른 성소가 있다. 이는 상가흐 밖에 있는데 쁠링기흐 쁘누군 카랑(Pelinggih Penugun Karang)이라고 한다. 이는 집 마당을 지키는 신을 예배하는 곳이다.

2) 발레 그데(Bale Gede), 즉 침실 또는 전통의식을 하는 곳이다. 이는 8개부터 12개까지의 기둥이 있는 건물이다. 발레 그데의 바닥은 마당보다 높고 발레 므뗀(Bale Meten)보다 낮다. 평소에는 가족들이 앉아서 여유 시간을 보내거나 미술품을 만드는 곳이다.

3) 발레 드롯(Bale Delod), 즉 손님을 맞이하는 곳이다. 보통 결혼식과 같은 큰 전통의식을 하는 장소이기도 하고, 가족이 죽으면 화장하기 전에 시체를 보관하는 곳이기도 하다. 또한 전통의식을 하기 전 봉헌물 또는 준비물들을 놓는 곳이기도 하다.

4) 발레 므뗀(Bale Meten), 즉 가장이나 부모의 침실이다. 이곳의 좌 우측에는 두 개의 침상이 있다. 왼쪽은 가장이나 부모의 침실이고, 오른쪽은 기도하는 곳 또는 전통 의례 때 쓰는 물건들을 보관하는 곳이다. 발레 므뗀 바닥의 높이는 마당에서 약 75~100cm정도 된 다. 집 안에 있는 건물 중에 제일 높다.

5) 발레 다우(Bale Dauh), 즉 딸이나 아들의 침실이고 발레 므뗀보다 좀 더 낮다. 손님이나 다른 사람과 만나는 장소이기도 하다.

6) 룸붕(Lumbung), 즉 수확물을 보관하는 창고이다.

7) 빠언(Paon), 즉 부엌이다.

8) 빵알링알링(Pangaling-aling), 즉 정문 뒤에 있는 낮은 벽을 말한다. 정문이 열려 있어도 밖에서 마당을 볼 수 없게끔 막는 것이다.

9) 가푸라, 즉 정문이다.

발리 울루와뚜 사원

발리의 카스트 제도는 집을 통해 서도 볼 수 있다. 일반 사람들은 주 로 진흙으로 만든 돌로 집을 짓고, 높은 계층에 있는 사람들은 주로 벽 돌로 집을 짓는다. 그러나 발리 아 가는 조금 다르다. 발리 아가에는 카스트 제도가 없으므로 모든 사람 은 동등한 위치에 있다고 본다. 그 래서 발리 아가의 전통가옥은 별 차이가 없다. 단 발리 아가는 2층 집을 허용하지 않고 한 집에 한 가족만이 살 수 있게 한다. 한편 발리 마자파 힛은 한 집에 두 가족 이상 살 수 있게 하는데, 이러한 점에서 발리 아 가와 좀 다르다.

7. 전통예식

발리족 사람들은 되도록 같은 계층에 있는 사람들끼리, 또한 같은 씨족에 있는 사람들끼리 결혼하는 것이 좋다고 여겼다. 즉 동족결혼이 이상적인 결혼이어서 제일 좋은 결혼은 형제들의 자식과 결혼시키는 것이었다. 이는 족외혼을 하는 인도네시아의 다른 종족과 다르다. 예전에는 결혼으로 인한 가족의 불명예를 피하기 위해 동족결혼을 하였다. 특히 여자는 자신의 가족보다 낮은 계층에 있는 남자와 결혼할 수 없었고 결혼을 하게 되면 그 여자는 가족을 떠나 먼 곳으로 가야만 했다. 그러나 1950년대부터 이러한 전통예식을 하지 않았다. 이후부터는 다른 계층에 있는 사람들과도 결혼할 수 있게 되었다.

발리 사람이 결혼하기 위해서는 먼저 남자가 여자의 집을 방문해서 가족에게 결혼을 제안해야 한다. 그리고 발리는 가부장제이기 때문에 모든 과정을 남자 집에서 한다. 발리족의 결혼은 다음과 같은 과정으로 이루어진다.

1) 응으큽(Ngekeb), 즉 신부가 한 남자의 부인으로 되기 위해 준비를 하는 과정이다. 신부는 강황, 쌀, 꽃으로 만든 스크럽으로 몸을 마사지하고 꽃물로 씻는다. 그 후에 방에 들어가서 신랑이 올 때까지 방을 나가면 안 된다. 신랑이 마중하러 올 때 여자의 몸은 얇은 노란색 옷감으로 가린다. 이는 여자가 자신의 과거를 잊고 결혼을 준비했다는 의미이다.
2) 뭉가 라왕(Munggah Lawang), 즉 문을 연다는 뜻이다. 이는 신부를 마중하러 가는 것이다. 한 명이 발리 노래를 하면서 방문을 세 번 노크한다.

3) 므스그 아궁(Mesegeh Agung), 즉 신랑 집의 마당에 도착한 다음에 신랑과 신부가 가마에서 내리고 신부를 맞이하는 의식을 한다. 그 후에 신랑과 신부는 다시 가마에 올라타서 신혼부부 방에 간다. 거기에는 신랑의 어머니가 신부를 가린 노란색 옷감을 벗기고 대신 200개의 옛날 동전을 준다.

4) 미등은 등은(Madengen-dengen), 즉 신랑신부를 부정적인 것들로 부터 정화하는 과정이다.

5) 므위디 위다나(Mewidhi Widana), 즉 결혼식이다. 쁘란다(Peranda)라는 교주가 이를 지도하고 진행한다. 그리고 신랑과 신부는 가족 사원에 가서 기도를 한다.

6) 므자우만 아브 티팟 반탈(Mejauman Ngabe Tipat Bantal), 즉 결혼을 위한 마지막 과정이다. 결혼식이 끝난 후에 신혼부부가 처가를 방문하면 식사 대접을 한다. 이는 신부가 자신의 부모, 가족, 조상들과 작별 인사를 하고 정식으로 신랑의 가족이 된다는 의미이다. 이때 신랑 가족은 전통 과자, 과일, 발리의 반찬 등 다양한 음식을 가지고 처가를 방문한다.

8. 전통의상

발리 민족의 전통의상은 기능에 따라 크게 세 가지로 나눌 수 있다. 즉, 결혼식에서 입는 의상, 종교적 의식에서 입는 의상, 일상생활에서 입는 의상 등이다. 제일 화려한 의상은 '부사나 아궁(busana agung)'인데, 이는 결혼식에서 입는 의상이다. 종교적 의식 및 일상생활에서 입는 의상은 비슷하다. 발리족은 힌두 사원에 가서 기도할 때 이러한 전통의상을 입는다.

발리 결혼식 전통복장

　여자의 경우는 '끄바야(Kebaya)'라는 옷과 '카믄(kamen)'이라는 옷감으로 된 치마를 입는다. 그리고 허리띠를 맨다. 이러한 옷은 사원에서 기도를 할 때, 또는 종교적 의식에 참석할 때 입을 수 있다. 한편 남자의 경우는 사파리 슈트와 비슷한 옷을 입고 카믄을 입는다. 그러나 남자의 경우는 카믄 위에 '사뿟(Saput)'이라는 또 다른 옷감을 걸치고 이를 허리띠로 맨다. 한편 머리에는 '우등(Udeng)'이라는 머리띠를 두른다. 기도를 할 때 주로 하얀 우등을 두르는데 바떡 무늬나 다른 색깔로 된 우등도 있다. 우등의 중간에는 매듭이 있다. 이는 생각을 집중한다는 의미이다. 남자와 여자 모두 카믄을 입지만 남자의 경우는 발바닥까지 카믄을 입지 않고 발바닥에서 한 10cm 정도까지만 입는다. 그러나 카믄의 맨 끝을 뾰족하게 하여 땅에 닿게 한다. 이는 땅의 신을 존경한다는 의미이다.

9. 음식

발리족의 대부분이 힌두교를 믿기 때문에 돼지고기를 먹을 수 있다. 단, 소고기는 안 먹는다. 발리의 유명한 돼지고기 요리는 '바비 굴링(Babi Guling)', 즉 통돼지 구이 요리이다. 바비 굴링은 돼지 새끼 위를 깨끗하게 씻은 다음에 그 안에 양념 및 야채를 넣어서 통째로 굽는 요리이다. 이 요리는 원래 전통의식이 있을 때 만들었으나 지금은 일반 식당이나 호텔에서도 찾아볼 수 있다. 바비 굴링 한 마리의 가격은 약 100만~150만 루피아이다. 그러나 일반 식당에서 바비 굴링 1인분은 약 5만 루피아 정도 된다. 제일 유명한 바비 굴링은 기아냐르(Gianyar)라는 지역에서 만든 것이다.

바비굴링

돼지고기 요리 외에도 닭고기나 오리고기 요리도 유명하다. 이는 브뚜뚜(Betutu)라고 한다. 닭고기를 사용할 경우는 '아얌 브뚜뚜(Ayam Betutu)', 오리고기를 사용할 경우는 '베벡 브뚜뚜(Bebek Betutu)'라고 한다. 예전에 이 음식은 왕들이 좋아하는 음식이었다. 만드는 방법도 꽤 독특하다. 닭고기나 오리고기를 통째로 양념을 해서 잠깐 마사지를 한다. 그래야 고기가 부드러워지고 양념도 뼛속까지 스며든다고 한다. 고기 안에는 양념 및 카사바 잎을 넣고 그 후에는 바나나 잎으로 싸서 통째로 굽는다.

발리의 '사떼 리릿(Sate Lilit)'이라는 음식도 유명하다. 이는 다진 고기로 만든 음식이다. 이 꼬치를 만들려면 닭고기, 돼지고기, 생선고기를 사용할 수 있다. 다진 고기에 코코넛 및 양념을 넣고 잘 섞어준 다음에 레몬그라스 막대에 이 고기를 싸맨다. 그 후에 불에 굽는다.

사삭(Sasak)족[*]

1. 거주 지역

롬복은 누사 떵가라(Nusa Tenggara) 제도의 서쪽 끝에 있는 섬이다. 위도로 보면, 적도와 남회귀선 사이에 위치하며 한국과는 1시간의 시차가 있다. 동서가 90km가 안 되며 섬의 중앙에는 해발 3,742m의 린자니(Rinjani) 산이 우뚝 솟아 있다. 이로 인해 아직 남북을 관통하는 도로는 없다. 중심부 린자니를 돌아 숨발룬을 통하는 길이 유일하다. 제주도의 2.5배 정도의 크기이다. 정상에는 세계에서 제일 높은 칼데라 호수, '서가라 아낙'이 있으며, 화산재와 진흙이 섞인 검붉은 황토가 표토층을 이루고 있고, 남쪽을 제외한 바닷가에서는 아직도 검은 화산재가 섞인 모래사장을 볼 수 있다.

화산재가 섞인 비옥한 토양은 식물이 자라기에 그만이다. 게다가 칼데라 호수에서 연중 내내 쉼 없이 맑은 물이 내려오고, 지하수 또한 풍

* 김주명 / 시인

부하다. 쌀농사의 경우 휴경 없이 1년에 3모작을 하며, 섬의 내륙 지방
에서는 건기에는 담배, 우기에는 쌀을 재배한다.

롬복 섬 지도 동서를 관통하는 도로와 중심부에 린자니 산이 보인다. 일주 도로는 미개통

  롬복 섬은 발리 섬에서 동쪽으로 35km 떨어져 있다. 대부분의 화물
은 페리호로 수송하며 4시간 정도 걸린다. 섬의 내륙과 북쪽은 키 큰 나
무들과 관목 숲으로 이루어진 열대 우림의 푸른 산악 지역인 반면 남쪽
은 건조하며 건기에는 약간의 사바나(savanna)성 기후의 특징도 보인다.
이웃 섬 숨바와와 함께 한 주(洲)를 구성하고 있다(NTB). 롬복(Lombok)이
란 말의 어원은 산스크리트어의 '끝이 없는 길'에서 유래했다고 한다.
그렇지만, 현지어로 '롬복'은 고추를 뜻하는 말이며, 롬복 사람 또한 고
추를 곁들인 매운 음식을 좋아하니, 그 정확한 뜻은 가늠하기 어렵다.

고추를 말리는 모습

2. 인구와 종교

롬복의 인구는 3백 5십만 정도로 추산하고 있다. 그러나 섬의 내륙과 산간지역에는 행정의 손길이 미치지 않은 곳이 많고, 관습상 출생신고를 늦게 하는 경우가 많아 그 정확한 인구를 가늠하기는 어렵다. 수도는 섬의 서쪽에 있는 마따람(Mataram)이다. 롬복은 발리(Bali)의 바로 옆에 위치하고 있지만 자연, 언어, 역사, 문화 등 거의 모든 면에서 발리와는 아주다른 모습을 가지고 있다. 마따람을 비롯하여, 몬똥, 셍기기, 언빠난 등섬의 서쪽지역은 발리에서 이주해 온 사람들과 발리의 힌두교를 믿는사람들이 많이 주거하고 있다. 전체적으로는 롬복 인구의 90% 정도가 이슬람교이며, 10% 정도가 힌두교, 불교와 크리스트교이다.

이슬람교는 13세기경 인도네시아에 전파되었는데 롬복에는 16세기경 '구자라띠' 상인들이 술라웨시 섬을 통하여 롬복 동부 해안 또는 자바 섬을 경유해 롬복 서부로 도착하여 전파한 것이라 한다. 금요일 정오는 공식적으로 기도하는 시간이며 정부 기관, 상점 등이 문을 닫는 경우가 있다. 학교에서는 아랍어가 교육되어 후세대에서도 계속하여 코란을 읽고 연구할 수 있다. 메카로 성지 순례를 갔다 온 사람들은 대단히 존경을 받는데, 남자들에게는 하지(Haji), 여자들에게는 하자(Hajah)의 존칭이 붙는다.

한편, 롬복에는 워뚜 뗄루(WEKTU TELU)라는 독특한 종교가 있다. 이 것은 '바얀'이라는 롬복의 북부 산악 지역에서 기원되었다. 매우 소수의 부족이 이 종교를 가지고 있는데 인도네시아의 공식적인 종교로는 지정되지 않고 있다. 워뚜(wektu, 법), 뗄루(telu, 숫자 3)의 사삭어이다. 즉 3가지 법이 섞여 있다는 뜻인데, 이는 전통(adat)과 종교(agama), 그리고 부족통치(pemerintah)를 가리킨다. 마치 힌두교, 이슬람교, 애니미즘을 혼합한 듯한 모습이기도 한데, 민속신앙의 바탕에 이슬람교가 입혀졌다고 할 수 있다. 해마다 9월이면 큰 종교 축제가 열리며, 많은 관광객들이 오지의 산골마을을 찾고 있다.

3. 언어

롬복의 주류 종족은 사삭(Sasak)족이다. 이들은 사삭어를 사용한다. 사삭의 고유 언어와 노래, 춤까지 남아있으며 지금도 학교에서는 사삭어를 가르치고 있다. 방송이나 학교, 관공서 등에서만 인도네시아 공용어가 쓰이고 일상생활에서는 대부분 사삭어를 사용하고 있다. 공용어의 발음도 사삭어의 영향을 받아 '아' 발음이 '어' 발음과 함께 쓰인다. 사삭어는 높임말이 발달되어 있고, 농경 생활과 지역 환경에 맞는 언어들이 잘 발달되어 있다. 몇 가지 예를 들어보겠다.

사삭어	인도네시아 공용어	뜻
nike	itu	저것
niki	ini	이것
dirike	di sana	저곳
diriki	di sini	이곳
napi	apa	무엇
wenten	ada	있다
nenten	tidak	아니다
engih	ya	예
mamiq	ayah	아버지
mami bini	ibu	엄마

사삭족의 외형적인 특징으로는 우선 체구가 작다는 점을 들 수 있다. 광대뼈가 나와 있어서 중국 남방계 민족과 유사하다. 어린 아이들에게는 몽고반점도 있다. 이들은 이웃 숨바와(Sumbawa) 섬의 종족이나 발리 인들과 확연히 구분된다. 주로 내성적이며, 집단적 행동을 보일 때에는 매우 강한 결속력을 보이기도 한다.

사삭족 사람들

4. 역사

누사 떵가라(Nusa Tenggara) 지역은 문자에 의한 기록이 거의 없어 옛 역사의 흔적을 찾기 어렵다. 16세기 이슬람이 처음 이 섬들에 왔을 때 서부 누가 떵가라 지역에는 네 개의 힌두 왕조가 평화롭게 공존하고 있 었는데 이후 모두 이슬람화되었다. 롬복의 역사는 사실 숨바와와 발리의 역사이기도 하다. 롬복은 오랫동안 주변의 강력한 왕국들과 계속 싸워 왔는데 한때는 숨바와에 의해 섬의 운명이 좌우되기도 하였다. 그리고 롬복의 사사크(Sasak) 왕조가 숨바와(Sumbawa)로부터의 침입자를 물리치는 데 발리(Bali)의 도움을 받은 17세기 무렵부터는 발리의 영향 아래에 있 어 왔다. 하지만 그런 가운데에서도 롬복은 자신들만의 독특한 정체성과 전통을 계속 유지해 왔다.

네덜란드로부터 독립한 이후 수하르토 통치기간 30년 동안은 자카르타 중앙 정부의 힘이 매우 강해져 지방자치 단체의 많은 권한들이 중앙 정부에 의해 결정되었으나 1999년 와히드 대통령의 취임에 따라 지방 자치 행정의 필요성이 요구되어 많이 완화되었다.

5. 가족 형태와 전통적 집의 모양

롬복의 사삭인들은 전통적으로 대가족 제도를 유지하고 있다. 부락 하나를 친족의 단위로 생각하면 이해가 빠르다. 이는 농업을 기반으로 한 롬복의 경제활동과도 관련이 있다. 이러한 이유로 친족 간의 근친혼도 있으며, 결혼과 이혼에 관대한 풍습으로 인해 가족 관계가 무척 복잡하다. 특히, 산간지방의 어떤 부족들은 부족 내에서만 결혼을 허락하는 독특한 풍습을 유지하기도 한다. 이러한 가족방식은 많은 노동력을 필요로 하는 섬의 생활환경과 교통 및 도로여건이 좋지 않아 상대적으로 낙후된 지역의 특성이기도 하다. 좁은 섬에 많은 인구가 밀집되어 살다 보니, 마을은 주로 숲이나 낮은 언덕에 형성되어 있다. 이는 보다 많은 경작지 확보를 위해 필수적이라 할 수 있다.

롬복의 남부에는 '사삭 민속마을'이라 하여 예전 생활 방식 그대로를 보여 주는 곳이 있으나, 주로 관광객을 위한 마을이다. 지금은 섬 전체적으로 주거 여건이 많이 나아지고 있는 추세이다. 그러면 삶과 죽음의 공간인 집을 들여다보자. 집의 구조는 간단하다. 벽체는 진흙과 소의 배설물을 섞어서 쌓고 지붕은 '이랄랑(ilalang)'이라는 산갈대를 엮어서 올린다. 이러한 건축 재료는 낮의 더위를 피할 수 있게 할 뿐 아니라 밤의 서늘함으로부터 보호해 준다. 보통 산갈대로 엮은 지붕은 수명이 5년 정도이며 볏짚으로 지붕을 올리기도 한다. 실내 구조 또한 간단하다. 집의 안쪽에는 여성들의 공간들을 두고, 집의 바깥쪽에는 테라스 겸, 남성들의 공간을 두어 다목적으로 활용하고 있다. 특히 마을에는 마을 공동의 집을 두어, 각종 회의나 모임을 위한 장소로 활용하기도 한다.

그러나 롬복에도 현대화의 물결이 거세게 밀려오고 있다. 우선 대가족 중심의 문화에서 부부와 자녀 중심의 가족으로 변화하고 있다. 마따람 등 도시지역으로 많은 사람들이 몰리면서 이들을 위한 주거공간도 필요하게 되었다. 지금은 현대식 건축자재를 모두 사용하며, 방 두 개와 부엌, 욕실, 차고를 갖춘 작은 집들이 인기를 끌고 있다. 특히 단지형으로 개발하여 10년에서 20년의 장기 저리로 융자까지 해 주고 있어, 다소 투기성향도 있어 보인다. 최근에는 롬복에서도 아파트를 분양하기 시작했다.

길리뜨라앙완의 부루각

6. 전통 예식과 관습

롬복의 문화를 가장 특징적으로 나타내는 것이 있다면 바로 결혼 문화일 것이다. 섬 주민 대부분이 무슬림이라서 결혼을 함으로써 발생하는 법적 의무와 역할 등은 대부분 이슬람의 율법을 따른다. 따라서 일부다처제가 허용되나, 일부 지역에서는 전통적인 관습을 따르고 있다. 특히 결혼과 관련된 많은 절차는 철저히 관습을 따르고 있기 때문에, 종교와 민속이 결합되어 있음을 알 수 있다. 그러면 결혼 절차를 간단히 살펴보자.

민속적 결혼절차에 의하면, 혼인 당사자들은 결혼을 약속하고 신랑의 모처로 신부를 데리고 간다. 그리고 이 두 사람은 결혼했음을 주위 친지들에게 알린다. 이때부터 본격적인 결혼의 절차가 진행된다. 먼저 신랑 측 가족과 신부 측 가족이 만나서 결혼의 세부 절차를 논의한다. 이때, 중요하게 논의되는 것이 신랑이 신부 측에 건네는 증거금, 일종의 '지참금' 형식의 금액이다. 보통은 그리 많지 않은 금액이나, 합의점을 찾지 못하면 결혼식까지 성립되지 않은 경우가 가끔 생기기도 하니 매우 미묘한 문제이기도 하다. 이렇게 증거금의 규모와 예물이 정해지고 결혼식의 날짜가 잡히면, 대개 신랑 측 집에서 혼인식을 하게 된다. 이때는 이슬람교의 방식을 따른다. 더러 지방 행정사무소에서 합동으로 혼인 예식과 신고 절차를 마무리 하는 것을 볼 수도 있다. 여기까지가 통상적인 결혼식이며, 이 결혼식을 마치면 신랑 측에서는 성대한 잔치를 베풀어 축하한다.

다음으로 신부의 집으로 가는 행렬, 이곳에서는 '용꼴란(nyongkolan)'이라고 하는데, 이 과정이 매우 성대하다. 그 행렬의 대략적인 모습은 다

음과 같다. 우선 신부 행렬이 앞
서고, 다음으로 신랑 행렬이 뒤따
르는데, 앞에는 꽃을 든 화동이
있다. 다음으로 전통 예식복을 입
은 신부가 뒤따르고, 이어 신랑,
신부의 친구와 친척들이 화려한
전통의상으로 갈아입고서 뒤를 따

용꼴란 행렬의 모습

른다. 보통 신부의 집 2, 3km 앞
에서 진행되는데, 마을이 가까울 경우 신랑 집에서 곧장 신부 집으로 향
하는 경우도 많다. 그리고는 한 무리의 음악 밴드가 뒤따른다. 기타, 전
자 오르간, 드럼 등의 라이브 밴드 또는 전통음악 '가믈란'을 연주하는
사람들이 따르기도 한다. 그리고 그 밴드의 음악에 맞춰 모두들 흥겹게
춤을 추고 그날의 축제를 즐기는 게 용꼴란의 대략적인 모습이다. 함께
행진하는 사람들의 수, 밴드의 규모, 전통악기로 밴드를 함께 구성하는
경우 등으로 대략의 결혼식 규모를 가늠하는데 비용도 만만치 않다. 이
윽고 그 행렬이 신부 집에 도착하면 미리 꾸며 놓은 단상에서 기념 촬영
을 하고 신부의 집에서 마중 나온 친척들에게 예를 표하는 것으로 마친
다. 요컨대 용꼴란은 개인과 가족의 의례를 사회 전체에 알리는 일종의
공동체 의식으로 이해될 수 있다. 이 용꼴란을 행하기 전에는 신부가 친
정으로 오는 것을 금하고 있는데, 지금은 현대화의 경향으로 생략하는
경우도 많다.

다음으로 장례 문화를 알아보자. 롬복의 장례 문화는 철저하게 이슬
람의 율법을 따른다. 더운 날씨 때문에 임종 당일 매장하며, 매장 후에

는 삼일장부터 길게는 구일장까지 치른다. 기도문과 코란의 경전을 암송하며 슬픔을 달래고 서로 위로하는 숙연한 분위기에서 장례가 진행된다. 매장은 주로 마을 앞 공동묘지 '꾸불란(kuburan)'에 하는데, 간혹 묘지까지의 운구행렬이 길더라도 차나 사람은 절대로 운구행렬을 추월하지 않는다는 관습도 전해지고 있다.

이러한 결혼과 장례 문화와 더불어 농업이 중심인 롬복에는 다양한 민속적 전통이 남아 있다. 이사를 한다거나, 우물을 팔 때도, 마을 전체 규모의 큰 공사를 시작할 때도 이들은 간단한 민속의식을 통해 마을의 결속과 무사 안녕을 기원하는데, 이때 희생되는 제물은 주로 닭이다. 이슬람의 신앙을 굳건히 가지면서, 한편으로는 전통적인 관습을 조화롭게 지키고 있음을 볼 수 있다.

7. 음식

대부분의 동남아시아 나라가 그렇듯, 인도네시아도 쌀농사가 대중을 이루며 이를 주식으로 한다. 롬복도 지역에 따라 삼모작 내지는 사모작까지 가능한 곳이 있다. 하지만 중부 내륙지방에서는 건기에는 담배, 우기에는 쌀을 재배하여 높은 농가 수익을 올린다. 쌀 문화를 기반으로 한 롬복의 음식은 대체로 매운 것이 그 특징이다. 어떤 조리 방법을 거치든 마지막에는 매운 고추를 갈아서 만든 '삼발'이라는 소스에 한 번 더 볶아서 매운 맛을 즐기고 있다. 롬복을 대표하는 음식들을 살펴보자.

1) 바까르(bakar)

굽는 요리는 모두 '바까르'라고 할 수 있다. 닭을 구우면 '아얌 바까르'가 되고, 생선은 '이깐 바까르가' 되는 것이다. 이 바까르 음식은 인도네시아 도처에서 접할 수 있다. 하지만 롬복의 바까르 음식이 특별한 이유는 바로 매운 소스에 있다. 한 번 굽고 소스를 발라 두 번을 구우면 요리가 마무리 되는데, 그 특유의 향과 매콤한 맛은 롬복, 자바 인뿐만 아니라 세계인들이 좋아한다.

현지 식당에서 맛볼 수 있는 '아얌 딸리왕'

이 바까르 음식 중 롬복에서 특화된 음식이 있으니, 이른바 '아얌 딸리왕(ayam taliwang)'이라고 하는 닭고기 요리이다. 딸리왕은 숨바와 섬의 한 지역 이름이기도 하나 이제는 음식을 지칭하는 대명사가 되었고, 자바나 자카르타에서도 이 '딸리왕'이라는 간판의 음식점은 반드시 롬복 사람이 운영하고 있다. 음식은 간단하다. 3, 4개월 정도 키운 어린 토종

닭을 통째로 굽고, 다시 양념을 해 한 번 더 구우면 요리는 완성된다. 하지만, 이 간단한 요리법이 롬복 사람이나, 롬복을 찾는 관광객의 입맛을 사로잡고 있으니 그 맛의 비결은 '삼발'이라고 하는 매운 양념소스에서 찾을 수 있다.

2) 수산물

수산물을 판매하는 시장, 다랑어도 보인다.

롬복 섬은 바다가 가깝지만 높은 파도와 깊은 수심으로 인해 해산물이 많이 나는 것은 아니다. 하지만, 최근에는 양식 기술이 도입되어 롬복의 남동쪽 바다에서는 광범위하게 양식이 이루어지고 있다. 현재는 새우와 진주조개가 주종을 이루고 있다. 하지만 이웃 섬 숨바와에는 넓은 바다 갯벌에서 풍부한 해산물이 나오는데, 대부분의 해산물은 롬복, 발리로 공급하고 있다. 롬복의 남부 해안 도시 딴중안은 어시장, 특히 상어시장으로 유명하다. 규모는 그리 크지 않으나 바로 옆에 작은 염전까지 두어, 잡은 생선을 염장 후 내륙으로 보내고 있다. 특히 상어고기는 부위별로 판매되고 있다.

8. 주요 경제활동

주요 경제활동은 소규모의 농업이 대부분이다. 이외에 도자기 제작,

섬유산업 등 수공예를 통해 생계를 유지하고 있다. 도자기는 생활용, 장식용 등 지역에 따라 다양하게 제작되어 지금은 관광 상품으로 인기가 높다. 관광산업은 1997년까지 급성장을 하였으나 이후 정치, 경제적 상황에 의해 다소 침체되었다. 그러나 포장도로가 증가하였고 전기가 대중화되었으며 대부분의 간선도로 지역에 전화 시설이 설치되었다. 그리고 전화 회선이 주요 간선도로망을 중심으로 설치되자 인터넷의 보급이 증가하였다. 도시지역은 물론이고 인근 농촌마을에도 유, 무선 인터넷 사용이 급속도로 증가하고 있다. 통신 시장 면으로 본다면 단일지역의 인구 밀집형인 롬복은 여러 통신 회사들의 각축장이 되고 있다. 그러나 늘어나는 전력 소비량을 자체 발전으로는 감당하지 못하여 전력공급의 질이 일정치 않기 때문에 많은 어려움을 겪고 있다.

발리 관광산업의 성공에 자극 받은 롬복은 제2의 발리로 도약할 가능성이 제일 높다고 할 수 있다. 1983년과 1993년 사이에 국제 관광객 수가 7배 이상 증가하였으며, 1999년에는 245,000명으로 최고조를 이루었다. 수하르토 정권 당시에는 관광정책이 중앙정부에 의해 결정되어 관광객 유치를 위한 고급 리조트 개발계획이 많이 진행되었다. 셍기기, 길리, 꾸따 해안을 기준으로 자바 섬과 외국계의 합작으로 리조트들이 생겨난 것이 그 대표적인 예이다. 그러나 세계적인 정치, 경제적 침체로 인하여 1999년도 관광객 수는 110,000명으로 줄어들었으며 많은 여행지 개발 관련 프로젝트가 사실상 무효화되었다. 그렇지만 롬복의 잠재력은 여전히 무한한 가능성으로 남아 있다. 왜냐하면 롬복에는 천혜의 아름다운 비경과 아담하고 순수한 시골 풍경, 오염되지 않은 산과 계곡들이 있기 때문이다.

수업을 마치고 집으로 돌아가는 초등학생

9. 교육

롬복은 6-3-3-4년제인 인도네시아의 교육제도를 따른다. 초등학교와 중·고등학교는 거의 모든 지역에 있지만 대학교는 중심 도시에 설립되어 있다. 섬의 행정구역은 서부, 중부, 동부로 나뉘어 있는데, 서부의 중심도시는 마따람, 중부의 중심도시는 신공항이 들어선 프라야, 동부의 중심 도시는 서롱이다. 대학원 과정은 아직 개설되어 있지 않아서 대학원에 진학하려면 발리 섬이나, 자카르타 등으로 유학을 가야 한다.

롬복은 이슬람교가 지배적인 섬이다. 따라서 교육도 종교의 틀 안에서 이루어지고 있다. 특이한 점은 저녁에 각 마을에서 이루어지는 종교 수업인 '믕아지'이다. 어린 아이들은 의무적으로 이슬람 사원이나 기도실에서 코란을 읽는 수업을 받고 있다. 또한 종교형 기숙학교가 많다. 중학교와 고등학교 6년 동안에는 오전에 일반 학과 수업, 저녁에는 종교 수업을 한다.

10. 롬복의 유명 관광지

롬복은 관광 휴양지로 알려진 섬이다. 발리의 높은 물가에 비해 비교적 저렴한 물가와 아름다운 자연을 간직하고 있어 인도네시아 인들도 발리의 대안으로 롬복을 선호하는 추세이다. 여기에서는 대표적인 관광지를 알아보겠다.

1) 셍기기(Senggigi)

롬복에서 가장 먼저 개발된 관광 타운이다. 서쪽 해변을 따라 도시가 형성되어 있으며, 젊은이들이 가장 많고 번화한 곳이다. 유명한 레스토랑과 나이트클럽도 이곳에 있다. 대형 리조트 및 휴양지가 해변을 따라 늘어서 있으며 롬복 섬에서 가장 아름다운 일몰을 보기 위해 많은 사람들이 찾아오고 있다. 발리에서 쾌속 보트를 타면 바로 이곳 셍기기

셍기기 해변에서의 일몰

에 도착한다.

2) 말린부(Malimbu) 해변

말린부 바닷가

셍기기에서 북쪽의 방살(Bangsal)까지 아름다운 풍광을 지닌 해변들이 있다. 최근 도로가 깨끗하게 포장되어 관광객뿐만 아니라 롬복의 젊은이들에게도 인기가 높은 곳이다. 그 중에서도 말린부 해변이 널리 알려져 있다. 해변의 언덕 중턱에는 전망대가 있어, 가깝게는 길리의 세 섬과 발리 섬이 한 눈에 들어온다. 특히 말린부에서의 일몰은 장관을 이룬다.

3) 길리(Gili)

길리는 사삭어로 '작은 섬'이라는 뜻이다. 롬복 섬의 서북쪽 앞바다에 있는 세 개의 작은 섬인데, 각각 길리 아이르(gili air), 길리 메노(gili meno), 길리 뜨라앙완(gili trawangan)으로 불리고 있다. 1960년, 발리를 찾은 어느 독일인에 의해 개발되기 시작했다. 발리에서 쾌속 보트를 타고 1시간 30여 분 가면 길리 뜨라앙완에 도착한다. 세 개의 섬 중에서도 길리 뜨라앙완에 가장 많은 숙박 시설과 관광 레스토랑이 있어, 흔히 길리라 하면 길리 뜨라앙완을 일컫는다. 길리는 해양스포츠의 천국이다. 스노클링, 다이빙, 서핑, 패러글라이딩 등 온갖 해양 레포츠를 맘껏 즐길 수 있는 곳이기도 하다. 한편 길리 메노와 길리 아이르는 특별한 시설이 없는 휴양지로 조성되어 있다. 개인의 취향에 따라 즐길 수 있는 곳이 바로 이

곳 길리이다.

4) 꾸따(Kuta)

꾸따는 롬복의 남쪽바다이다. 롬복의
동, 서, 북쪽 해변이 화산재의 영향으로
모래가 검은 반면 남쪽 바다 꾸따는 황
금빛 모래를 그대로 유지하고 있다. 특
히 꾸따 해변은 인도양에서 밀려오는
거대한 파도들 때문에 서핑을 즐기기에
는 안성맞춤이다. 전 세계의 서퍼들이

꾸따 해변의 바뚜 빠융

이곳을 찾고 있다. 거센 파도의 영향으로 바뚜빠융 같은 절경이 연출되
기도 하는데, 최근 인터넷 매체를 통해 롬복 남부 바다가 널리 알려지고
있다.

5) 마유라 물 궁전(Mayura Water Palace)

1805년 마타람 왕은 린자니 화산의 호수에 정기적으로 신에게 제물을
바치는 번거로움을 대신하기 위해 이 궁전을 만들었다고 한다. 셍기기로
부터 약 45분 거리에 있으며 입구 언덕에서 궁전 전체를 볼 수 있다. 남
쪽에는 큰 벽으로 둘러싸인 깔끔한 정원이 있어 주말에는 현지인들의
소풍장소로 활용되기도 한다. 오른편으로는 수영장과 호수가 있는데, 호
수에서는 페달 보트도 즐길 수 있다.

린자니 정상의 호수

6) 린자니 산

많은 외국인들이 롬복을 찾는 또 다른 이유가 있다. 롬복에는 세계 등산가들이 오르고 싶어 하는 유명한 린자니산(약 3,742m)이 있다. 산의 정상에는 '서가라 아낙'이라는 칼데라 호수가 있으며, 지금도 화산 연기를 조금씩 배출하고 있다. 산을 올라가는 중간 곳곳에는 열대림과 조화를 이룬 멋진 계곡과 그 높이만큼이나 시원한 폭포가 있고 각종 동물들과 희귀종의 새들이 서식하고 있다. 가는 길 중간 중간에 계단식 논이 펼쳐져 있으며, 린자니의 풍부한 수량으로 인해 연중 쌀 경작이 가능하다. 린자니 화산은 2004년에 폭발한 이후 화산활동이 일시 중지된 상태이다. 북쪽 서나루에서 출발하면 정상까지는 1박 2일이 걸리며, 동쪽 섬발룬에서 출발하면 3박 4일이 소요되는 힘들고 긴 여정이다. 그래서 반드시 가이드와 짐을 운반하는 포터랑 함께 해야만 입장이 가능하다.

이 엄청난 산은 전 세계 관광객을 불러들일 뿐만 아니라 롬복에도 많은 혜택을 가져다준다. 높은 산악 지형으로 인해 연중 강수량이 풍부하다. 산의 인근지방은 열대 우림을 이루고 있으며, 산에서 흘러내린 물은 인근 마을과 도시에 생활용수로 공급되고도 남는다. 그리고 높은 고도 때문에 다양한 작물을 재배하고 있다. 고랭지 채소를 비롯, 커피, 오렌지 등 풍부한 농산물들은 롬복에서도 소비되지만 이웃 섬 발리에도 보내지기도 한다. 목재의 생산량도 엄청나다. 빼곡한 열대우림에서 생산되는 양질의 목재는 건축, 가구 자재로 활용되고 있다. 이처럼 린자니 산은 롬복에 더할 수 없는 풍요를 가져다주고 있다.

11. 맺음말

롬복은 인도네시아에서도 아주 특별한 섬이다. 작은 섬에 농업생산력 및 관광의 미래 부가가치가 엄청난 곳이다. 인구도 많고 교육열도 높다. 대학 졸업 후 자카르타, 발리, 수라바야 등 대도시로 유학을 떠나는 학생들의 수가 매년 늘고 있다. 사회 간접투자 또한 활발히 이루어지고 있는 추세이다. 이슬람의 율법과 전통을 지키며, 민속과 풍습 또한 계승하여 다시 후대에 전승하고 있다. 지난 2011년, 신공항 1차 증축 후 새롭게 문을 열어서 그에 대한 기대감 또한 높다. 그러나 아직도 물류의 거점인 자카르타나 수라바야에서 너무 멀다는 한계가 있으며, 부족한 전력 등 산적한 문제들을 안고 있다. 하지만, 늘 긍정적이고 낙천적인 태도와 자연에 순응하는 삶의 모습에서 롬복의 밝은 미래를 읽을 수 있다.

사진: 권상욱(사진가, Digital Artist / imaging2000@hanmail.net)

Gumi Sasak, 롬복 현지 초, 중학교 교재.
김주명, 『Lombok 이야기』, 베스트, 2013.

암본(Ambon)족*

1. 거주 지역과 언어

암본(Ambon) 섬은 이리안(Irian) 섬과 술라웨시(Sulawesi) 섬 가운데에 위
치하고 있는 말루쿠 제도(Kepulauan Maluku)의 한 섬이다. 말루쿠 제도는
북부 말루쿠와 남부 말루쿠로 구분되어 있다. 북부 말루쿠에는 모로타이
(Morotai), 할마헤라(Halmahera), 바찬(Bacan), 오비(Obi), 트르나테(Ternate), 티
도레(Tidore) 섬들이 있고, 남부 말루쿠에는 세람(Seram), 부루(Buru), 암본
(Ambon), 반다(Banda), 술루(Sulu), 케이(Kei), 아루(Aru), 타님바르(Tinimbar),
바르바르(Barbar), 레티(Leti), 웨타르(Wetar) 섬들이 있다.

서로 격리되어 있어서 말루쿠 제도의 각 섬에는 그 섬 고유의 특별한
문화가 생기게 되었다. 예를 들자면, 할마헤라의 서해안에서 사는 토바
루(Tobaru) 사람들은 사우(Sau) 사람들의 언어를 알아듣지 못하고, 사우 사
람들도 토바루 사람들의 언어를 이해할 수 없다. 그것을 해결하기 위하

---

* 베타니아 붕아 아르다니(Bethania Bunga Ardani) / 번역가

여 사람들은 공통어인 트르나테 언어로 이야기한다. 북부 할마헤라의 트르나테와 티도레 언어를 제외하고 말루쿠에서 일반적으로 사용하는 언어는 아우스트로네시아(Austronesia)어이다.

말루쿠 제도의 주민들은 섬별로 다양한 문화를 이미 개발하였다. 그러나 같은 섬에 살아도 각 집단마다 독특한 문화를 가지고 있다. 토벨로(Tobelo), 토바루, 그리고 사우 사람들은 할마헤라에 함께 있어도 서로 다른 문화를 지니고 있다. 마찬가지로 아루, 바찬, 암본, 반다, 그리고 케이 사람들도 다양한 문화를 가지고 있다. 이 글에서는 말루쿠의 수많은 섬들 중에서 히투(Hitu), 암본, 하루쿠(Haruku), 사파루아(Saparua), 그리고 서부 세람에 거주하고 있는 암본 사람들에 대하여 설명하고자 한다.

Tabel Jumlah Penduduk di Maluku tahun 2012

No.	Kabupaten	Laki-Laki	Perempuan	Jumlah
1	MALUKU TENGGARA BARAT	55 680	54 659	110 339
2	MALUKU TENGGARA	49 161	50 731	99 892
3	MALUKU TENGAH	189 442	185 951	375 393
4	BURU	58 036	56 968	115 004
5	KEPULAUAN ARU	46 027	42 665	88 692
6	SERAM BAGIAN BARAT	92 253	88 145	180 398
7	SERAM BAGIAN TIMUR	53 357	51 216	104 573
8	MALUKU BARAT DAYA	36 821	36 144	72 965
9	BURU SELATAN	28 446	27 922	56 368
10	KOTA AMBON	178 878	175 586	354 464
11	KOTA TUAL	31 307	30 729	62 036

Sumber: BPS Provinsi Maluku

2012년의 말루쿠 원주민 총수(말루쿠 주의 중앙 통계청의 출처)
http://maluku.bps.go.id/index.php?hal=tabel&id=5#

2. 인구

2012년의 인구 조사에 따르면 말루쿠 주의 거주자들은 1,620,124명이고, 북부 말루쿠 주의 거주자들은 1,086,655명이다. 한편 2013년의 암본 주민들은 379,615명(남:189,728명; 여:189,887명)이다. 암본 도시의 평균 인구 증가는 매년 2.5퍼센트이지만 최근의 인구 증가는 5.65퍼센트에 이른다. 이것은 말루쿠의 지역 중에서 가장 높은 비율이다.

Tabel Jumlah Penduduk Maluku Utara tahun 2012

KABUPATEN	LAKI-LAKI	PEREMPUAN	JUMLAH	SEX RATIO	PERSEBARAN(%)
Maluku Utara	555075	531580	1086655	104.42	100.00
Halmahera Barat	52777	50351	103128	104.82	9.49
Halmahera Selatan	105554	101319	206873	104.18	19.04
Halmahera Tengah	22996	21889	44885	105.06	4.13
Halmahera Timur	40821	37057	77878	110.16	7.17
Halmahera Utara	91861	87705	179566	104.74	16.52
Kepulauan Sula	68985	66752	135737	103.35	12.49
Pulau Morotai	28400	26571	54971	106.88	5.06
Ternate	97118	93935	191053	103.39	17.58
Tidore Kepulauan	46563	46001	92564	101.22	8.52
Sumber: BPS Provinsi Maluku Utara					

2012년의 북부 말루쿠 원주민 총수(북부 말루쿠 주의 중앙 통계청의 출처)
http://malut.bps.go.id/substat-penduduk.html#tabel

Jumlah Penduduk Menurut Jenis Kelamin di Kota Ambon (Series Tahun)

Tahun	Laki-laki	Perempuan	Laki-laki+Perempuan	Sex Ratio
2003	122.729	122.161	244.890	100,46
2004	129.583	128.191	257.774	101,09
2005	132.322	130.645	262.967	101,28
2006	132.152	130.994	263.146	100,88
2007	136.140	135.832	271.972	100,23
2008	141.387	139.906	281.293	101,06
2009	142.791	142.018	284.809	100,54
2010	165.926	165.328	331.254	100,36
2011	167.448	172.979	340.427	96,80
2012	178.878	175.586	354.464	101,87
2013	189.728	189.887	379.615	99,92

Remark: *) Excluding homeless, boat crews, temporary residents, Viz. 15.832 persons

Source: BPS Kota Ambon

2003~2013년의 암본 원주민 총수(암본 도시의 중앙 통계청의 출처)
http://ambonkota.bps.go.id/data/subject/tabel_4/print.php

3. 마을의 형태

암본 마을의 집들은 일반적으로 주요 도로를 따라 지어져 있다. 집들은 보통 서로 가까운 곳에 짓지만, 멀리 떨어져 있는 마을도 있다. 그런 마을은 아만(aman)이라고 하여 몇 개의 소아(soa)로 구성된다. 아마(ama)라는 사람이 통제하는 각각의 소아는 몇 개의 마타루마흐(matarumah)로 되어 있다.

암본(세람 섬)에 사는 나울루족 마을

한 마을은 보통 느그리(negeri)라고 하여 자바에 있는 촌장과 동등한 라자(raja)의 지도를 받는다. 사람들이 옛날에 언덕에서 바닷가로 이주할 때 아만, 소아, 그리고 마타 루마흐가 해체되어서 현재 마을 조직에는 잘 보이지 않는다.

이슬람교인이나 기독교인의 집과 달리, 원주민들의 전통 가옥은 일반적으로 기둥이 있다. 가옥의 형태는 직사각형인데, 작고 열려 있는 앞베란다 즉, 데고-데고(dego-dego)가 있다. 지붕 구석에 연기를 빼내는 구멍들이 있다. 가끔 뒷부분에는 사람들이 부엌을 만든다. 마을 집의 대부분은 환기통과 태양 광선을 위한 창이 부족하다. 집의 골격이나 뼈대는 통나무로, 가바-가바(gaba-gaba)라는 벽은 사구의 줄기로, 지붕 꼭대기는 사구잎으로 만든다. 소아 대표(kepala soa)의 집들은 보통 유럽식으로 호화롭게 만들고 멋진 창문으로 실내를 구분한다. 이 집들은 사원이나 교회와 같이 절반은 벽으로 만든다.

마을의 중심은 일반적으로 서로 인접한 중요 건물들로 표시된다. 그 건물들은 바일레오(baileo), 즉 마을의 전통 회당, 라자(raja) 혹은 촌장의 가옥, 교회, 모스크, 목사의 가옥, 상점, 가게 등이다.

4. 생계 수단

암본 사람들의 대부분은 농사를 생계 수단으로 한다. 농사를 하는 사람들은 보통 논을 만들기 위하여 나무를 베고 줄기와 나뭇가지들을 태운다. 그 다음, 사람들은 막대기로 논갈이를 하고 그 논들에 콩이나 고구마 종류를 물 없이 심는다.

사구(sagu)는 암본 사람들의 주식이다. 쌀로 식사를 하기도 하지만 전적으로 사구를 대신하지 않는다. 사구나무는 말루쿠 섬들에 있는 소택지에서 무수히 자라기 때문에 그것을 재배하거나 경작할 필요가 없다. 그 나무는 6~15년 동안 자라면 사구 가루를 얻을 수 있다. 충분히 자란 나무들은 벌목하여 반으로 자른다. 그리고 가루가 가득한 줄기를 두들겨서 섬유질이 함유된 가루들을 짜낸다. 그 다음에 사구잎을 사용해서 가루를 주사위꼴로 만든다. 이것을 투만(tuman)이라고 한다. 암본 사람들은 투만을 불에 굽거나 파페다(papeda)라는 죽으로 만들어 먹는다.

사람들이 세람(seram)이라는 쌀을 심지만 그 쌀은 크기가 약간 작고 밥을 하면 조금 단단해진다. 그러나 세람 쌀을 자바의 경작 기술로 심으면 맛이 좋고 먹을 만한 쌀을 얻을 수 있다. 사람들은 세람 쌀 외에 감자도 산비탈에 심는다. 이러한 방법은 네덜란드 사람에게서 배운 것이라고 한다. 네덜란드 사람의 영향을 받은 또 다른 식물은 바로 커피이다. 커피는 원래 시험적으로 재배했지만 현재 리사바(Lisaba), 아마하이(Amahai), 그리고 마니파(Manipa)에서 대규모로 재배하고 있다.

많은 사람들은 자체 소비를 위해 담배를 심는다. 비가 올 때마다 빗물이 자동적으로 담배에 뿌려질 수 있게 처마 아래에 심는다. 담뱃잎은 질겨서 사람들은 담배를 만들 때 담뱃잎을 작게 잘라서 그 자른 담뱃잎들을 지붕 위에서 햇볕에 말린다.

암본(반다 섬)에서 육두구 껍질을 까는 암본족 여인들

이 외에도 사람들은 사탕수수, 카사바, 옥수수, 콩, 그리고 다른 과일, 즉 바나나, 망고, 망고스틴, 간다리아(gandaria), 두리안(durian)도 많이 심는다. 정향은 재배하기 쉽지 않지만 값비싼 열매를 맺는다. 코코넛은 열매를 별로 많이 맺지 않지만 중부 말루쿠 지역의 주민들이 소비하기에는 충분하다.

세람 섬 사람들은 밥 대신 사구가 주식이었다. 숟가락 대신 나무젓가락으로 둘둘 말아서 먹는다.

수확한 생산물이 많으면 사람들은 그것들을 판매한다. 그렇게 하면 사람들은 돈을 장만할 수 있다. 그 돈으로 일상생활에 필요한 것들을 구매할 수 있고, 세금을 낼 수 있고, 아이들의 학비를 낼 수 있다. 게다가 중부 말루쿠에서는 생산되지 않는 의복이나 도구, 부엌 설비 등을 구매할 수도 있다.

농사 외에 암본 사람들은 사슴이나 멧돼지, 그리고 조류를 사냥한다. 사람들은 투창과 올가미, 함정, 덫 등을 이용하여 동물들을 잡는다. 이러한 사냥법은 위험해서 마을 가까이에서 하는 것이 금지된다.

해변 지역에는 거의 모든 사람들이 낚시를 한다. 사람들의 배는 통나무로 만들고 돛을 단다. 이런 배의 이름은 프라후 세마흐(perahu semah)이고 그것보다 더 나은 배는 트르나테(Ternate) 사람들이 판자로 만든 파카토라(pakatora)이다. 이 외에도 중쿠(jungku) 또는 오람비(orambi)라는 큰 배가 있는데, 이들은 암보이나(Amboina)에서 무역을 하기 위한 것이다. 사람들은 여러 가지 방법, 즉 갈고리나 그물 등으로 물고기를 잡는다.

암본 사람들의 전통 춤 짜까레레

5. 가족 제도

암본 사람들의 가족 제도는 부계 혈통을 따르는 가부장제에 기초를
둔다. 핵가족보다 더 큰 규모의 가족 모임은 마타루마흐(matarumah)이다.
마타루마흐는 미혼 남성 및 여성, 그리고 결혼한 남자의 아내들로 된 모
임이다. 이 모임은 이족 결혼과 부계 가족의 토지 사용을 통제한다. 마
타루마흐 외에 파밀리(famili)라는 더 큰 모임이 있는데, 여기에는 마타루
마흐 원주민과 가까이 살고 있는 주변의 친척들이 포함된다.

사회 관습에 따라 결혼은 마타루마흐와 파밀리가 관리하고 확정한다. 결혼은 이족 결혼이어야 하므로 반드시 친족 밖의 사람과 결혼해야 한다. 암본 사람들의 결혼 방법은 세 가지가 있다. 즉 카윈 라리(kawin lari-도피 결혼), 카윈 민타(kawin minta-청혼 결혼), 그리고 카윈 마숙(kawin masuk-데릴 사위 형태)의 결혼 등이다.

카윈 라리 또는 라리 비니(lari bini)는 제일 일반적인 결혼 방법이다. 그것은 주로 암본 사람들이 지름길로 다니기 좋아하고 의식 및 상의 절차를 피하고 싶어 하기 때문이다. 그 결과, 이 결혼 방법은 여자의 가족들이 좋아하지 않는 방법이다. 한편, 남자의 가족들은 청혼의 거부로 실망하거나 수치심을 느끼는 것을 예방한다는 점에서 카윈 라리가 훨씬 좋은 방법이라고 생각한다. 시간을 줄이고 결혼 비용을 절감하기 위해서 남자의 부모는 흔히 사돈집에게 카윈 라리를 제안한다.

카윈 라리에는 결혼할 남자의 온 가족이 적극적으로 참가한다. 여자부모의 인정이 없이도 남자는 부모와 친구들의 지지로 결혼할 수 있다. 남자는 정해진 밤에 친구나 친척들과 함께 여자의 방에서 모든 옷과 물건을 가지고 그녀를 데려간다. 여자의 침대 위에는 보통 긴 백색 봉투가 놓인다. 그 봉투에는 남자가 여자 부모에게 자기가 딸을 데려갔다는 것을 전하는 내용의 편지가 있다. 만약 여자 부모가 양해한 경우에는 편지에 남자가 누군지, 그리고 여자가 남자 부모의 보호 아래 있다는 것을 명백하게 설명한다. 그러나 만약 여자의 부모가 양해하지 않은 경우에는 딸을 데려가는 사람이 누군지, 또한 딸이 어디에 있는지 알리지 않는다. 남자는 편지 없이 지참금만을 여자 방에 놓아둔다.

카윈 라리 관습에서는 여자를 데려간 지 일주일 후 남자의 일가족이 여자를 잠복 장소에서 남자의 집으로 데려간다. 여자가 집에 들어갈 때 남자는 의식을 거행해야 하고 그 후에 집들이를 한다. 집들이 때 여자는 담배, 음료수 등이 놓인 쟁반을 들고 손님들을 접대한다. 여자가 주부의 역할을 맡게 된 것을 보여 주려고 하는 것이다. 남자는 여자가 이미 자기 아내가 되었다는 것을 알리기 위하여 친구들과 이웃집 사람들을 초대한다. 그러고 나서 여자는 남자의 가족들과 함께 살게 된다.

두 번째의 결혼 방법은 카윈 민타이다. 카윈 민타인 경우에는 남자가 여자를 아내로 삼고 싶은 것을 여자의 부모에게 직접 알려 주고 그 후에 가족을 모아서 결혼에 대해 상의하고 결혼 계획을 세운다. 모든 결혼 당사자가 동의한 다음에 남자는 청혼을 위한 방문 날짜와 시간을 정하기 위해 여자 부모에게 편지나 위임자를 보낸다. 그러면 여자의 부모는 남자에게 시간 및 날짜를 알려 준다. 만일 여자의 부모가 거절하면 이 방법은 취소될 것이지만 그런 경우는 거의 없다. 왜냐하면 남자와 여자가 부모의 승낙을 이미 받았기 때문이다. 그때 부모가 동의하지 않으면 물론 남자는 카윈 라리를 택할 것이다. 청혼 날짜 및 시간이 결정되면 남자의 일가친척과 대변인은 여자의 집을 방문한다. 그 다음 남자의 대변인은 특수한 전통적 인사를 하고 성명을 언급하며, 여자의 대변인은 그것에 대해 전통적인 방식으로 답변한다. 대변인들의 의논을 통해 양가가 동의하면 기독교식 혹은 이슬람교식으로 결혼식을 하게 된다.

세 번째의 결혼 방법은 카윈 마숙 또는 카윈 마누아(kawin manua)이다. 이 결혼 방법은 남자가 여자의 가족과 함께 동거하는 방법이다. 사람들이 카윈 마숙을 하는 이유는 세 가지가 있다. 첫째는 남자의 가족이 지참금을 낼 수 없기 때문이고, 둘째는 여자가 외딸이라서 남자를 아버지의 혈통에 넣어야 혈통을 지속할 수 있기 때문이다. 그리고 셋째는 남자의 아버지가 신분의 차이나 다른 이유 때문에 며느리를 받아들이고 싶지 않은 경우이다. 이러한 이유로 남자는 여자의 가족이 된다.

그런데 만일 남자가 지참금을 낼 수 없으면 아내 친척의 토지에서 일해야 한다. 그리고 이슬람교도들은 이슬람법으로 결혼하지만 남자가 지참금을 낼 수 없으면 여자는 남자의 집에서 살 필요가 없다. 그러나 남자는 마하르(mahar)라는 이슬람식 결혼 예물과 하르타 아닷(harta adat)이라는 전통 예물을 주어야 한다. 하르타 아닷은 보통 금빗, 징, 마다놀람(madanolam) 등이다. 기독교 사람들 외에는 일부다처가 일반적으로 허용되지만 이것은 흔한 일이 아니다.

6. 사회 제도

앞에서 마을 관리의 여러 직위 즉 촌장(라자), 영적 지도자(아만), 그리고 마을 감독(소아 대표)에 대해 설명한 바 있다. 그 외에 또 다른 직위로는 토지를 담당하는 투안 타나흐(tuan tanah), 전쟁을 지휘하는 카피탄(kapitan), 치안을 담당하는 케왕(kewang), 그리고 전령에 해당하는 마리뇨(marinyo) 등이 있다. 이러한 마을의 직위는 사니리 느그리(saniri negeri) 혹은 사니리(saniri)라는 마을 위원회에 의해 결정된다. 현재 촌장은 선택되어야 하지만 혈통으로 인하여 결정되는 경우가 아직도 있다.

암본 마을에는 이미 혼기가 되었지만 아직 결혼하지 못한 젊은이들을 위한 주민 기구가 있다. 여자들의 협회는 조자로(jojaro)라고 하며, 청년들의 협회는 응웅아레(ngungare)라고 한다. 만일 마을 밖의 청년과 결혼할 조자로 회원이 있다면 조자로는 신랑에게 예물을 요구하고 이를 받아들이지 않을 경우에는 신부를 데려가지 못하게 방해하기도 한다. 그리고 응웅아레는 조자로를 도와주고 자신들의 요구가 관철되는지 감독한다. 그리고 서부 세람에서는 조자로에 소속된 젊은 여자들이 마을에서 자유롭게 생활한다. 예를 들자면, 그들은 축제에 손님을 초대하고, 아름다운 옷을 입고서 맛있는 음식을 대접한다. 이들은 응웅아레와 함께 '파티타 먹기'(makan patita)라는 행사를 가지기도 한다.

그 밖의 중요한 회합은 펠라(pela)이다. 펠라는 전통적으로 두 마을 이상 주민들간의 우호적 단체이다. 회원들은 위험하거나 곤란한 상황에 처한 회원들을 도와주어야 할 의무를 지닌다. 펠라 회원들은 종교에 구애되지 않는다. 예를 들자면, 기독교를 믿는 마을들이 이슬람교를 믿는 마을들과 함께 한 펠라에 소속될 수 있다.

마지막으로 거의 모든 마을에 있는 사회조직은 바로 무하벳(muhabet)이다. 무하벳은 사망에 관한 모든 필요한 것들을 처리하는 사회 조직이다. 무하벳은 같은 마을의 주민이나 일가친척으로 구성되어 있다.

말루쿠 사회에서는 원주민의 마타 루마흐(mata rumah)가 이주민의 마타 루마흐보다 신분이 더 높다. 사람들은 실제로 마타 루마흐가 옛날 느그리(negeri)의 자손이라서 훨씬 높다고 생각한다. 그것은 마을 사람들의 근원에 따른 계층이 존재함을 의미한다. 게다가 정치권력이 대대로 세습되어서 이들 일가들은 암본 사회에서 권한이 있는 계층이 된다.

암본 평화의 광장

    암본 사람들은 마을 지도자 외에 종교 즉 기독교, 이슬람교, 그리고 토속 종교 지도자의 존재를 인정한다. 기독교나 이슬람교의 영향을 받은 마을에서는 영적 지도자가 촌장과 동등하게 높은 위치를 차지하고 있다. 그리고 영적 지도자 외에도 정치 및 교육 분야 지도자가 존재한다. 최근에 이 지도자들의 역할은 특히 말루쿠 지방에서 급속히 증대되고 있다.

7. 종교

중부 말루쿠 거주민들의 종교는 기독교 혹은 이슬람교이다. 그러나 이들에게는 여전히 토속 종교의 영향이 남아 있다. 사람들은 죽은 영혼들의 존재를 인정해서 영혼들이 세상에 살고 있는 사람들에게 방해가 되지 않도록 그들에게 음식, 음료수를 공급하고 그들을 숭배하기도 한다.

예를 들자면, 사람들은 영혼들이 머물고 있다고 믿는 바일레오(baileo)에 들어가려면 영혼들의 허가를 요청하는 제사를 지내야 한다. 그 제사를 지도하는 사람은 바로 투안 느그리(tuan negeri)인데, 그는 인간과 영혼 사이에서 중개 역할을 한다. 바일레오에 들어가는 사람들은 반드시 검은 색의 전통 옷을 입고 빨간 손수건을 어깨에 걸쳐야 한다. 바일레오 안에는 빠밀리(pamili)라는 신성한 돌이 있다. 빠밀리는 공물 바침의 제단으로 사용되지만 현재 이러한 관습은 점차 사라지고 있다.

암본 사람들은 보통 자바의 마을 청소 의식과 같은 추치 느그리(cuci negeri) 의식을 한다. 그때 온 마을 사람들은 모두 바일레오, 잔디밭, 집 등을 청소해야 한다. 만일 제대로 청소하지 않으면 마을 사람들이 병에 걸려서 사망하거나 온 마을이 감염될 수 있고, 벼농사가 흉작이 될 수 있다고 믿는다. 영적 지도자가 바일레오 안에서 추치 느그리 의식 때 하는 주문 내용을 보면 사람들이 영혼의 존재를 아직도 믿고 있음을 알 수 있다. 지도자는 주문을 통해 영혼들에게 구원을 요청하고 재앙을 막아 달라고 부탁하고 있기 때문이다.

마을 청소와 바일레오에서의 의식 후에 잔치가 열리면 온 마을 사람들은 먹고 마시며 즐거워한다. 옛날에 이런 축하연은 최대의 축하연이었지만 소이야(Soiya) 마을에서 볼 수 있는 추치 느그리 의식은 크리스마스 전 금요일에 진행되어서 잔치 규모는 그리 크지 않다. 추치 느그리 의식은 이와 같은 거주민들의 공중위생 및 구원 목적 외에도 바일레오, 수원, 신전 등을 지어 주신 조상들과의 유대관계를 강화한다는 의미를 가지고 있다.

중부 말루쿠 사람들에게는 신랑의 가족들이 신부가 살고 있는 마을의 영적 지도자에게 예물을 바치는 의식인 카인 브르캇(kain berkat)이 있다. 예물은 흰 옷감과 투악(tuak)이라는 술이다. 만일 이것을 무시하면 새로운 식구가 병에 걸려서 사망할 것이라고 믿는다. 그래서 이러한 문제를 해결하는 최선의 방법은 카인 브르캇 의식뿐이다. 신랑의 친척들은 성스러운 물을 담은 병과 담배를 준비하여 지도자에게 드린다. 그 다음에 영적 지도자는 가족들과 사니리(saniri) 회원과 함께 바일레오에 가서 바일레오에 있는 조상의 영혼들에게 고대 언어로 말한다.

암본 마을의 이슬람교 신자들은 두 부류로 나뉜다. 아방안(abangan)과 산트리(santri)로서 자바의 이슬람교 신자와 같다. 예를 들자면, 하루쿠 섬의 카일롤로(Kailolo) 지역의 거주민들은 산트리이다. 라마단은 이맘(imam)과 사니리 느그리(saniri negeri)의 지도에 의해 시작되고 끝난다. 르바란 하지 때도 크팔라 느그리가 날짜를 알아내면 사니리 회원들과 함께 이둘 쿠르반(Idul Kurban) 날을 확정한다. 사람들은 공동으로 희생물로서 염소를 구입한다. 사람들이 처음에는 염소를 이맘 댁에서 크팔라 느그리 댁으로, 그 다음에는 모스크로 가져가서 이맘이 그 염소를 도살한다.

거주민들이 이슬람교를 신봉하는 지역에서는 사람들이 염소의 머리를 바일레오로 가져가서 옛날부터 염소 머리들을 쌓아두는 제단에 놓는다. 염소 희생제는 이슬람교가 이 지역에 들어오기 전에도 있었다고 한다. 기독교도가 많은 사파루아(Saparua) 및 투하하(Tuhaha)에 있는 후타완(Hu-tawan)같은 지역에서도 이러한 의식을 볼 수 있다. 사람들은 바일레오, 마을 학교, 교회 등을 수리하기 위하여 나무를 찾을 때 염소를 도살하고 그 머리를 바일레오로 가져가서 오래된 기둥 위에 걸어 둔다.

8. 맺음말

기후와 자연을 고려하면, 말루쿠 지역의 경제 개발을 위해서는 농업보다 수산업에 역점을 두어야 한다. 말루쿠에는 수산 자원이 풍부하기 때문이다. 그렇지만, 이와 같은 수산업은 규모가 크고 현대화된 장비, 즉 최신의 고기 그물과 냉장선 등이 마련된 철제함선 등이 필요하기 때문에 말루쿠의 수산업을 개발하려면 많은 자본과 기술이 필수적이다.

현재 정규 교육 시설, 즉 초·중·고등학교와 대학교의 수는 네덜란드 식민지 시대보다 훨씬 증가했다. 그러나 말루쿠의 교육 제도는 인도네시아의 다른 지역들에서 이루어지는 교육 제도와 비슷하지만 공무원이나 사무원 육성을 목표로 하고 있어서 말루쿠 사회에 별로 적절하지 않다. 말루쿠에 수산 학부가 있기는 하지만 그보다 더 많은 수산 학교가 필요하다. 그런 학교가 있으면 사람들은 수산업으로 생활수준을 향상시킬 수 있을 것이다.

말루쿠 특히 암본의 사회 제도는 개발에 적합한 여러 가지의 전통적인 단체를 가지고 있다. 예를 들자면 펠라와 같은 단체이다. 회원들은 단체에서 이득을 취할 수 있다고 생각할 뿐만 아니라 책임감도 강하기 때문에 그 단체는 사회 발전에 도움이 된다. 그래서 지역 개발자들은 말루쿠의 마을들에 있는 전통적인 단체에 관심을 가져서 단체를 현대화하여 최대한 활용할 필요가 있다.

Bartels Dieter, "Ambonese", *Encyclopedia of World Cultures*, 1996. (Retrieved January 30, 2015 from Encyclopedia.com: http://www.encyclopedia.com/doc/1G23458000751.html).

Bartels Dieter, "Guarding the Invisible Mountain: Intervillage Alliances, Religious Syncretism, and Ethnic Identity among Ambonese Christians and Muslims in the Moluccas." Ph.D. dissertation, Cornell University, 1977.

Bartels Dieter, Moluccans in Exile: A Struggle for Ethnic Survival. Leiden: Center for the Study of Social Conflict, University of Leiden, 1988.

Cooley, Frank L., *Ambonese Adat: A General Description*, New Haven: Yale University, Southeast Asia Studies, 1962.

Koentjaraningrat, "Kebudayaan Ambon." *Manusia dan Kebudayaan di Indonesia*, Jakarta: Penerbit Djambatan, 1985.

http://www.antaramaluku.com/print/5918/pertumbuhan-penduduk-ambon-tertinggi-di maluku

http://ambonkota.bps.go.id/index.php?hal=tabel&id=4

빠뿌아(Papua)족*

1. 거주 지역과 환경

인도네시아 지도를 보면 빠뿌아 섬 모양은 커다란 새처럼 보인다. 빠뿌아라는 이름은 믈라유(Melayu)어로 뿌아뿌아에서 파생되었다. 뿌아뿌아는 곱슬머리라는 뜻이다. 이 이름은 1,551년에 빠뿌아 섬을 방문한 포르투갈 어부 안토니오 드 아르브루(Antonio d' Arbreu)가 지은 이름이다. 빠뿌아 섬은 이리안(Irian)이라는 이름으로 불리기도 한다. 비악(Biak)어로 이리안은 바다 안개를 쫓아내는 태양이라는 뜻을 가진다. 이 말은 빠뿌아 어부들에게 희망을 주는 말이라고 한다. 그래서 빠뿌아 어부들은 섬으로부터 멀리까지 가서 고기를 잡을 수 있다.

빠뿌아 섬은 크게 머리 지역, 자야위자야(Jayawijaya) 산맥부터 북쪽 해변 지역, 자야위자야 산맥 남쪽에 위치하는 저지대 지역 등 세 지역으로 나뉠 수 있다. 각 지역에는 수많은 종족들이 살고 있다. 머리 지역에 아르팍(Arfak) 산맥, 탐라우(Tamrau) 산맥이 위치한다. 머리 지역에 마눅와리

---

* 아데 뜨리아나 롤리따사리(Ade Triana Lolitasari) / 번역가

(Manokwari), 팍팍(Fakfak), 뜨미나부안(Teminabuan), 스띤꿀(Steenkool), 란시끼(Ransiki)와 같은 큰 도시, 그리고 까이마나(Kaimana), 꼬까스(Kokas), 아야마루(Ayamaru)와 웬데시(Wendesi) 같은 작은 도시가 위치한다. 고도 5,000m 높이의 자야위자야 산맥의 꼭대기는 항상 눈으로 덮여 있다.

빠뿌아 섬의 평균 날씨는 26℃ 이다. 고지대의 경우에는 100m마다 0.6℃ 정도씩 내려간다. 빠뿌아 섬의 강우량은 꽤 많다. 일 년 평균 강우량은 2,000~3,000㎜ 정도이다. 산맥이나 높은 산 같은 경우에는 강우량이 4,000㎜에 이른다. 하지만 건기 때 강우량은 200㎜밖에 안 된다. 므라우께(Merauke) 지역 같은 경우에는 일 년 강우량이 1,500㎜까지 이르지만 건기 때 강우량은 한 달에 50㎜밖에 안 된다.

빠뿌아 섬에서 자라나는 식물도 다른 인도네시아 섬에 비하면 독특하다. 이 식물들은 빠뿌아 섬 외에서는 보기 드문 식물이다. 예를 들자면 자야위자야 산맥에서 자라나는 카우리나무(Agathis alba), 빠뿌아 사람들이 주로 먹는 사구나무(Metroxylon spp)와 끌루위나무(Artocarpus altilis)는 늪지 주변에서 많이 자란다. 사바나 주변에서는 빠뿌아 사람들에게 중요한 빤단 잎(Pandanus)이 자란다. 해변이나 갯벌 주변에서는 다양한 맹그로브나무와 야자수가 자란다.

옛날 빠뿌아는 호주와 동일한 섬이었기 때문에 빠뿌아에 있는 동물들은 호주의 동물들과 비슷하다. 예를 들자면 다양한 쥐, 개미를 먹는 고슴도치, 족제비, 캥거루 등이 빠뿌아 섬에 살고 있다. 또한 100가지 종류의 첸드라와시(Cenderawasih) 새와 까수아리(Kasuari) 새가 빠뿌아 숲에서 살고 있다. 그것뿐만 아니라 박쥐, 멧돼지, 도마뱀, 악어, 거북, 그리고 다양한 뱀들이 살고 있다. 하지만 원숭이, 호랑이, 황소 등 다른 인도네시아 지역에서 살고 있는 동물은 빠뿌아 섬에 없다.

빠뿌아 사람들은 원래 전통신앙을 가지고 있다. 하지만 네덜란드 식민지 시기인 1855년부터 네덜란드 선교사들은 기독교와 천주교를 전파하러 빠뿌아에 왔다. 그래서 빠뿌아 사람들 중에는 기독교나 천주교를 믿는 사람이 많아졌다. 그 후로 기독교와 천주교의 발전과 함께 많은 종교 학교가 생겼고 빠뿌아 인 선교사도 점점 많아졌다. 또한 제 2차 세계대전이 끝난 후 기독교를 전하러 빠뿌아를 방문하는 호주와 미국 선교사들도 많아졌다.

경제적으로 보면 빠뿌아 사람들은 세 가지 유형으로 나눌 수 있다. 첫 번째 유형은 빠뿌아 섬 머리 부분에 사는 사람들이다. 라자 암빳(Raja Ampat)과 소롱(Sorong) 지역 외에 빠뿌아 섬 머리 부분에 사는 사람들의 생계 수단은 사구나무 채취, 농사, 물고기 잡기 등이다. 사구나무를 채취할 때 몇 사람들이 큰 나무를 베어서 하루 종일 일하면 45일 동안 서너 명이 먹을 수 있는 사구를 채취할 수 있다. 빠뿌아에 사는 사람들은 조상들에게서 물려받은 방식을 그대로 따라 해서 사구나무 손질을 쉽고 빠르게 하기 때문이다. 보통 빠뿌아 사람들은 사구를 이용하여 과자나 빵, 그리고 죽을 만든다.

두 번째 유형은 강 상류 주변에 사는 사람들이다. 이 사람들의 생계 수단은 사구나무 채취와 사냥이다. 사람들의 사냥감은 보통 멧돼지와 작은 동물들, 그리고 물고기이다. 첫 번째 유형의 사람들과 달리 두 번째 유형의 사람들은 농사짓는 방법을 몰라서 한 마을에서 계속 살지 않는다.

세 번째 유형은 산기슭 주변에서 사는 사람들이다. 첫 번째와 두 번째 유형의 사람들과 달리 세 번째 유형 사람들의 생계 수단은 밭에서 농사를 짓는 것이다. 밭에 여러 종류의 고구마, 사탕수수 등 여러 식물들을 심는다.

외모를 보면 빠뿌아 사람들은 다른 인도네시아 사람과 많이 다르다. 빠뿌아 사람들의 특징인 작은 키와 검은 곱슬머리는 네그리또(Negrito) 또는 피그미(Pygmee) 종족의 특징이기 때문이다. 네그리또 종족은 빠뿌아 외에 중앙아프리카에 있는 콩고(Kongo) 강 유역, 수마트라(Sumatera) 섬 북쪽에 위치한 안다만(Andaman) 섬, 그리고 필리핀에 있는 루존(Luzon) 섬에서 산다.

빠뿌아 섬에는 수많은 종족이 살고 있기 때문에 사용하는 언어도 다양하다. 빠뿌아어 중에는 멜라네시아어족에 포함된 언어도 있지만 대부분은 빠뿌아어족에 포함된다. 빠뿌아어족은 더 작은 어족으로 나눌 수 있다. 각 어족에는 다른 하위어족이 있고 각 하위어족은 더 많은 언어로 구성되어 있다. 특히 첸드라와시만 지역과 북쪽 해변에는 각자의 언어를 사용하는 많은 종족이 살고 있다. 그래서 100명 이하의 사람들이 사용하는 언어도 있다. 빠뿌아에서 사용하는 언어는 약 234개 정도이다.

빠뿌아에서 사는 종족들은 크게 열 가지 큰 종족으로 나눌 수 있다. 앙기(Anggi)족, 와로뻰(Waropen)족, 바우지(Bauzi)족, 브구(Bgu)족, 멕(Mek)족, 다니(Dani)족, 승기(Senggi)족, 응알룸(Ngalum)족, 아스맛(Asmat)족, 그리고 여스 수다르소(Jos Sudarso)에서 사는 사람들이다.

2. 마녹와리(Manokwari)에서 사는 앙기(Anggi)족

마녹와리 내륙지에 위치한 아르팍(Arfak) 산맥에서 사는 앙기족은 네 종족으로 구성되어 있다. 메야(Meyah)족, 모일레(Moile)족, 하땀(Hatam)족, 그리고 마니끼온(Manikion)족이다. 각 종족의 문화는 비슷하지만 사용하는 언어가 다르다. 대부분의 종족들은 아르팍 산맥에서 살기 때문에 아르팍 사람이라고 부르기도 한다. 아르팍 사람은 마녹와리, 그리고 아르팍 산맥과 앙기 산맥의 산기슭에서 살고 있다. 그런데 약 6,500명의 마니끼온 사람은 아르팍 사람들이 모여 살고 있는 중심지 앙기군에 살고 있다. 앙기군에는 여덟 개의 마을이 있다.

아르팍 사람의 생계 수단은 농사와 사냥이다. 사용한 밭에서 높이 10~15m까지 자란 나무가 있으면 땅에 영양분이 많다는 것으로 알고 그 밭을 다시 사용한다. 아르팍 사람들이 사용하는 농사 기구는 간단하다. 도끼, 칼, 괭이와 써레를 사용하기 전에는 나무로 만든 도구를 사용했다. 이 도구는 무가(Mugha)라고 불린다. 무가를 사용할 때 재배하는 식물은 고구마, 토란, 파파야, 바나나, 그리고 여러 가지 채소들 특히 시금치이다. 이후 다른 도구를 사용하면서 시장에서 팔 수 있는 감자, 빨간 쪽파, 마늘, 당근, 양배추 등을 심게 되었다. 아르팍 사람들은 농사 외에 사냥도 한다. 숲에서 땅쥐, 나무 캥거루, 멧돼지 등을 사냥한다. 사냥감을 많이 모으면 시장에서 팔고 다시 마을로 돌아간다. 하지만 멧돼지는 팔지 않고 집에서 키우기도 하고 잡아먹기도 한다. 아르팍 사람들은 앙기 호수에서 물고기와 장어를 잡기도 한다.

아르팍 남자들은 결혼한 후에도 부모와 같이 산다. 한 집에서 부모님과 서너 명의 아이들과 함께 살고 있다. 한 집에 다섯 개 정도의 방이 있다. 만약에 한 집에서 사는 사람이 너무 많으면 친척의 허락을 받고 새로운 집을 만든다. 옛날에 아르팍 사람들은 부모나 친척들이 정해 주는 배우자와 결혼해야 했지만 지금은 마을 잔치에서 배우자를 만나 결혼하는 사람이 대부분이다.

아르팍 사람들은 하늘에서 사는 아제모아(Ajemoa)라는 신이 세상을 만든 것으로 믿는다. 그리고 아르팍 사람들의 조상은 아제모아 신이 처음으로 만든 사람이라고 믿는다. 이 사람의 이름은 시바(Siba)이다. 아르팍 사람의 전설에 의하면, 시바는 아들 이바(Iba)와 아이바(Aiba), 그리고 딸 또완시바(Towansiba)를 낳았다. 아이바는 이바와 또완시바가 위험에 빠지면 구하러 돌아오겠다고 약속을 하고 서쪽으로 떠났다. 이바는 아제모아 신의 규칙을 어기고 천벌을 받아 지구에서 평생 살게 되었다. 이바의 후손들은 빠뿌아 섬 머리 부분에 살고 있다. 아르팍 사람들은 족장을 뽑을 때 이바의 후손에서 뽑는다.

아르팍 사람들의 예술은 노래나 춤으로 표현된다. 주로 추는 춤은 대금소리와 노랫말에 맞게 추는 소웃(Tsout)이라 불리는 뱀 춤이다. 노래의 가사는 빠뿌아의 아름다운 풍경, 태양, 달, 하늘, 산을 숭배하는 내용으로 이루어져 있다. 아르팍 사람들은 옷, 액세서리, 다양한 장식 만들기를 좋아한다. 나무껍질이나 줄을 이용하여 옷이나 액세서리를 만들고 남자들 같은 경우에는 전쟁 장비를 만들 때 돼지나 개의 송곳니를 이용하기도 한다. 여가 시간에 아르팍 남자들은 활이나 화살에 그림을 그리기도 한다.

1940년 이후로 다른 종족이나 빠뿌아 외부에 있는 종족들과의 문화적 상호작용이 생겨서 아르팍 사람들의 사회와 문화는 점점 변해가고 있다. 사회·문화적인 변화로 인해서 좋은 점도 있지만 나쁜 점도 있다. 좋은 점은 식인 풍습이 없어지고 다른 종족들이나 동족과의 싸움도 줄어들었

다. 그리고 시내에 가면 사람들이 옷을 입기 시작하고 애국심도 가지게
되고 다른 종족과 결혼도 한다. 그리고 죽음을 애도할 때 1~3개월 동안
굶는 풍습도 없어졌다. 그런데 외부인들과의 접촉이 늘면서 빠뿌아에 들
어간 종교나 정부의 규정 등으로 인해 새로운 갈등이 많이 생겼다.

3. 첸드라와시(Cendrawasih)만 해변에서 사는 와로뻰(Waropen)족

와로뻰은 내륙에서 사는 사람이라는 뜻을 가진다. 와로뻰 종족의 전
설은 와로뻰 사람들이 우레이 파이세이(Urey Faisey) 산, 또나떼르(Tonater)
산과 원세뻬다이(Womsepedai) 산에서 온 사람이라는 것을 보여 준다. 와
로뻰 종족들이 사는 지역은 세 지역으로 나뉜다. 와로뻰 암부미(Waropen
Ambumi), 와로뻰 까이(Waropen Kai), 와로뻰 로나리(Waropen Ronari)이다.

나빤(Napan) 마을, 웨이나미(Weinami) 마을, 마끼미(Makimi) 마을, 룬(Roon)
마을, 암부니(Ambuni) 마을에서 사는 사람들은 와로뻰 암부니 지역에 포
함된다. 와로뻰 암부니 사람들은 와로뻰 까이 지역에서 이사 온 사람들
이기 때문에 방언과 전통, 그리고 풍습도 와로뻰 까이 사람들과 매우 비
슷하다. 와렌(Waren) 마을, 빠라도이(Paradoi) 마을, 우레이 파이세이(Urey
Faisey) 마을, 누아부아이(Nuabuai) 마을, 리세이(Risei) 마을과 원띠(Wonti) 마
을에서 사는 사람들은 와로뻰 까이 지역에 포함된다. 수백 년의 와로뻰
종족의 역사에 의하면 와로뻰 종족의 조상들은 와로뻰 까이에서 사는
사람들이기 때문에 와로뻰 까이 사람들은 자신들이 진짜 와로뻰 사람이

라고 생각한다. 와로뻰 까이 사람들은 주로 해변과 가까운 곳에 마을을 만든다. 바라빠시(Barapasi) 마을, 소소라(Sosora) 마을, 소라비(Sorabi) 마을, 께레마(Kerema) 마을, 뽀이와이(Poiwai) 마을과 따마꾸리(Tamakuri) 마을에서 사는 사람들은 와로뻰 로나리 지역에 포함된다. 와로뻰 사람들의 언어, 풍습과 마을 형태는 다른 와로뻰 암부니나 와로뻰 까이와 다르다. 와로뻰 로나리 사람들의 생계 수단은 주로 사냥이다.

와로뻰 사람들이 사용하는 언어는 아홉 가지로 나눌 수 있다. 첫 번째, 와로뻰 까이어이다. 와로뻰 까이어를 사용하는 사람은 윈띠 마을과 와렌 마을 사이에서 사는 사람들과 와로뻰 암부니 동쪽에서 사는 사람들이다. 두 번째, 세루이(Serui)어이다. 세루이어를 사용하는 사람은 와뽀가(Wapoga) 해변, 레사와(Resawa) 마을, 나우(Nau) 섬, 야뻰(Yapen) 섬의 남쪽과 서쪽에 사는 사람들이다. 세 번째, 부라떼(Burate)어이다. 부라떼어를 사용하는 사람은 와뽀가 해변의 내륙지에서 사는 사람들이다. 네 번째, 데미사(Demisa)어이다. 부라떼어와 마찬가지로 와뽀가 해변의 내륙지에서 사는 사람들은 이 언어를 사용한다. 다섯 번째, 바우지(Bauzi)어이다. 바우지어를 사용하는 사람은 판 리스(Van Rees) 산맥의 내륙에서 사는 사람들이다. 여섯 번째, 께레마(Kerema)어이다. 께레마어를 사용하는 사람은 아나시(Anasi), 께레마와 니싸(Nissa) 마을에서 사는 사람들이다. 일곱 번째, 사이로미(Sairomi)어이다. 바빠라시 바레페레(Baparasi Barefere), 사이로미, 보네파(Bonefa) 동쪽 지역에서 사는 사람들은 사이로미어를 사용한다. 여덟 번째, 소라비(Sorabi)어이다. 소라비어를 사용하는 사람은 소라비 마을, 람빠미레이(Rampamirei) 지역, 꾸루두(Kurudu) 섬과 야뻰 섬 중앙과 동쪽에서 사는 사람들이다. 아홉 번째, 따마꾸리(Tamakuri)어이다. 보노이(Bonoi) 마을과 따마꾸리 마을에서 사는 사람들은 따마꾸리어를 사용한다.

와로뻰 종족은 맹그로브 숲에 있는 강가나 강어귀에 마을을 만든다. 큰 마을은 50~75개의 집으로 이루어져 있으며 해변 쪽에 위치한다. 작은 마을은 15~20개의 집으로 이루어져 있으며 내륙에 위치한다. 와로뻰 마을의 중요한 교통수단은 작은 배이다. 1970년에 정부는 맹그로브 숲 속이나 내륙에 있는 마을을 해변 쪽으로 옮겼으며 우레이 파세이라는 마을을 새로 만들었다. 이 정책의 좋은 점은 자연 재해가 있을 때 최대한 빨리 사람들을 대피시킬 수 있다는 사실이다. 하지만 새로운 마을은 사구나무숲과 많이 떨어져 있기 때문에 사구나무를 채취하러 먼 거리를 걸어가야 한다.

와로뻰 종족의 생계 수단은 사구나무 채취, 물고기 잡기와 사냥이다. 제일 중요한 생계 수단은 사구나무 채취이다. 와로뻰 종족은 사구 가루가 많은 8~10살짜리 나무만 벤다. 한 나무에서 100~150킬로그램의 사구 가루를 얻을 수 있다. 이 사구 가루를 다양한 음식으로 만들 수 있다. 예를 들면 빠뿌아 사람들은 주로 사구를 구워 먹거나, 죽으로 만들어 먹는다. 사구를 생선이나 고기와 같이 먹는다. 사구나무 채취와 마찬가지로 와로뻰 종족에게는 물고기 잡이도 매우 중요하다. 와로뻰 지역은 강과 강어귀가 많고 바다 근처에 있기 때문에 다양한 물고기와 조개, 게 등을 잡을 수 있다. 물고기 잡기는 남자들의 몫이고 조개 모으기는 여자들의 몫이다. 사냥은 주로 잔치나 다른 먹을 것이 필요할 때 한다. 혼자서 사냥을 하는 사람도 있지만 대부분 3~4명이 작은 그룹을 만들어서 사냥을 한다. 사냥감은 주로 돼지, 새, 캥거루, 흙쥐, 악어 등이다. 사냥할 때에는 창, 화살, 검, 사냥개 등을 사용한다.

와로뺀 종족, 특히 누부아이(Nubuai), 맘부이(Mambui), 파라도이(Paradoi), 상게이(Sanggei), 와렌(Waren) 마을에서 사는 사람들은 대부분 기독교인이지만 주변에 죽은 사람의 영혼이나 보이지 않은 것들이 존재하다고 믿는다. 그 영혼들은 동굴, 강이나 큰 나무에서 산다고 믿는다. 또한 밤에 소리 없이 날아다니는 검은 새, 강에서 움직이지 않는 물고기나 돼지가 그 영혼이라고 믿는다.

네덜란드 식민지 때 네덜란드 정부는 와렌, 파라도이, 누부이, 리세이 사야띠(Risey Sayati), 원띠 등과 같은 큰 마을에 교회와 학교를 지었다. 암본(Ambon)과 상이르(Sangir)에서 온 선생들은 기독교를 전파하였고 많은 와로뺀 아이들은 학교를 다닐 수 있었다. 외부와의 관계가 많아지면서 와로뺀 사람들은 교육의 중요성을 깨달았다. 그래서 지금 대학교에는 공부 중인 와로뺀 사람이 많다.

4. 중앙 멤베라모(Memberamo), 비라(Bira)호수의 바우지(Bauzi)족

바우지 종족은 중앙 멤베라모에 위치한 비라 호수 주변에 사는 사람들이다. 바우지 종족은 바우지 언어를 사용한다. 바우지 종족에게는 밭에서 농사를 짓는 것이 사냥이나 사구나무 채취보다 더 중요하다. 주로 심는 것은 바나나, 고구마, 토란이다. 농사 다음으로 바우지 사람들의 생계 수단은 사냥이다. 사냥은 남자들의 몫이고, 물고기 잡기는 여자들의 몫이다. 바우지 남자들은 사냥할 때 사냥개를 데리고 간다. 사냥개에게 물린 사냥감은 화살로 죽인다. 사냥개는 바우지 사람에게 매우 중요한 동물이다. 사냥개 외에도 바우지 남자들은 사냥할 때 올가미를 사용한다. 바우지 종족은 사구나무숲에서 많이 떨어져 있는 강가에서 살기 때문에 결혼식이나 새해, 중요한 날에만 사구나무를 채취한다.

바우지 종족의 결혼은 중매결혼이 대부분이다. 부모님은 아이들이 어릴 때부터 결혼 상대를 정하고 아이들이 결혼할 나이가 되면 그 상대와 결혼해야 한다. 또한 남자가 어떤 여자와 결혼하고 싶으면 남자의 부모가 여자의 부모에게 청혼을 한다. 여자 부모가 청혼을 허락하면 결혼을 할 수 있다. 다른 방법은 남자가 자신의 친척 중에 결혼할 나이가 된 여자 친척을 찾아가서 배우자의 남자 친척에게 소개해 주도록 부탁하는 것이다.

바우지 종족은 가족이 죽으면 그 죽음이 다른 사람의 마법 때문이라고 믿는다. 또한 바우지 사람들은 병 때문에 죽거나 뱀에 물리는 것도 나쁜 마법 때문이라고 생각한다. 바우지 종족은 복수를 하거나 죽은 가족의 한을 풀기 위해 두 가지 방법을 사용한다. 첫 번째는 머리카락, 손톱, 주문을 이용하여 누군가에게 병을 보내거나 누군가를 멀리서 죽이는 방법이다. 두 번째는 사람의 배설물, 독뱀의 피를 화살에 묻혀 사람을 죽이는 방법이다. 그래서 바우지 종족의 무당은 사람을 해치려고 나쁜 마법을 사용한 사람을 알아내기 위해 질병에 걸려서 죽게 된 사람에게 물어본다. 왜냐하면 죽기 직전인 그 사람의 영혼은 나쁜 마법을 사용한 사람이 누구인지 알기 때문이다. 아니면, 그 사람이 죽은 후 무덤에 넣기 전에 죽은 사람의 발바닥에 빨간 흙과 하얀 흙을 묻힌다. 죽은 사람은 자신을 죽인 사람을 알기 때문에 한을 풀기 위해 그 사람을 찾을 것이라고 생각하기 때문이다. 이러한 생각 때문에 동족을 살해하는 일이 많이 생겼다. 그래서 어느 경우에는 많은 사람이 존경하는 사람이 나서서 평화를 제의한다.

1988년에 비라 호수 지역에 첫 초등학교가 생겼다. 지금까지 초등학교의 학생 수는 매년 증가하고 있다. 그 학교에서 공부하는 학생은 바우지 종족과 다니 종족의 아이들이다. 외부와의 관계가 좋아질수록 동족 분쟁도 없어진다. 마지막 동족 분쟁은 1976년에 일어난 다니와 바우지 종족 간에 이루어졌다.

5. 북쪽 해변에서 사는 브구(Bgu)족의 결혼 예물과 입양 제도

브구 종족은 빠뿌아 섬 북쪽 해변에 있는 늪 지역에서 살고 있다. 1964년 인구 통계에 의하면, 480명의 브구 종족은 뜨롬짜(Tromta) 마을, 아르모빠 라마(Armopa Lama) 마을, 아르모빠(Armopa) 마을과 뜨라와시 (Trawasi) 마을에서 살고 있다. 브구 종족의 중요한 생계 수단은 사구나무 채취이다. 사구나무에서 얻은 사구 가루로 죽이나 빵을 만든다. 브구 종족은 밥을 먹지 않고 사구 음식을 해산물이나 고기, 채소와 같이 먹는다. 사구나무 채취 외에 브구 종족은 물고기도 잡고 사냥도 한다. 주로 사냥 감은 멧돼지, 조류와 같은 작은 동물이다. 다양한 먹거리를 위해 브구 종족은 농사도 짓는다. 타로, 사탕수수와 바나나를 심는다.

브구 종족에게 결혼 예물은 매우 중요하다. 결혼 예물을 모으기 위해서는 많은 시간이 필요하다. 브구 종족은 기독교를 받아들이기 전까지는 결혼할 때 조개껍데기로 만든 반지, 구슬 목걸이, 개의 이빨로 만든 목걸이, 구슬 벨트, 구슬 팔찌 등을 결혼 예물로 준비했다. 그것뿐만 아니라 옷, 천, 조리 기구, 진흙으로 만든 가구들과 먹거리도 준비해야 했다. 지금은 결혼 예물로 현대적인 것들이나 돈을 결혼 예물로 준비해야 한다. 만약 결혼할 남자와 그 부모가 결혼 예물을 준비하지 못하면 남자의 친척들이 결혼 예물을 모으는 데 도움을 준다. 도시에서 사는 친척들은 옷, 천, 음식 등을 결혼 예물로 준다. 결혼 예물은 남자의 친척 집에서 여자 어머니의 남자 친척에게 준다. 남자의 친척 집에서 손님들을 대접하고 남자들은 다 같이 노래를 부른다. 여자들은 주로 결혼 예물에 대한 이야기를 하거나 평가를 한다.

만약 남자가 결혼 예물을 지정된 날짜에 주지 못하면 그 결혼에서 태어난 첫 아이는 여자의 여자 친척이 입양을 한다. 상황에 따라서는 여자의 남자 친척이 입양하는 경우도 많다. 따라서 결혼 예물을 준비하지 못하는 남자가 많을수록 입양 보내야 할 아이들도 많아진다. 입양 보낼 때에는 파티를 열어야 한다. 아이의 아버지와 친척들은 선물로 가득한 가방을 들고서 아이의 새 가족을 만난다. 새 가족은 노래를 부르고 춤을 추며 아이를 반겨 준다. 브구 사람의 출산율이 낮기 때문에 입양은 아이 없는 집에 행복을 줄 수 있다. 하지만 갈등의 원인이 될 수도 있다. 아이의 친부모는 양부모의 육아 방법이나 음식을 먹여 주는 방법이 마음에 들지 않기 때문이다. 특히 친어머니와 양어머니의 말다툼은 피할 수 없는 일이다. 이럴 때 두 가족의 친척들까지 모여서 문제의 해결 방법을 찾는다.

다니족의 일상 모습

　다니 종족의 주요 생계 수단은 농사이다. 다니 종족은 땅을 옮겨 가면서 농사를 짓는다. 추수하고 나면 다른 땅에서 농사를 짓는다. 농사 외에 다니 종족도 돼지를 키운다. 남녀 구별 없이 돼지를 키울 수 있지만 돼지 키우기는 여자와 어린 아이들의 일에 포함된다. 다니 종족은 보통 출산과 결혼식 같은 중요하고 큰 행사가 있을 때 또는 돼지고기 축제가 있을 때 돼지고기를 먹는다. 돼지도 키우는 사람의 사회적 지위를 보여 주는 동물이다. 사회적 지위가 높으면 높을수록 집에서 키우는 돼지도 많다. 돼지는 물건을 매매할 때, 협의할 때, 또는 결혼할 때 돈을 대신하는 중요한 역할을 한다. 다니 종족은 돼지 외에 박쥐, 조류, 쥐, 캥거루, 뱀, 다양한 곤충, 벌레, 도마뱀도 먹는다.

　다니 종족은 발림 바깥쪽에서 사는 잘리(Jali) 종족, 빠뿌아 섬 남쪽에서 사는 아스맛(Asmat) 종족, 모니(Moni) 종족, 빠니아이 호수 주변에서 사는 멕 종족과 거래를 자주 한다. 다른 종족들이 다니 종족과 거래하는 이유는 다니 종족이 많은 돼지를 키우는 종족으로 유명하기 때문이다. 다니 종족은 돼지를 팔고 다른 종족에게서 조개, 극락조의 털, 구슬, 그물, 소금, 사구 가루 등을 산다.

다니 종족은 집에서만 사는 것이 아니다. 남자들은 동그란 모양을 가진 벨라이(Belai) 또는 호내(Honae)에서 산다. 여자들과 아이들은 에베아에(Ebe-ae)라는 곳에서 먹고 잔다. 다니 종족에게는 남자와 여자의 집, 그리고 부엌 외에 돼지우리도 매우 중요한 곳이다. 한 마을에는 10~60명 정도 살고 있다.

다니 종족은 출산을 더러운 것으로 본다. 그래서 여자가 출산할 때 다른 집과 떨어져 있는 에베아에에서 낳게 된다. 다니 종족의 아이들은 5~6살 되면 일에 대해 배우기 시작하고, 8살이 되면 장작 구하기, 돼지 키우기 또는 농사 일 등을 도와준다.

남자들은 자신의 배우자를 직접 선택할 수 있다. 다만, 같은 피가 섞이지 않은 여자만 선택할 수 있다. 배우자를 선택한 다음 남자의 부모는 여자의 부모에게 청혼하는 뜻으로 돼지고기를 준다. 여자의 부모가 청혼을 허락하면 남자의 부모에게 고구마를 준다. 다니 종족의 결혼식은 돼지고기 축제일과 같은 시기에 한다. 다니 종족 결혼식의 중요한 요소는 신부에게 요까이(Yokai)를 입히는 것이다. 요까이는 결혼한 여자를 상징하는 옷이다. 신랑을 만나기 며칠 전부터 신부는 조개로 만든 장식들, 구슬과 여러 가지 나뭇잎으로 꽃단장을 한다. 결혼식 날에 신랑 가족은 신부의 마을에 사람을 보내고, 신부를 자신의 마을로 데려오고, 신랑의 마을에서 같이 돼지고기를 먹는다. 신혼부부는 신랑 마을의 에베아에에서 같이 산다.

다니 종족은 조상의 아또우(Atou), 즉 신통력을 믿고 조상을 숭배하는 종족 중의 하나이다. 모(Mo), 즉 태양에 대한 믿음도 다니 종족의 종교적 특징이다. 다니 종족은 모를 존경하고 숭배한다. 다니 종족의 전설에 따르면, 다니 종족은 모가 세상과 그 안에 있는 모든 것을 만들었다고 믿는다. 모는 처음에 사람 곁에서 살았지만, 사람들이 자주 싸우기 때문에 사람 세상을 떠나 저 멀리 하늘에서 살게 되었다고 한다.

다니 종족은 종족을 이끌어 갈 수 있고 모범이 될 수 있는 권능과 권력이 있는 사람을 족장으로 뽑는다. 족장의 의무는 동족 분쟁이 생기면 화해를 시키고 종족이 위험한 상황에 빠졌을 때 극복할 수 있는 방법을 찾고, 원수와 맞서 싸우는 작전을 만들어야 하는 것이다. 다니 종족의 족장은 적어도 50세 이상이어야 한다.

8. 동쪽 경계선에서 사는 승기(Senggi)족

빠뿌아 섬 중앙에 있는 산맥 동쪽에서 사는 사람들은 승기 종족이라고 불린다. 승기 종족은 우스꾸(Usku) 고원에서 살고 있어서 승기 종족의 다른 이름은 우스꾸이다. 산에서 사는 사람이라는 뜻을 가진 몰로프(Molof), 또팜마(Tofamma), 두부(Dubu), 띠아르(Tiar)도 승기 종족의 또 다른 이름이다. 승기 종족 안에 작은 그룹의 종족들이 있기 때문이다. 승기 종족은 많은 호칭을 사용하지 않고 자신을 핀드(Find) 사람 또는 아프라(Afraa) 사람이라고 부른다. 그 의미는 '악어 사람'이다.

승기 종족의 생계 수단은 사구나무 채취이다. 이들의 사구나무숲은 마을에서 한 3~4㎞ 정도 떨어져 있다. 사구나무 채취는 하나의 핵가족이 한다. 남자들이 적당한 나무를 베어서 갈라놓고 깨끗이 손질하면 여자들과 아이들은 나무 안에 있는 가루를 모아서 물을 넣고 사구나무 잎으로 만든 항아리 같은 곳에 넣고 그대로 두었다가 다음 날 다시 와서 그 사구를 집으로 가져간다. 승기 종족은 사구나무 채취 외에 농사를 짓는다.

활과 화살을 이용한 사냥은 남자들만 할 수 있는 일이다. 승기 종족의 사냥감은 멧돼지, 캥거루, 피치, 그리고 작은 새이다. 잡은 사냥감은 사냥하는 사람들끼리 나누고 가족과 함께 먹는다. 그리고 가족끼리 강에서 나무껍질로 만든 그물이나 화살을 이용하여 물고기를 잡는다.

승기 종족은 기독교인이지만 소까르시(Sokarsi)라고 불리는 신들과 자연의 영혼, 조상들의 영혼과 데빠스(Depas)라고 불리는 죽은 사람의 영혼을 믿고 숭배한다. 와웨나(Wawena)라고 불리는 신은 세상을 만든 신인데, 까이와리(Kaiwari)라는 집에서 숭배한다. 승기 종족은 언젠가 세상이 무너지리라고 믿는다. 화가 난 와웨나가 홍수와 지진으로 세상을 무너뜨리고 악당에게 벌을 내릴 것이라고 믿는다.

승기 종족은 병을 치료할 수 있는 다양한 식물을 알고 있다. 승기 종족은 '건강'을 중요하게 생각한다. 사람이 계속 건강하고 싶으면 신을 화나게 하지 말아야 한다고 생각한다. 즉, 종족이 정한 규칙을 위반하지 말라는 뜻이다. 그래서 누군가가 병에 걸리면 그 사람은 규칙을 위반한 사람이 되거나 신통력 있는 사람이 보낸 병에 걸린 사람이 된다.

9. 빈땅(Bintang) 산맥에서 사는 응알룸(Ngalum)족

시빌(Sibil) 사람은 자야위자야 산맥 대열에 있는 빈땅 산맥에서 사는 사람을 가리킨다. 시빌은 옥시빌(Oksibil)에서 나온 말이다. 옥의 뜻은 강이고, 시빌은 가깝다는 뜻을 가지고 있다. 그래서 옥시빌은 강과 가까운 곳이다. 그런데 시빌 사람은 자신을 시빌 사람이라고 부르지 않는다. 옥시빌 협곡에는 응알룸(Ngalum) 종족, 무롭(Murop) 종족, 까뻴(Kapel) 종족이 살고 있기 때문이다. 세 종족 중에 응알룸 종족의 인구가 제일 많다. 응알룸은 동쪽이라는 뜻을 가져서 응알룸 종족은 동쪽에서 사는 사람들을 가리킨다.

한 마을에 사는 사람이 많지 않아도 응알룸 종족은 집 지을 때 집간의 사이를 넓지 않게 동그란 모양을 만든다. 마을 가운데에 보깜 이월(Bokam Iwol), 즉 남자의 전통양식 집을 짓고 그 주변에 다른 사람의 집을 짓는다. 수깜(Sukam), 즉 여자가 출산할 때나 생리 주기 동안 살 수 있는 집은 마을 바깥에 짓는다.

옥시빌 협곡에서 사는 사람들의 생계 수단은 네덜란드 식민지 때부터 지금까지 농사이다. 응알룸 종족이 사용하는 농사 기구는 나무토막, 지팡이, 쇠도끼, 칼 등이다. 응아룸 종족이 주로 재배하는 식물은 토란, 옥수수, 콩, 팥, 당근, 양배추, 토마토 등이다. 추수 때 이 수확물을 집에서 필요한 것들과 교환을 하거나 시장에 판다.

응알룸 종족도 축산업을 한다. 다른 지역에 있는 축산업과 달리 응알룸 종족은 닭, 양, 오리 등을 키우지 않는다. 응알룸 사람에게 가장 중요한 동물은 돼지이기 때문이다. 돼지는 전통 예식 때 희생 제물로 많이 사용한다. 돼지는 키우는 사람의 사회적 지위와 경제적 수준을 보여 주는 동물이다. 흰색 돼지보다 검은색 돼지를 많이 키운다.

응알룸 종족도 물건 매매를 많이 한다. 돈 대신 조개껍질을 화폐로 사용한다. 조개껍질의 크기와 색깔에 따라 화폐의 가치가 달라진다. 응알룸 종족은 조개껍질을 모으기 위해 메라우께(Merauke)에 있는 바다까지 걸어가야 한다. 응알룸 종족이 많이 파는 물건은 돼지, 화살, 활, 돌도끼, 개의 이빨, 그물, 극락족의 털과 수확물이다. 응알룸 종족도 다른 종족과 물물교환을 많이 한다. 응알룸 사람의 수확물인 토란이나 사냥에서 잡은 피치는 디굴(Digul) 사람의 연초와 교환하고 바닷가 사람의 소금과 교환한다. 다른 종족과의 물물교환은 인연이 되어서 결혼으로 이어지는 경우가 많다. 또한 다른 종족이 자연재해를 당하거나 먹거리가 없으면 서로 도와주기도 한다.

응알룸 종족의 부모들은 자식의 배우자를 선택한다. 여자의 가족은 결혼 예물을 정하여 남자의 가족에게 말해 준다. 보통 여자 가족이 결혼 예물로 요청하는 것은 돌도끼, 활과 화살, 개의 이빨, 돼지, 조개, 까수아리의 뼈(인도네시아에서만 발견할 수 있는 새), 피치(Kuskus, 인도네시아에서만 볼 수 있는 동물, 원숭이류), 나무 피치(나무에서 사는 Kuskus), 극락조, 작은 조개 등이다. 남자의 가족은 여자의 가족이 요청하는 예물을 줄 수 있으면 결혼식을 할 수 있다. 결혼 주례는 응알룸 종족의 족장이 맡고 결혼식은 신랑과 신부의 친척들 앞에서 한다. 주례자는 신랑 신부에게 덕담과 기도를 해 주고 신랑과 신부는 남편과 아내가 되었다는 의미로 돼지고기를 서로 먹여 준다. 요즘은 교회에서 하는 결혼식이 대부분이지만 전통적 결혼식이 아직 남아 있다. 전통적 결혼식은 교회에서 하는 결혼식이 끝난 다음에 하는 경우가 많다. 신랑과 신부는 신랑의 마을에 있는 신혼 집이 완성될 때까지 남자의 부모 집에서 같이 산다.

80% 이상의 응알룸 종족은 천주교인이고 나머지 20%는 기독교인이 지만 아땅끼(Atangki) 신도 숭배한다. 아땅끼 신은 세상과 세상의 모든 것을 만든 신이다. 응알룸 종족은 아땅끼 신이 만든 지렁이가 뱃속에서 태어났다고 믿는다. 지렁이가 낳은 사람이기 때문에 언젠가 죽는다고 믿는다. 그래서 응알룸 종족은 죽음을 피하기 위해 홍수, 지진, 질병과 배고픔을 물리칠 수 있는 전통 예식을 볼깜 이월 같은 신성한 곳에서 올린다.

최근 응알룸 종족의 생계 수단, 교육 수준과 사회적 경제적 부분이 많이 발전했다. 많은 사람들은 응알룸 종족에 대해 잘못 생각하고 있다. 사람들은 응알룸 종족이 구식 종족이라고 생각하고 이성적인 생각을 하지 못하는 종족이라고 생각해서 잘못된 편견을 갖고 있다. 응알룸 종족은 외부 사람의 문화를 이성적으로 보고 좋은 점과 나쁜 점을 구별한다. 자신의 종족과 맞는 것이나 종족을 발전하게 만들 수 있는 문화는 받아들이고 나쁜 영향을 주는 문화는 거부할 줄 아는 종족이다.

10. 아스맛(Asmat)족의 문화

아스맛 종족은 빠뿌아 섬에서 사는 종족 중에 뛰어난 목판술로 유명하다. 아스맛 종족은 커다란 나무를 잘라서 아스맛 종족의 문화와 풍습을 표현하는 무늬 혹은 조상들의 얼굴을 새긴다. 아스맛 종족의 뛰어난 목판술을 보여 주는 작품은 꼬와르(Kowar)이다. 옛날에 꼬와르는 죽은 조상의 무덤에서 가져온 해골을 넣을 수 있는 신성한 도구였다. 아스맛 사람은 조상을 숭배할 때 예식에서 조상의 영혼을 부르기 위해 조상의 무덤에서 해골을 가져와 꼬와르 위에 놓는다. 꼬와르는 가족을 보호할 수 있는 부적 같은 역할을 한다. 꼬와르는 지역에 따라 모양이나 무늬가 다르다.

아스맛 종족은 빠뿌아 섬 서남쪽에 살고 있다. 아스맛 종족의 거주 중심지는 운디르(Undir)강, 아세웻시(Asewetsy)강, 시렛시(Siretsy)강이다. 아스맛의 뜻은 나무에서 사는 사람이다. 아스맛 종족은 76 여개 마을에 살고 있는데, 강상류와 강하류에서 사는 사람의 문화나 방언은 다르다. 또한 플라밍고(Flaminggo) 만과 까수아리나(Kasuarina) 해변에서 사는 아스맛 사람의 문화나 방언도 다르다.

강 하류에 있는 늪이나 사구나무 숲 주변에서 사는 사람들의 생계 수단은 사구나무 채취, 물고기 잡기, 사냥과 돼지 키우기 등이다. 강 상류에서 사는 사람들은 사구나무 채취를 하지 않고 농사를 짓는다. 주로 재배하는 식물은 고구마, 사탕수수, 바나나, 연초 등이다. 강 하류에서 사는 사람과 마찬가지로 상류에서 사는 사람들도 돼지를 키운다.

아스맛 사람 마을에는 예우(Yew)라는 중요하고 신성한 건물이 있다. 예우는 아스맛 남자들이 모이는 곳이자 유물이나 조상들의 해골뿐만 아니라 죽인 원수의 해골을 보관하는 건물로 사용한다. 또는 중요한 예식도 예우에서 한다.

아스맛 종족의 족장은 자신의 힘으로 족장 자리에 앉은 사람이다. 족장은 종족의 모든 것을 지배하지 않는다. 일에 따라 책임을 맡은 팀장이 있다. 예를 들면 사냥 그룹을 만들 때 족장이 지정한 사람이 팀장이 되는 것이 아니라 사냥할 사람 중에 실력이 제일 좋은 사람이 팀장이 된다. 농사지을 때도 마찬가지이다. 가족 중에 농사 지식이 제일 많은 사람이 어디서 농사를 지을 것인지 무엇을 심을 것인지에 대해 결정한다. 배나 동상 그리고 꼬와르를 만들 때, 나쁜 영혼을 몰아낼 때, 병을 치료할 때 원수를 습격할 때, 각각의 일에 실력을 가진 사람이 팀장을 맡는다. 족장은 팀장들의 일을 지켜보고 문제나 갈등이 생기면 재빠르게 중재한다.

아스맛 종족은 족장과 워위핏(Wowipit), 즉 예술인을 존경한다. 예술인을 존경하는 이유는 아름다운 꼬와르나나무로 만든 장식에다 무늬를 그려주는 사람이기 때문이다. 아스맛 종족의 꼬와르 또는 장식들은 조상들의 영혼을 부를 때나 조상들을 숭배할 때 사용한다. 아스맛 종족의 워위핏 작품 중에 유명한 것은 음비스(Mbis)라는 조상들의 동상, 다양한 색깔과 무늬를 가진 나무 방패, 배, 노, 조리 기구, 또는 활과 화살에 있는 무늬이다. 음비스는 아스맛 종족에게 중요한 것이다. 동족 분쟁이나 원수 때문에 죽은 조상들은 천국에 갈 수 있게 조상들의 음비스 앞에서 죽인 사람의 목을 베겠다는 맹세를 한다. 아스맛 종족은 죽인 사람의 목을 베어야 조상이 저승으로 갈 수 있다고 믿기 때문이다. 음비스를 만들 때에는 두세 달 동안 예식을 올린다. 아스맛 종족의 목판술은 세계적인 '원시예술(Primitive Art)'로 널리 알려져 있으며 지금까지 아스맛 종족의 특징인 목판술을 지키고 되살리는 워위핏이 많이 남아 있다.

11. 여스 수다르소(Jos Sudarso) 섬의 종족

여스 수다르소 섬은 면적이 11,000여㎢이다. 여기에는 넓은 늪이 있다. 여스 수다르소 섬에는 7,000여 명이 30개 마을에서 살고 있다. 여스 수다르소 섬에는 다양한 종족이 살고 있다. 각 종족이 사용하는 언어는 다르지만 그 언어들은 같은 뿌리에서 나온 언어이다. 종족간의 언어는 공통점이 많고 비슷한 단어도 많아서 소통이 어렵지 않지만 사용하는 방언은 조금 다르다. 서쪽에서 사는 사람들은 은돔(Ndom) 방언, 북쪽에서 사는 사람들은 리안따마(Riantama) 방언, 동쪽에서 사는 사람들은 끼나가마(Kinaghama) 방언을 사용한다.

여스 수다르소 섬에서 사는 사람들의 생계 수단은 늪에서 할 수 있는 농사이다. 사람들은 늪에서 농사를 할 수 있도록 늪 위에 인공 밭을 만든다. 인공 밭을 만들기 위해서는 많은 일손이 필요하기 때문에 농사지을 때 가족뿐만 아니라 온 마을 사람들이 모인다. 건기 때에는 늪에 물이 없기 때문에 주변에 있는 흙을 모아 넣고 풀로 덮는다. 만약에 늪이 너무 깊으면 풀 위에 다시 흙을 덮고 그 위를 다시 풀로 덮는다. 이렇게 2~3번 정도 반복해야 밭을 만들 수 있다. 마지막에는 도랑을 만든다. 한 마을 안에 수백 개의 인공 밭이 있다. 기마암(Kimaam) 종족 같은 경우에는 인공 밭에서 8가지 고구마 종묘, 23가지 토란 종묘, 그리고 띠그와(Tigwa), 즉 전통 술의 재료를 심는다. 여스 수다르소 섬에서 사는 사람들은 집 주변에 연초, 사탕수수, 바나나, 그리고 다양한 채소를 심는다. 고구마는 가장 중요한 식물이어서 전통 예식, 은담부(Ndambu) 때 고구마로 하객을 대접한다.

여스 수다르소 섬에서 사는 사람들은 고구마로 다양한 음식을 만든다. 고구마 죽, 군고구마, 삶은 고구마, 으깬 고구마 음식 등이 있다. 고구마와 같이 먹는 반찬은 주로 채소, 고기, 생선, 곤충 등이다. 먹거리를 마련하기 위해 사람들은 사냥도 하고 물고기도 잡는다. 우기 때 남자들이 모여 캥거루 사냥을 하고, 건기 때에는 멧돼지 사냥을 한다. 남자들은 사냥개를 데리고 사냥을 한다. 개가 사냥감을 잡으면 창으로 사냥감을 죽인다.

여스 수다르소 섬에서 사는 끼마암 종족은 원칙을 지키며 살아야 한다. 예비 부모 같은 경우에는 아이가 태어날 때까지 피, 상처, 날카로운 무기와 관계가 있는 음식을 먹지 않고 머리카락이나 손톱은 어디나 두고 가지 않는다. 대부분 예비 부모는 자신과 가족을 보호할 수 있는 무당에게서 받은 부적을 가지고 있다.

끼마암 종족의 결혼 방법은 두 가지이다. 첫 번째는 결혼을 원하는 남자가 여자의 남자 친척에게 여자를 만날 수 있는 자리를 부탁하여 만나는 것이다. 두 번째는 결혼 예물을 주는 것이다. 결혼 예물은 주로 6~10개의 아름답고 큰 나우띨루스(Nautilus) 조개, 개의 이빨로 만든 목걸이, 배, 음식과 와띠(전통 술), 조리 기구, 옷, 천, 칼, 가위, 거울, 음식 통조림 등이다.

끼마암 사람들은 죽은 사람이 산 사람에게 질병을 줄 수 있다고 생각해서 죽은 사람은 집에서 최대한 빨리 내가고 땅을 파서 묻는다. 그 이후 며칠 동안 죽은 사람을 위한 식을 올리며 무덤 위에 야자수 잎으로 지붕을 만든다.

1950년 이후로 천주교 수도사들은 여스 수다르소 섬에서 학교를 만들고 많은 것을 사람들에게 가르쳐 주었다. 그렇지만 네덜란드 정부는 여스 수다르소 섬을 가치 없는 섬이라고 생각했다. 그래서 천주교나 네덜란드 정부는 여스 수다르소 섬에 사는 사람들의 관습과 풍습을 변화시킬 수 없었다.

12. 신이 내린 신비로운 섬

이상에서 살펴본 바와 같이 빠뿌아 섬에는 여러 종족들이 살고 있다. 식민지, 산업화 그리고 현대화가 끼친 영향 때문에 빠뿌아는 변화하고 있지만 빠뿌아 섬에 사는 종족들의 전통 문화나 풍습 등은 21세기인 지금도 볼 수 있다. 알다가도 모를 빠뿌아 섬, 신이 내린 신비로운 섬이라고 해도 과언이 아니다.

Koentjaraningrat, "Irian Jaya: Membangun Masyarakat Majemuk" Seri Etnografi Indonesia 5. Jakarta: Penerbit Djambatan, 1993.

Kode (코드)	Nama Suku (부족명)	Jumlah Penduduk (인구)
2	Abau(아바우)	65
7	Adora(아도라)	92
8	Aero(아에로)	63
9	Aghu(아구)	24
10	Aiduma(아이두마)	142
11	Aikwakai(아이꽈까이)	105
12	Air Mati(아이르 마띠)	1,814
13	Airo Sumaghaghe(아이로 수마가게)	171
14	Airoran(아이로란)	118
15	Aiso(아이소)	46
21	Amabai(아마바이)	1,082
23	Amanab(아마납)	219
25	Amberbaken(암브르바껜)	4,461
30	Amungme(아뭉메)	6,181
31	Amungme, Amung, Hamung(아뭉메, 아뭉, 하뭉)	271
36	Anu(아누)	68
40	Araikurioko(아라이꾸리오꼬)	43
41	Arandai(아란다이)	4,379
42	Arfak(아르팍)	11,313
43	Arguni(아르구니)	1,042
47	Asienara(아시에나라)	81
49	Asmat(아스맛)	29,304
51	Atam, Hatam(아땀, 하땀)	1,692
54	Atogoim, Autohwaim(아또고임, 아우또화임)	3,550
56	Atori(아또리)	98
58	Auyu(아우유)	28,097
59	Awyi, Awye(아위이, 아우예)	194
60	Awyu, Away(아우유, 아와이)	1,243

61	Ayamaru(아야마루)	10,452
62	Ayfat(아이팟)	4,920
67	Baburua, Babiriwa, Babirua, Barua (바부루아, 바비리와, 바비루아, 바루아)	142
73	Baham(바함)	17,233
92	Banlol(반롤)	125
101	Barau(바라우)	169
106	Baso(바소)	941
114	Bazi, Baudi, Bauji, Bauri (바지, 바우디, 바우지, 바우리)	9,837
115	Bedoanas(베도아나스)	153
127	Berik(베릭)	1,461
131	Betch-Mbup(벳츠-음붚)	129
132	Bgu, Bonggo(브구, 봉고)	200
133	Biak-Numfor, Mafoorsch, Noefor (비악-늄포르, 마푸우르츠)	148,104
135	Biga(비가)	2,578
136	Biksi(빅시)	40
140	Bipim(비삠)	195
141	Bira(비라)	2,776
143	Bismam(비스맘)	2,358
152	Boneraf(보내랖)	30
155	Borto(보르또)	33
157	Brazza(브라자)	50
158	Bresi(브레시)	26
168	Bunru(분루)	118
172	Buruwai(부루와이)	1,603
173	Busami(부사미)	357
180	Citak Mitak, Cicak(치딱 미딱, 치짝)	7,702
187	Damal(다말)	27,690
190	Dani, Ndani(다니, 은다니)	146,439

221	Dem, Lem(뎀, 렘)	39
222	Demisa(데미사)	973
223	Demta(뎀따)	6,870
224	Dera(데라)	316
227	Dive, Dulve(디브, 둘브)	1,665
233	Dosobou(도소보우)	485
235	Dou, Doufou(도우, 도우포우)	878
236	Dubu(두부)	414
242	Edopi(에도삐)	367
243	Eipomek(에이뽀멕)	54
244	Ekagi, Ekari(에까기, 에까리)	75,348
246	Emari Ducur(에마리 뚜쭈르)	59
251	Emumu(에무무)	49
261	Eritai(에리따이)	823
262	Faoau(파오아우)	37
263	Faranyao(파라냐오)	63
266	Fayu(파유)	1,152
268	Foau(포아우)	690
282	Gebe(게베)	1,324
286	Gressi, Gressik(그레씨, 그레씩)	4,397
291	Hambai(함바이)	3,788
294	Hattam(하땀)	8,860
298	Hmanggona, Hmonono(흐망고나, 흐모노노)	11
303	Humboldt(홈볼드)	20
304	Hupla(훕라)	34
309	Iha(이하)	4,635
312	Imimkal(이미깔)	40
314	Inanwatan(인완딴)	14,984
315	Irarutu, Irahutu(이라루뚜, 이라후뚜)	10,027
316	Iresim(이레심)	100
317	Iri(이리)	265

318	Iriemkena(이리엠께나)	561
319	Isirawa, Okwasar(이시라와, 옥와사르)	2,805
320	Ittik-tor(이떡-또르)	66
321	Iwur(이우르)	3,591
322	Jaban(자반)	292
324	Jair(자이르)	220
325	Janggu(장구)	260
330	Jinak, Zinak(지낙, 지낙)	961
332	Joerat(조에랏)	2,663
336	Kaeti(까에띠)	37
339	Kaigir, Kayagar Kayigi(까이기르, 까야가르 까이기)	2,822
341	Kaimo(까이모)	125
343	Kais(까이스)	89
345	Kalabra(깔라브라)	450
353	Kambrau, Kamberau(깜브라우, 깜베라우)	2,018
354	Kamoro(까모로)	8,565
355	Kaniran(까니란)	20
358	Kanum(까눔)	101
360	Kapauku(까빠우꾸)	37
361	Kapauri, Kapori(까빠우리, 까뽀리)	500
362	Kaptiau(깝띠아우)	404
363	Karas(까라스)	710
366	Karfasia(까르파시아)	19
368	Karon(까론)	3,816
370	Kasueri(까수에리)	52
374	Kaugat(까우갓)	49
375	Kaunak(까우낙)	90
377	Kauwol, Kauwor(까우월, 까우워르)	713
378	Kawe(까웨)	1,412
384	Kaygir(까이기르)	1,464
385	Kayumerah(까유메라)	486
387	Keburi(께부리)	374

394	Kembrano(껨브라노)	27
396	Kemtuk, Kemtuik(껨뚝, 껨뚜익)	4,157
404	Kerom(께롬)	3,144
405	Keron(께론)	49
406	Ketengban(께뗑반)	8
409	Kiamorep(끼아모렙)	406
410	Kimagama Kaladar(끼나가마 까라다르)	4,380
411	Kimaghama(끼마가마)	3,504
412	Kimbai(낌바이)	208
413	Kimyal(낌얄)	22,736
419	Koiwai Kaiwai, Kawiai (꼬이와이 까이와이, 까위아이)	966
420	Kokoda(꼬꼬다)	3,035
421	Kokonau(꼬꼬나우)	515
424	Kombai(꼼바이)	7,476
427	Konerau(꼬네라우)	469
429	Korapun(꼬라뿐)	18
431	Korowai(꼬로와이)	57
432	Korufa(꼬루파)	35
433	Kotogut Kupel(꼬또굿 꾸뻴)	135
439	Kuangsu(꾸앙수)	96
447	Kupol(꾸뽈)	17
448	Kuri(꾸리)	909
449	Kurudu(꾸루두)	1,078
451	Kwerba, Air Mati, Nabuk (꿰르바, 아이르 마띠, 나북)	17
452	Kwesten(꿰스뗀)	1,647
460	Lakahia(라까히아)	486
469	Lani(라니)	147,978
473	Lau(라우)	31
490	Lha(라)	206

517	Maden(마덴)	18
518	Madidwana(마딛와나)	13
519	Madik(마딕)	1,153
524	Mairasi(마이라시)	3,267
535	Mander(만데르)	82
536	Mandobo(만도보)	11,871
537	Manem(마넴)	83
540	Manikion(마니끼온)	6,120
542	Maniwa(마니와)	93
544	Mansim(만심)	284
547	Manyuke(마뉴께)	15
548	Mapi(마삐)	2,610
551	Marau(마라우)	72
553	Marengge, Maremgi(마렝게, 마렘기)	209
554	Marind Anim(마린 아님)	21,531
562	Maswena(마스웨나)	92
565	Mawes(마웨스)	1,079
568	Me Mana(메 마나)	49,368
570	Meibrat(메이브랏)	8,328
571	Meiyakh(메이야크)	3,575
573	Mekwai, Menggei, Mengwei, Mung (멕와이, 멩게이 멩웨이, 뭉)	66
595	Memana(메마나)	82
596	Meninggo(메닝고)	19
602	Meoswar(메오스와르)	13
603	Mer, Miere(메르, 미에르)	238
606	Mey Brat(메이 브랏)	10,323
607	Meyah, Meyak(메야, 메약)	758
609	Mimika(미미까)	3,118
612	Mintamani(민따마니)	25
613	Mire(미레)	363

616	Modan(모단)	36
622	Moi, Mooi(모이, 모오오이)	5,384
623	Moire(모이레)	2,637
624	Molof(몰롶)	466
625	Mombum(몸붐)	399
626	Momuna(모무나)	107
627	Moni(모니)	22,463
628	Mooi(모오오이)	13,216
629	Mor(모르)	5,012
630	Moraid(모라이드)	1,310
635	Morwap(모르왑)	13
636	Mosana(모사나)	74
637	Mosena(모세나)	55
643	Mukamuga(무까무가)	15
647	Munggui(뭉구이)	1,604
649	Muri(무리)	197
650	Murop(무롶)	2,438
654	Muyu(무유)	13,750
656	Nabi(나비)	701
657	Nabuk(나북)	404
658	Nafri(나프리)	1,257
662	Nagramadu(나그라마두)	8
665	Nalca(날차)	4
666	Namatote(나마또떼)	53
668	Nararafi(나라라피)	101
669	Ndom, Dom(은돔, 돔)	27
670	Nduga, Ndugwa, Dauwa(은두가, 은두과, 다우와)	23,047
671	Nefarpi(네파르피))	18
673	Nerigo(네리고)	114
679	Ngalik, Yali Yalik(응알릭, 얄리 얄릭)	17,869
680	Ngalum(응알룸)	51,774

686	Nimboran, Nambrung(님보란, 남브룽)	7,272
687	Nisa(니사)	109
698	Onin(오닌)	1,999
700	Oria, Uria(오리아, 우리아)	553
701	Oser(오세르)	36
711	Palamul(빨라물)	33
712	Palata(빨라따)	129
720	Papasena(빠빠세나)	648
735	Patimuni(빠띠무니)	43
750	Pesekhem(뻬섹헴)	8
755	Pisa(삐사)	4
758	Pom(뽐)	3,617
769	Pyu(쁘유)	42
780	Riantana(라인따나)	17
786	Roon(루운)	700
790	Safan(사판)	197
793	Sailolof(사이롤롶)	953
799	Samarokena(사마로께나)	9
805	Sangke(상께)	24
809	Sapran(사프란)	20
813	Sarmi(사르미)	3,493
815	Sasawa(사사와)	153
816	Sause(사우세)	750
817	Sawa(사와)	44
821	Saweh(사웨)	46
822	Sawi(사위)	2,561
823	Sawung(사웅)	74
824	Sawuy(사우)	25
829	Seget(세겟)	255
834	Sekar(세까르)	122
837	Seko, Seka, Sko(세꼬, 세까, 스꼬)	846

838	Sela(셀라)	11
845	Semimi(세미미)	1,378
846	Sempan(셈빤)	4,782
848	Sentani(센따니)	25,742
857	Serui, Serui laut, Arui(세루이, 세루이 라웃, 아루이)	33,407
859	Siamai(시아마이)	6,223
862	Sikari(시까리)	2,007
866	Silimo(실리모)	21
869	Simori(시모리)	833
873	Skofro(스꼬프로)	193
875	Sobei(소베이)	5,380
877	Somage(소마게)	76
878	Sough(소우흐)	20,429
879	Suabau, Suabo(수아바우, 수아보)	286
889	Surai(수라이)	40
892	Syiaga-Yenimu(시야가-예니무)	46
895	Tabati(따바띠)	3,133
897	Tabla(따블라)	3,788
898	Tabu(따부)	169
912	Tandia(딴디아)	21
915	Taori(따오리)	33
916	Tapiro(따삐로)	22
917	Tapuma(따뿌마)	40
919	Tarfia, Tarpia(따르피아, 따르삐아)	936
920	Taurap(따우랖)	509
923	Tehid, Tehit, Tehiyit(떼히드, 떼힛, 떼히잇)	13,093
930	Timorini(띠모리니)	159
931	Tinam(띠남)	20
967	Tomini(또미니)	31
981	Tori(또리)	37
999	Turu(뚜루)	36
1009	Umari(우마리)	15

1011	Una(우나)	59
1015	Unisiarau(우니시아라우)	11
1016	Unurum(우누룸)	1,681
1017	Urangmirin(우랑미린)	8
1018	Uria(우리아)	662
1019	Urundi(우룬디)	4
1020	Ururi(우루리)	9
1021	Uruway(우루와이)	91
1023	Usku(우스꾸)	84
1024	Voi(포이)	31
1027	Waigeo(와이게오)	5,134
1028	Waina(와이나)	28
1029	Waipam(와이빰)	13
1030	Waipu(와이뿌)	30
1032	Walsa(왈사)	1,388
1033	Wambon(왐본)	598
1034	Wamesa(와메사)	10,219
1036	Wanam(와남)	44
1037	Wandamen(완다멘)	11,091
1038	Wandub Wambon(완둡 왐본)	17
1040	Wanggom, Wanggo(왕곰, 왕고)	19
1041	Wano(와노)	83
1043	Warembori(와렘보리)	1,170
1044	Waris(와리스)	185
1045	Waropen, Worpen(와로뻰, 워르뻰)	15,374
1050	Wembi(웸비)	45
1052	Wodani(워다니)	55
1053	Woi(워이)	6,876
1054	Wolani, Woda, Wodani(월라니, 워다, 워다니)	4,655
1055	Woriasi(워리아시)	47
1057	Yaban(야반)	42
1058	Yabi(야비)	92

1059	Yagay(야가이)	14,005
1060	Yahadian(야하디안)	607
1061	Yahrai(야흐라이)	128
1062	Yahray(야르라이)	17
1064	Yaly(얄리)	61,009
1066	Yapen(야뻰)	26,645
1067	Yeti(예띠)	28
1068	Yey(에이)	1,315
J U M L A H(총합)		1,460,846

Suku Bangsa Asli Papua Menurut Urutan Abjad
(Hasil Sensus Penduduk 2000)

* 2010년 현재 빠뿌아 섬 인구는 2,833,381명이다.
(빠뿌아 섬에서 살고 있는 외부인 포함, www.papua.go.id 참고)

편저자

신영덕 인도네시아 교육대학교 한국어교육과 교수

사진 촬영

김성월 여행작가, 수필가

필자(원고 게재순)

로스띠뉴(Rostinue) 인도네시아 대학교 한국학과 교수

이은혜 번역가

파딜라 하스비(Fadhila Hasby) 인도네시아 대학교 한국학과 교수

뿌뚜 쁘라마니아(Putu Pramania) 인도네시아 대학교 한국학과 강사

까라미나 뿌뜨리(Karamina Putri A) 번역가

누를리따 뿌스삐따사리(Nurlita Puspitasari) 번역가

허석구 선교사

술라스뜨리 의이스(Sulastri Euis) 인도네시아 대학교 한국학과 강사

가닉 쁘라띠위(Ganik Pratiwi R) 번역가

김길녀 시인

김주명 시인

베타니아 붕아 아르다니(Bethania Bunga Ardani) 번역가

아데 뜨리아나 롤리따사리(Ade Triana Lolitasari) 번역가